ちくま学芸文庫

日常性の解剖学

知と会話

H・ガーフィンケル　G・サーサス
H・サックス　E・シェグロフ
北澤 裕　西阪 仰 訳

筑摩書房

日常性の解剖学　目次

日常性の解剖学　知と会話

凡例

一、本書は、George Psathas, Ethnomethodology as a new development in the social sciences, Lecture presented to the Faculty of Waseda University, 1988 Tokyo（序論）、Harold Garfinkel, Studies of the routine grounds of everyday activities, *Social Problems*, 1964, Vol. 11, No. 3, pp. 225-250（第一論文）、Harvey Sacks, An initial investigation of the usability of conversational data for doing sociology, David Sudnow（ed.）, *Studies in Social Interaction*, The Free Press, 1972, pp. 31-73, note, pp. 430-431（第二論文）、およびEmanuel A. Schegloff and Harvey Sacks, Opening up closings, *Semiotica*, 1973, Vol. 8, pp. 289-327（第三論文）を訳者が編纂し、それぞれの本文を全訳したものである。

二、訳出にあたり、第一論文についてはH. Garfinkel, *Studies in Ethnomethodology*, Prentice-Hall, 1967, pp. 35-75を、第二論文についてはThe search for help: no one to turn to, E. Shneidman（ed.）, *Essay in Self-Destruction*, Science House, 1967, pp. 203-223を、また第三論文についてはRoy Turner（ed.）, *Ethnomethodology*, Penguin, 1974, pp. 223-264を参照し、原文の補足および書体と表記の統一を行なった。

三、第二論文の原文中、付録として記載されている資料については、参照する必要があるものだけを訳出するにとどめた。

四、第一、第二論文での原文中のイタリック体は傍点を付し表記し、第三論文の原文中で用いられている大文字については、凡例二の文献を参照し、これをイタリック体として扱い、傍点で表記した。

五、第一、第二論文での原文中の、“ ”は「 」を、‘ ’は『 』を用い表記した。また第三論文に限り、原文中の‘ ’と“ ”は、凡例二の文献を参照し、ともに「 」を用い内容的に表記上の統一を施した。

六、原文中の（ ）は同じく（ ）で表記した。ただし、繁雑さを避けるために原注として表記した箇所がある。また必要に応じて原文を（ ）で示した。

七、本文中の〔 〕は、訳者が文意を明らかにするために補った部分である。

八、本文中の圏点は、重要だと思われる語・文に訳者が付したものである。

九、本文中の〈 〉は、一まとまりとして考えられる語句に訳者が付したものである。

十、書名は『 』を、また論文名は「 」を用い表記した。

十一、原注は本文中では（1）（2）……で、訳注は〔1〕〔2〕……で示し、各論文の末尾に記載した。

序論　エスノメソドロジー――社会科学における新たな展開

ジョージ・サーサス

一九八八年五月十二日　早稲田大学にて講演

George Psathas
Ethnomethodology as a New Development in the Social Sciences

ここ二十五年ほど、アメリカの社会学では、一つの新たな展開が影響力をもち続けてきました。その名はエスノメソドロジー。

この展開は、批判・敵意・偏見により迎えられました。そして近年やっと、興味を抱かれ、ますます受け入れられるようになってきたのです。

この二十五年、しだいに次のことが明らかになってきたように思えます。つまり、これは、二十世紀後半の社会科学におけるもっとも重要な展開の一つである、ということです。アメリカで、カナダで、イギリスで、ドイツで、フランスで、そしておそらく日本でも、いまや着実に仕事が進んでいます。一九八八年ボストンでB・J・フェアとJ・ステッソンと、そしてG・サーサスにより文献目録が作られました。そのなかには、なんと八〇〇もの文献がリスト・アップされています。すべて、エスノメソドロジー的研究を旨とする書物・章・論文で、しかも出版予定のものも含まれています。

この分野でもっとも重要だと私が考える出版物は、短いリストにして末尾に掲げておきます。きっとみなさんに、この分野における展開についてもっとよく知っていただくための一助となることと思います。

「エスノメソドロジーに関する文献」のもとに集めておいたものは、エスノメソドロジーについて適切に注意深く、学問的にもきちんと解釈している（つまり、いい加減な批判ではない）と考えられるものだけです。

エスノメソドロジーの始まり

ハロルド・ガーフィンケル、この人こそエスノメソドロジーの創始者に他なりません。彼は、ハーバードの大学院で勉強し、一九五二年に「他者の知覚」という博士論文を書き上げました。

この博士論文は、タルコット・パーソンズのもとで書かれたものですが、そのほかにも、彼のもっとも初期の仕事の一つに、社会秩序の問題を扱った未発表論文があります（これを一般にパーソンズ入門書などと呼んだりしています）。そのなかで、彼は次のことを示そうとしました。つまり、パーソンズは、その初期の仕事で、人間の相互行為における主観的次元と、意味の構成を研究するという方向に進んでいた、と。しかし、ガーフィンケルはすぐ気づきました。パーソンズは、主観的次元について語ってはいたけれども、後には、もっと実証主義的な方向に進み、現象学的にものを見るというよりは、一般理論を作り上げようという方向に進んでいったことに。

ガーフィンケルは、社会秩序の問題、つまり（社会の）成員たちはどのようにして社会的世界がわかってしまうのか、という問題に関心をもっていたとはいえ、その立場は、パーソンズの場合とまったく逆だったと言うことができましょう。パターン変数を用いた

『社会体系論』(一九五一年)、また社会的行為の一般理論とは、正反対の立場をガーフィンケルはとっているのです。

ガーフィンケルは、最初、ドイツの現象学哲学者エトムント・フッサールや、社会学者であり、かつ現象学的哲学者でもあるアルフレッド・シュッツの書物を読んで、大いに影響を受けました。また現象学者であり心理学者でもあるアーロン・ギュルヴィッチや、フランスの現象学的な心理学者兼哲学者メルロ＝ポンティの影響も受けました。さらに後には、ドイツの哲学者マルティン・ハイデッガーの影響も受けています。

こんなことを述べましたのは、エスノメソドロジーを理解するためには、現象学になじむのがよいと思われるからです。もちろん、ハーヴィー・サックスやエマニュエル・シェグロフやゲール・ジェファソンのような会話分析家たちは、ガーフィンケルとは違うやり方をしているのですが、少なくともガーフィンケルによる試みは、現象学になじめば、よく理解できるようになると思われます。(サックス、シェグロフ、ジェファソンは、現象学よりも、むしろヴィトゲンシュタインやオースティンやライルなど、日常言語学派の哲学を読んでいたようです。最近、クルター(Coulter, 1979)がエスノメソドロジーと会話分析が、日常言語派哲学とどのような関係にあるのかを明らかにしました。)

一九六〇年代に、ガーフィンケルたちは、カリフォルニアのセミナーで会合し、自分たちの考えを出し合い議論するようになりました。この一連の会合から後年頭角を現してきた主要な人物として、アーロン・シクレル、ハーヴィー・サックス、デイヴィッド・サドナウ、エゴン・ビットナー、エドワード・ローズ、エマニュエル・シェグロフ、D・ローレンス・ウィーダー、ドン・ジンマーマンがいます。

その後十二年以上の間、ガーフィンケルともっとも親密に仕事をすることになる人物、その人こそハーヴィー・サックスでした。彼らの協力関係は、広範囲にわたり、互いに影響を与え合うというものでした。サックスは、いまでは会話分析として知られるようになったやり方を開発し続けました。そして最初のころはサドナウとも共同研究しましたし、後にはシェグロフやジェファソンとも共同研究しています。（サックスは不幸にして、一九七五年に、自動車事故で亡くなってしまいました。）ガーフィンケルとサックスの研究スタイルは、かなり異なっていました。ガーフィンケルは、一人で仕事し、自分の考えに固執し、またつい最近まで、自分の講義や講演などを録音させようとしませんでした。サックスのほうは、集団で研究し、授業を録音し、またその録音は、望むなら誰にでも利用できるようにしてくれました。

シクレル（コーネル大学哲学博士）は、最初ガーフィンケルと近いところで研究していました。一九六四年、彼は『社会学における方法と測定』を出版しました。そこで彼は、社会学における方法上あるいは測定上のあらゆる実証主義的なやり方を批判しています。彼は早い時期にガーフィンケルと別れて、カリフォルニア大学サン・ディエゴ校に移りました。いまは、認知社会学という看板で仕事をしています。サン・ディエゴでは学科長を務め、何冊かの書物も出版しています。なかなかの経験的研究も進めています。しかし、「厳密な意味での」エスノメソドロジー的アプローチとでも言うべきやり方からは離れてしまいました。そのかわり、彼独自のエスノメソドロジーを展開しています。

サドナウはしばらくのあいだガーフィンケルと一緒に仕事をしていましたが、彼らが一緒に書いたものは未公開の論文一つだけです（大学の講義についての論文）。サドナウは、自分自身の主要な課題に取り組み続け、一九七八年に『鍵盤を駆ける手』を出しました。それは具体的な身体上の行為についての研究で、彼がどうやってジャズ・ピアノの即興演奏ができるようになったかが述べられています。また一九八〇年には『話す身体』を出しています。これはタイプやピアノ演奏のさい手がどう働くかについての研究です。その後ビデオ・ゲーム遊びについての研究（『微視世界の巡礼』）もあります。彼の仕事は、身体的な体験の研究として一つの重要な方向を示していることは確かです。

ちなみに、サドナウの仕事は、応用エスノメソドロジーとでも言える方向をも示しています。つまり、彼は自分の研究にもとづいて、ピアノの弾き方を教える方法を開発したわけです。彼の主張するところでは、これに従えば、普通より少なめのレッスンで済むし、早くピアノが弾けるようになるそうです。

ガーフィンケルとともに初期のセミナーに参加していた人たちのほとんどは、その後、彼とは別れてしまいましたが、それでもみんな、研究上は彼のやり方に従っていくつもりでいます。みんな、他のアメリカの大学に移り、それぞれの研究でかなりの成果をあげ、名声を博しています。エゴン・ビットナーは、ブランダイス大学の社会学科長におさまり、社会問題研究会の会長にも就任しています（一九八二年）。彼は警察についての研究を続けており、この分野では国際的に有名です。ジンマーマンは、カリフォルニア大学サンタ・バーバラ校の社会学科長を務めています。彼は理論的な論文を書き続けていますが、最近では、会話分析の成果をモデルとして用いて相互行為の研究をしています。シクレルは、カリフォルニア大学サン・ディエゴ校でさまざまな研究に取り組んでいます。そのなかには、少年裁判の研究、教育についての研究などがあります。ウィーダーは、オクラホマ大学に所属していますが、いまは社会学部からコミュニケーション学部に移籍しています。彼の仕事には、受刑者のための更生施設の研究、人間と動物とのコミュニケーションの研究、最近では魔術師の研究があります。エドワード・ローズは、コロラド大学を退職しましたが、それでも言語研究を続けています。

エマニュエル・シェグロフは、いまはカリフォルニア大学ロサンジェルス校の終身在職教授で、会話分析の指導的学者・研究者です。ゲール・ジェファソンはいまオランダに住んでいますが、イギリスのヨーク大学で教えており、会話分析の研究を続けています。（アニタ・ポメランツは、サックスのもっとも優秀な弟子の一人ですが、いまは、テンプル大学のコミュニケーション学部に所属しています。）

アメリカにおけるエスノメソドロジー的研究の拠点としては、他にUCLA（ガーフィンケル、シェグロフ、ポルナー）やボストン大学（サーサス、クルター、リンチ）に加え、カリフォルニア大学サンタ・バーバラ校（ジンマーマン、ウィルソン）などが開発されてきています。

エスノメソドロジーはイギリスにも拡がっています。一九七〇年代初めにガーフィンケルがマンチェスターを、シクレルがロンドン大学、マンチェスター大学を訪れたこと、またその後ゲール・ジェファソンがマンチェスター（七九—八九年）とヨーク（八二—八五年）で、アニタ・ポメランツがオクスフォード（八一—八四年）で客員をやっていたことの影響なども、多少あったのでしょう。マンチェスターのもっとも影響力のあるイギリス人社会学者は、W・W・シャーロック、D・R・ワトソン、J・クルターです。G・バトン、J・M・アトキンソン、J・ヘリテジ、P・ドリュー、R・J・アンダーソンなどは、マンチェスターで訓練された面々です。J・クルターは、一九七四年にマンチェスターを離れ、いまはボストンで終身雇用されています。バトンはプリマス高等専門学校に、ドリューはヨークにいます。アトキンソンは最近までオクスフォードにいました。ヘリテジはウォーリックにいましたが、そこを去りUCLAに移りました。

カナダには、ブリティッシュ・コロンビア大学のロイ・ターナーとドロシー・スミス

（スミスは後にトロントに移りましたが）、トロント・ヨーク大学のJ・オニール、A・ブラム、P・マキユーがいます。また、モンタリオ教育研究所には、ジェームズ・ヒープとドロシー・スミスがいます。みんな、いろいろなかたちでエスノメソドロジー的研究に携わってきて、いまでも携わっている人たちです。

ドイツでは、フリッツ・シュッツェ、フリッツ・サック、エルマー・ヴァインガルテン、ヨルク・ベルクマンといった人たちが、さまざまな大学や研究機関で、エスノメソドロジー的研究に携わっています。

フランスでは、ベルナール・コンナ、ミシェル・フォルネル、ルイ・ケール、イヴ・ルセール、アラン・クロンなどが、エスノメソドロジー的研究にかかわっています。（日本でも、エスノメソドロジーの研究がすでに出始めていますし、きっと多くの予定もあることと思います。）

「エスノメソドロジー」という名前

最初に、エスノメソドロジーの名前を説明しましょう。それがどうして生まれたのか、それは何を指しているのか、です。

エスノメソドロジー的アプローチが研究するのは次のことです。つまり、社会の成員たちは、何であれ、いま自分たちのやっていることを成し遂げる（やる）ために、実際にどのような方法を行使（使用）するか、というのがそれです（この方法は、社会の成員たちが、自分たちのやっていることについて自ら語る時の、その語り方も含みます）。

成員たちが日常生活の世界のなかで実践的な行為を成し遂げるために、どのような方法を用いているのか、ということを真面目に注意深く研究しようとすれば、日常生活の方法論を、つまりエスノ（ある集団の成員の、あるいは集団の）メソドロジーあるいは成員たち自身の諸方法を記述・分析することになりましょう。

エスノメソドロジーという言葉は、まさにこのような意味で理解されなければならないのです。ガーフィンケルがこの言葉を最初に作り出した時、彼は、陪審員の成員たちが陪審員の課題をどうやって果たしていくか（成し遂げるか）を研究していました。彼は、こう言っています（Hill and Crittenden, 1968.〔邦訳一四頁〕）。

「『エスノ』という言葉は、ある成員にとって、その成員自身の属する社会の常識的知識が、『あらゆること』についての常識的知識として利用可能だ、ということをなんらかの仕方で指しているというふうだった。」

陪審員の仕事をするための方法だからといって、「エスノ陪審」だとか「エスノ法」だとかと言うより、彼はもっと広い見方をしたわけです。というのも、もしそんなふうに言っても、成員たちの諸活動がどのような（実質的な）主題をもっているかに応じて、成員たちの方法を細分したものが、個別に示されるだけだからです。

もしエスノ－ソシオロジー、つまり「成員たちが社会学をするやり方」というのだったら、代案としてよいかもしれません。

それでも、実際にはこのような言い方もやはり、ガーフィンケルが研究主題として考えていたことと一致しないでしょう。ガーフィンケルが主に研究したかったことは、成員たちはどうやって社会秩序を作り上げているのか、ということであって、成員たちはどうやって自分たちの社会を記述・分析しているのか、ということではなかったからです。

たとえば、人類学で、「民族科学《エスノサイエンス》」と呼ばれる考え方が展開されています。これは、ある特定文化に属する成員たちが物や生産物をどのように名付けどのように分類しているかを、つまりある特定の時間・場所での特定文化の特定の分類体系を発見しようと努めています。

ガーフィンケル自身言っているように（Garfinkel, 1967）、彼が関心をもっているのは、「どうやってそれ（＝社会）はまとまりのあるものでいられるのか、どうやってそれは仕上げられているのか、どうやってそれは扱われているのか、ということ、つまり、日常の諸活動の社会的構造である。……すなわち、人びとは、日常的な配置のなかに位置づけられているわけだが、さまざまなことがその成員たちに組織されたものとしてはっきり見えるようになるために、その人たちがその配置の諸特徴をどうやって使用しているのかということ、これである。」

これを言い換えるならば、彼は「日常的な実践」に関心をもっているということになりましょう。

エスノメソドロジーという言葉の「メソドロジー（=方法論）」にあたる部分は、まさに右の「どうやって」を指しています。つまり、具体的な状況でどうするかという実際のやり方、すなわち、日常の諸活動がどう成し遂げられるかというその方法を指しているのです。

こういうわけで、エスノメソドロジーとは、日常生活のさまざまな複雑な課題をどう成し遂げるかという成員自身の方法を発見しようとする試みだ、ということになります。この方法のなかには、推論の方法・解釈の方法・コミュニケーションの方法・相互行為の方法・会話をするための方法、とあらゆることをするための方法が含まれます。そして、このような諸実践の多くは繰り返しなされ、パターン化されているので、その方法的な性格、あるいはそれがいかに秩序立っているかということ、つまり、それがいかに組織されているかということを、発見することができるはずです。

エスノメソドロジーは、このように成員たちの実践が秩序立っている様子を発見・分析しようとするものです。それは、発生的あるいは因果的な諸関係の説明・分析といったことには、あくまでも無関心です。

エスノメソドロジー的態度

エスノメソドロジー的な見方で、社会科学者としての仕事をしようと思えば、自然的態度をある特殊なかたちで変更しなければなりません。

フッサールやシュッツが示したように、自然的態度とは、日常生活の世界のなかで生活している時に人びとがとる態度のことです。この態度をとるかぎり、人びとは物事をありのままに、実際に現れるがままに、何の疑いも差しはさむこともなく受け取ります。社会的現実は、端的にそこにあると考えられます。世界は、それをどう見るかとは無関係に実在しているようです。自然的態度でいろいろなことをする場合、右のような「事実」はそのまま受け入れられ、それ以上それについて研究されたりすることはありません。つまり、世界がどのようなものであるかを成員たちはどうやって「わかり」あるいは「解釈」していくのか、成員たちはどうやって社会的世界を「事実」として実際に経験し記述するのか、成員たちはどうやって、社会的世界のがっしりした外在的で「客観的」な性質についての感覚を、自分自身あるいは他者に植えつけるにいたるのか、以上について（自然的態度をとるかぎり）研究されることはないのです。

しかし、エスノメソドロジーが研究しようとしていること、それはまさにこのことなのです。

だから、どうして「社会的世界についての感覚」、つまりそれが「事実であり」「そこにあり」「外在的である」とする感覚をもつにいたるのかという、右のような方法、これこそ研究されなければならないのです。

エスノメソドロジストは、社会的世界がしかじかのふうであるなどとは決して言いません。むしろ、そのことは括弧に入れてしまいます。つまり、このような考え方や信念をすべて排除してしまい、それについて真偽を問うことをしません。そうではなく、人びとがどうやって自分たちで社会的世界を「事実であり」「観察可能であり」「現実的である」ものとしていくのか、このことに照準するのです。

そういうわけで、エスノメソドロジストは、いずれかのものの見方が「正しい」などというふうな態度決定はしません。むしろ、次のように問うのです。どうやって成員たちは、事の「正しさ」（あるいは「真理性」）を決定しているのか。成員たちはどのような解釈に与するのか。成員たちはどのようにして、このような事柄について語るのか。成員たちは、ているのか。

自分たちが「正しい」と認識したりあるいはそう呼べるように事態をどうやって成し遂げているのか。

よくこう言って批判する人たちがいますが、（エスノメソドロジーにおいて）社会が「否定」されたり、あるいは「消えて」しまったりするわけでは決してありません。成員たちにとって社会は「いつもそこに」あります。しかし、エスノメソドロジストにとって、成員たちが「社会」とみなしているものは、まさしく成員たち自身の実践においてあるいはそれを通してのみ、研究可能なものなのです。この実践のなかには、現在まだ進行中の活動もあれば、もう完了してしまった（過去の）活動もあります。また成員たちがやることだけでなく、成員たちの言うことも含まれます。過去の行為が研究のために利用できるとすれば、回想・記憶・書きとめられたものを通して、成員自身により言及され回顧的に分析されることによってでありましょう。

（こんなことを言いますのも、エスノメソドロジーが、歴史を無視しているとか歴史を扱えないとかいった批判を受けてきたからであります。この批判は間違っています。ただし、成員たちが「過去」あるいは「歴史」と考えるものが、歴史家たちが「歴史」と呼ぶであろうものと同じだ、などと言ったら、歴史家たちは同意しないでしょう。エスノメソドロジストが問うのは、たとえば次のようなことです。過去に何が起きたか、過去についてとくに何を取りあげるべきか、実際に時間をどのように数えどのように「測る」か、ということについて、成員たち自身がどのようにして解釈し決定していくのか。あるいは、もっと一般的に言いますと、歴史的な推論や説明は成員たちによってどのようになされているのか［また、歴史家たちは歴史的な推論をどのようにやっているのか――この点についてはベルナール・コナンの仕事を見てください。］

重要なことですが、エスノメソドロジーのやり方で「歴史」を研究していくと、ついには歴史家の実践の研究、つまり歴史家が出来事を「解釈」したり、「歴史」を書いたりする時、どのような実践的推論を行なっているかについての研究をするところにまで至るかもしれません。エスノメソドロジー的にやっていくなら、「歴史」は、「実践的な歴史的推論」の研究に変換されてしまうのです。つまり、成員たちが「歴史」を集め・観察し・書き・語り・提示し・決定し・分析し・産出し・成し遂げるという、成員たち自身による実践の集合が、「歴史」それ自体となるのはどのようにしてか、ということについての研究に変換されてしまうのです。）

エスノメソドロジーは民俗誌か

エスノメソドロジーは民俗誌か。一言で答えてしまうなら、答えは「否」です。

民俗誌は、特定時代の特定の状況、特定の事情を研究しようというものです。民俗誌は、ある状況の固有で実質的な特徴を記述します。それは、ギリシアの村であってもよいですし、精神病院でも、ニューギニアの部族でも、都市の下層民でも、どこか特定の飲み屋でもよいのです。

それにたいし、エスノメソドロジーは、むしろ「方法誌」(methodography) と言うべきものです。つまりそれは、「状況の実質的な特徴はどうやれば観察可能になるのか」(Zimmerman and Pollner, 1970) というその実際のやり方あるいは方法を探究するのです。

エスノメソドロジー的アプローチは、家族とか婚姻とか親族とか財産といった実質的な観点から、成員たちが何をするのか、ということに焦点を当てるわけではありません(これは、むしろ通常の民俗誌がかかわることです)。それは、成員たちがその特定状況の特徴を明らかにし・はっきりさせ・説明可能にするための、その成員たち自身の方法に焦点を当てるのです。たとえば、その状況の特徴を、成員たち自身はどうやって、認識し・記述し・説明可能にするのか、ということに焦点を当てるのです。そのようにするならば、成員たちが、たとえば「家族」とか「親族」とか「自殺」といった事柄をどう説明していくのかというその実際のやり方について、さまざまな発見があることでしょう。つまり、次のようなことが発見できるのです。どのようなカテゴリー化装置がどのように用いられるのか。人びとはどのようにして「数えられる」のか(どうやって「追跡される」のか、どうやって「位置づけられる」のか)、あるいは数えられないのか。特定の目的のために、人びとはどのようにして「分類される」のか、あるいは「分類されないままにされる」のか。どのようにして「集められ」どのようにして「別々にされる」のか。そして、いろいろな場面において、以上のことはどうやって「決定され実施される」のか。

エスノメソドロジー的研究は、「家族」とか「親族」にまつわる言葉の配置がどのようなカテゴリー化の実践に支えられているか、ということも発見できましょう。成員たちによるカテゴリー化の実践を一まとまりの集合（サックスの言い方によれば、成員カテゴリー化装置、略してMCD）として見た時、それは、一般的な（つまり不変的な）特徴（あるいは構造）をもっているということになるかもしれません。つまりそれは、特定の場面、特定の親族名辞、特定の話し手等を越えて妥当する、ということが明らかになるかもしれないのです。

このようなカテゴリー化の方法が発見・分析されるならば、親族内での呼び名の体系がどうなっているかが、もっと深くわかるかもしれないし、それどころか、親族ばかりでなく、他の領域での日常的実践についてももっと深くわかるかもしれません。たとえば、代名詞でどのようにして指示できるのか、とか。「成員のカテゴリー化の方法」という現象は、親族といった慣習的な話題だけに関係している、などというふうに、予断でもって限定を加えてはいけないわけです。

この最後の点こそ、エスノメソドロジー的研究のおもしろいところであり、かつ同時に、多くの社会科学者が、伝統的な物の見方にとらわれているかぎり、欲求不満を感じるところでもあります。このような科学者たちは、こんなふうに言うかもしれません。「あなたたちは、親族なんて、本当に研究したことはないじゃないか」と。もちろんこの場合、彼らの言う親族とは、人類学や社会学で慣習的に「親族」という言葉により指示され意味されているもののことに他なりません。しかし、いまや次のことが発見されたのです。成員たちがどうやって人びとのカテゴリー化を実際に成し遂げるのか、ということこそ、興味深いことなのです。この「発見」こそ、エスノメソドロジストが重要視することです。つまり、ある現象を研究している時、この現象から何が導けるかということをあらかじめ言うことはできない、というわけです。エスノメソドロジー的な研究法は、たとえば、まず研究主題を設定して、それにあらかじめ慣習的な定義を約束事として与え、しかもその定義をあらかじめ「操作化」することまでしてしまう、といった研究のやり方とはまったく違っています。むしろそれは、主題を発見し、そしてどこであれ、その主題自身が導いていくところまで、ずっとそれを追跡するというやり方だ、と言えましょう。

あらかじめ「操作化」したり「定義」を与えたりするならば、重要な実践が発見できなくなってしまうかもしれません。また、あらかじめ決められた線にそってしか、研究を進めることができなくなるかもしれません。いくべき方向が、いわば「先例の重い手」によって、つまり社会科学における主題の伝統的定義によってあらかじめ決められてしまうことになるかもしれないのです。

この意味で、エスノメソドロジー的研究は、社会科学の従来の仕事にたいし若干批判的だ、と言ってもよいでしょう。批判点は次のとおりです。従来の研究では、現象や主題を、それが私たちを導くところへどこまでも追い駆け、とことん詳細に研究しようということはない。そうではなくて、与えられた主題をどうやって研究していくべきか、そのためにどのような方法を用いようか、研究結果のうちどれを取り上げようか、といったことが、あらかじめ、場合によっては調査研究を開始する以前に決まっているわけです。

たとえば、現在の実証主義社会学では大方が、次のように考えています。諸変数が定義されなければならない。測定が必要だ。統計分析や定量分析は不可欠だ。経験的な一般化がなされねばならない。通常の一般理論（社会学の文献に見出されるような一般理論）にもとづいて、知見を解釈しなければならない。できるなら、因果理論を展開するのが好ましい、といった具合です。

もし、調査研究とはこのようでなければならないと考える社会科学者が、エスノメソドロジー的研究に懐疑的・批判的であったとしても、そのわけを理解するのは難しくありません。エスノメソドロジー的研究は、こんなものでは全然ないからです。

ところで、いま一度、エスノメソドロジーと民俗誌を比べてみましょう。

民俗誌は、社会の成員たちの日常的実践を記述しようとする。しかし、出来事や行為を観察可能・理解可能なものにするためにそれが用いるのは、記述です。

出来事を観察可能・理解可能なものにするために記述を用いるというのは、じつは、日常的現実を「創造」するためのやり方に他なりません。つまり、それは、「社会構造についての感覚」の創り出し方なのです。（ここで言う記述とは、次のような説明の集合のことです。つまり、ある説明が与えられた時、その意味が常識的理解の枠組みから理解できるなら、そのような説明の集合を、ここで記述と呼んでいるわけです。記述により、分類・組織・整合性・関連性が生みだされます。そしてあるものは取り込まれ、あるものは除外されたりもします。）

民俗誌家は、信念だとか信念の内容だとかいうものに関心をもちます。つまり、何が信じられているのか、に関心をもつのです。人びとは何を信じているのか、人びとは互いに何を信じていると伝え合っているのか、人びとは自分たちの子どもに何を伝えるのか、人びとは一定の信念を誰に伝えるのか、またどうやって人びとは、宗教とか伝統とか経済とか政治といったカテゴリーにより自分たちの信念を分割していくのか、以上のようなことを民俗誌家は記述することでしょう。このような調査研究において強調されているのは、信念を体系的に集め観察するということに他なりません。

さて、エスノメソドロジーは、これとは違ったどんなことをするのでしょうか。エスノメソドロジーの場合は、信念の内容にかかわることはしません。エスノメソドロジストは、むしろ、成員たちがある事柄について自ら説明する仕方のことを、信念と考えるのです。

つまり、信念やその表現が研究されるとき問題となるのは、その信念はどのように使用されているのか、それは成員たちにとって実際にどのような働きをしているのか、すなわち、それは何を成し遂げるのか、といったことです。「信念」は行為を説明するのに役立つということが、発見されるかもしれません。たとえば、ある人が農作物を水に浸した時、それはその人が、水は農作物が成長するのを助けるという「信念」をその人がもっていたからだと言うことができる、という具合です。「信じる」という言葉は、成員たちによって、人びとの行為を解釈したり理解したりするために用いられることもあるようです(Coulter, 1979)。

注意していただきたいのですが、私は何も、こんなふうに〔「それは、……と信じていたからだ」と〕言う人は正しいとか間違っているとか言っているわけではないのです。ただ、この人は、何かするために、つまり人びとの行為をわかろうとするために、ある言葉を、ある考え方をどのように用いているのか、ということを述べただけです。つまり、エスノメソドロジーが研究するのは、成員たちがどういうやり方で行為や出来事を理解するのか、なのです。成員たちが、「信念」だとか「動機」という考え方をもち出すなら、この考え方がどのように用いられているのか、それを用いることによって何が成し遂げられるのか、ということこそ、私たちの関心の的なのです。

もう一つ、ウィーダーの仕事を例として参照してみましょう。「規範」という概念を考えてみましょう。これは社会学でよく用いられる用語です（以下、ウィーダーの『言語と社会的現実』Wieder, 1974〔邦訳一五五―二二四頁〕を参照）。ウィーダーは、更生施設の研究をしました。つまり、犯罪を犯したために刑に服している人たちの研究です。彼らは、一つ家で最小限の監視を受けながら一緒に生活しているのです。この受刑者たちと、彼らを監視する職員たちは、しばしばその施設にある「ルール」ということを言います。彼らがこのルールに従いながら実際にどう振る舞うかを研究した時、ウィーダーは気づきました。「ルール」という言葉・考え方は、いろいろなやり方で使用されていたのです。まず、ルールは、何がなされたのかというその意味を決めるために用いられます。たとえば、人びとは、その更生施設というコンテクストのなかで行為がもつ意味を組み立てるために、ルールという考え方を用いたりするわけです。ルールは解釈枠組みとして用いられるわけです。つまりルールは、かならずしも、人びとが何をなすべきかを、それがなされるに先立って指令するものというわけではないのです。ウィーダーは、「ルール」が人びとにより本来の場所でどのように用いられるかを研究することで、そのことを発見しました。ルールに関しては、人びとはそのルールについてどのように語るか、人びとはそのルールをどのように「使用」するか、が検討されたのです。もし人びとが「ルール」という概念を、何がなされたのかを説明するために使用したとしたら、これこそ、ルールの日常的な意味だということになりましょう。更生施設のなかでウィーダーは次のことを見出しました。

「受刑者コード」は、すなわち一組のルールを「コード」として言及したものは、コンテクストに依存しているということを。つまり、コンテクストが変われば、ルールの意味も変わる、というわけです。あるルールがある時にもっていた意味は、それが別の時にもつ意味と違っているというのです。

また、コードとしてのルール群と実際の振る舞いは、互いに依存し合うものであることもわかりました。それらは互いに磨きをかけ合うのです。つまり、コードは行為に意味を与え、行為はコードに意味を充塡します。たとえば、もしコードに従うなら、職員にはいつも注目しなければならず、職員はいつも敬われなければならない、ということになりましょう。そして、職員側が計画した諸活動にはかならず参加しなければならない、ということになります。ところが、職員が会合を開いた時、〔受刑者たちが〕注意を集中することもなく、普段着を着て、気楽な調子でそっくり返って腰掛けていたとしたら、このような動作は、きっと、「受刑者たちは、この状況においてとてもリラックスしているのだ」というふうに解釈されることでしょう。しかし、もし受刑者たちが、職員の指示する行動をしようとせず、なおもくつろいだふうに腰掛けていたとしたら、今度は、「敬意を払っていない」と解釈されるかもしれません。つまり、成員たちの行動は、その解釈のためにコードを用いるか用いないかによって、あるいはコードのどの部分を用いるかによって、まったく違ったふうに解釈できるのです。

また、コードは、振る舞いを解釈可能なものにするにも役立っていました。たとえば、ある振る舞いは、まったく無視され、それを理解するためにコードは用いられない。ある振る舞いは気づかれ、それを説明するためにコードが用いられる。ある振る舞いは気づかれるが、コードにとってはどうでもよいものと解釈される、といった具合です。

コンテクストはきわめて重要なものでした。振る舞いも、コードも、それからそのコードや振る舞いについてどう語るかというその語り方も、コンテクストに依存していたのです。

こういうわけで、通常社会学で規範やルールについて議論する時、私たちが信じてしまうようなこととはずいぶん違うことを、ウィーダーは示しました。つまり、いかなる「ルール」の集合も、それがコードとして用いられる時、決してあらゆる場面を一貫して、すべての当事者たちの合意のもとに従われるわけではない、ということが明らかになったのです。ウィーダーの研究から、私たちは、成員たちによる「ルール」（あるいはコード）の用法をどうやって研究していけばよいかがわかります。つまり、常識的な知識・理解を研究主題に押し立てて研究を進めていくならば、その常識的な知識・理解が成員たちにとって日常のなかでどういう意味（用法）をもつのか、が明らかになるはずです。

どうやるかを知ることと「どうやって」を知ること

社会の成員たちに、彼らが日常の活動をどうやって成し遂げるのか、聞いてみたらどうでしょうか。

この問いには、まずこう答えましょう。成員たちは何かをする時に、そもそも、自分たちがどうやっているのかなどということに関心がない。彼らはただ、それをやることにだけ関心があるのだ（もし私が、どのようにして講演が成し遂げられるのかを分析しようなどと思ったら、もうこの講演を続けることはできないでしょう。私がいま何をやることに関心をもっているかと言えば、それは「講演をやること」に他なりません）。

第二に、成員たちは、自分たちがどうやっているかということを、はっきりと自覚してはいないのです。だから、もし成員たちに自分たちのやっていることを説明・分析してくれるよう頼んだとしても、彼らの説明（分析）は的確なものとはならないでしょう。

社会の成員たちにとって、自分たちが何かする時、それを「どうやるかを知っている」かどうかは、それが実際にできるかどうかを見るのがもっともはっきりします。会話をすること、地図をかくこと、方角を教えること、病気の診断をすること、講演をすること、何でもそうでしょう。成員たちはいろいろなことをするのに、一定の仮定をもってする。

物事を自明視し、自分たちが知っていることについて、それが「どうやって」かを分析することなしに、どうやるかを知っているのです。

エスノメソドロジストにとっては、成員たちが、たとえなんであれ何かを成し遂げようとするとき実際に用いる方法こそ「恐るべき謎」です。この方法を発見・記述・分析するということは、ある特別の関心をもった人の課題です。つまり、このような人は、右のような事柄にたいし、直接注目を向けることでしょう。

繰り返し観察し研究することによって、あるいは直接質問することによって、要するに、映画であれビデオであれ録音テープであれ写真であれ、書き残された資料や文書を集めるのであれ、とにかく何であれ必要な方法によって、同じあるいは類似の諸現象が観察されることになるでしょう。

このような研究はどうやって進めればよいのでしょうか。どこから始めればよいのでしょうか。第一に、とりあえず、成員たち自身が使用している常識的な理解や言葉から始めるのが適当でしょう。「これは講演会か、それとも授業か」、「これは、知能検査をしているのか、それとも読み方の練習をしているのか」、というように、成員たちに、常識的にはどのようにカテゴリー化されるかを聞いてみるのもよいでしょう。

第二に、大いに観察し、また繰り返し観察し、適当な材料も集まったなら、次には、研究されている当の特定の活動がどうやって成し遂げられるかというその方法を、研究の主題にします。

第三に、その結果、成員たちが何かを成し遂げるために用いる方法、たとえば、講演をやる・試験をする・読み方を教える・犯罪を分類する・陪審員の仕事をする・会話をする・診療をする・地図をかく等々、といったことを成し遂げるために用いる方法が、分析されることになるのです。

民俗誌研究が参与観察をする時のように、もし成員たち自身と同じ活動ができるようになるならば、そのことは、成員たちにより用いられている「どうやって〔＝やり方〕」（方法）が記述・分析できるようになるということと同じなのでしょうか。

それは同じではありません。なぜなら、前にも言いましたように、成員たちはある活動をする時に、「どうやって」ということを、つまりその方法を記述・分析できなくても、その活動を遂行できるからです。私がある活動ができるからといって、かならずしも、そのことは、私がそれをするために用いる方法を、自分でちゃんと説明できるということにはなりません。

もし社会科学者が常識的理解を分析しようとするなら、ただ単に成員たちが用いているのと同じ常識的理解を用いても、お望みの結果を得ることはできないでしょう。むしろ、その社会科学者は、その常識的理解それ自体を分析し、それ自体を研究主題としていかなければならないのです（単にその〔研究〕活動そのものをやり貫くための資源として利用するだけでなく）。

この点こそ、エスノメソドロジーの最大の功績です。そしてアルフレッド・シュッツの仕事と異なる点でもあります。シュッツは、常識的理解を記述し、その特徴のうちいくつかを分析し、知識の配分を研究する、といったことで満足してしまいました。ガーフィンケルは（それにたいして）、常識的知識を分析し、常識的知識はどうやって構成されるに至ったのか、成員たちにとって、それが「知識」だという感覚はどこから生じてきたのか、「知識」はどうやって使用されているのか、といったことを発見しようとしているのです。ガーフィンケルにとって、知識は「頭のなかに」あるものではありません。むしろ「やること」なのです。つまり知識は、精神論的現象ではなく、むしろ「実践」なのです（知っているといくら主張しても、それはあくまでも主張にすぎません。何かについて、それをどうやるか知っているということは、実際にそれをやることのなかでしか証明できないのです）。

とはいえ、社会科学者たちは、自分たちの仕事を進めるうえで、常識的知識（理解）を利用しないわけにはいきません。結局、彼らも日常生活の世界に生きているのだし、彼らも、成員たちが使っているのと同じ言語や言語実践を使って、話をし、意思疎通をしているからです。

社会科学者たちがいろいろ語っていく時、その語ることがどうやって、そこで語られる事柄を「目立った」ものにするのか、というその方法を発見するために、彼ら自身の語り方（言語の使用法）を検討することもできましょう。「典型的な事例を例示する」・「振る舞いをルールに関係づける」・「注釈する」・「論理性を論ずる」といった方法は、成員たちによっても社会科学者たちによっても等しく用いられている方法だと言えるかもしれません。もう一つ例を挙げましょう。社会科学者は、集める・観察する・分類する・数える・記述する等々という実際的な行為を行ないます。このような行為は、「通常の」成員たちが同様の行為を成し遂げる時と同じやり方で行なわれるかもしれません。たとえば、カテゴリー化装置を用いたり、物は不変だと心に思ったり、ある段階を最後とみなしたり、あるものをあるタイプに属するものとみなしたり、等々といった具合です。

こういった方法は、それ自体社会科学者によって用いられているものである以上、「もっとよい」方法とか「また別の」方法などに、つまり「科学的方法」に変換されることはありません。むしろ、この方法もまた、エスノメソドロジー的研究の対象となるのです。

こういうわけで、エスノメソドロジーは、日常生活の世界におけるすべての活動を、社会科学者の活動をも含めて、何よりもまず、エスノメソドロジー的分析の対象となりうる実践的活動とみなすことになるわけです。

だからといって、エスノメソドロジーは、「科学社会学」とか「社会学の社会学」になるというわけではありません。むしろ、エスノメソドロジーのやることは、社会学の方法もそれ自体、実際に事を成し遂げていく実践に他ならない、ということを明らかにすることです。

エスノメソドロジーとは、次のような態度ないしはものの見方に他なりません。つまり、その見方に従うならば、日常生活の世界のなかで、あるいはそれについて、何を成し遂げるためのどんな実践であれ、すべての実践は、あくまでも成員たちの実践であることが明らかになるのです。

このことから、エスノメソドロジーが、あらゆる社会科学と関連する視点であることもわかります。たとえば、政治学、歴史、経済学において、それぞれ、実践的な政治的推論、歴史的推論、経済的推論についてはエスノメソドロジー的研究ができるでしょう。

たとえば、新聞や経営コンサルタントや大統領や首相たちが用いている実践的経済的推論を分析してみると、きっととてもおもしろいのではないかなどと、最近思っています。この分析を通して、「経済」という事態がどのように解釈され、どのように語られているか、「誤り」はどのように「訂正」されるか、何が「データ」を構成するのか、どのように「数字が計算される」のか、諸「結果」は、日常の実践的な「経済的推論」のなかでどう解釈されるのか、ということがわかれば、とてもおもしろいでしょう。

もう一度繰り返しておきますが、私たちは決して、何が「正しい」あるいは「的確な」推論であるか、などということには関心がありません。私たちが関心をもっているのは、あくまでも、実践的経済的推論がどのようになされるのか、ということです。一定の方法にしたがって推論することで、成員たちは、どのようにして「精確さ」・「正しさ」・「予言能力」といった感覚をもつに至るのか。

社会科学そのものを実践的な活動として研究する時も、そこで主題となるのは、その社会科学によって展開された知識の内容ではありません。そうではなく、社会科学者たちがこの「知識」を作り出していくためにどのような方法を用いたのか、ということです。（注意していただきたいのですが、エスノメソドロジーは、おのれ自身どのような方法を用いて実践的推論を行なっているかを、たしかに分析することはできますが、だからといってかならずそうしなければならないわけではありません。また、エスノメソドロジーは、不可避的にある種の無限後退に陥るなどとも考えないでください。つまり、「研究の研究の研究」はどうやられているのか、といったことを分析していくことになる、などということはないのです。）

エスノメソドロジーは、社会科学者の実践を、それ自体研究するに値する実践的活動として扱います。この意味で、エスノメソドロジーは、ある種の再帰的社会的実践と考えることもできましょう。つまりそれは、（自分自身をも含めた）すべての社会的実践の方法を分析しようとしているわけです。

だから、エスノメソドロジーは純粋な再帰的社会科学なのです。それは、日常生活の世界についてのあらゆる研究の役に立つことでしょう。科学そのものがなす仕事の研究をも含めて。

エスノメソドロジーの主要著作目録

J. M. Atkinson and J. Heritage, *Structures of Social Action*. Cambridge University Press, 1984.

Aaron Cicourel, *Method and Measurement in Sociology*, Free Press, New York, 1964.（下田直春監訳『社会学の方法と測定』新泉社　一九八一年）。

Jeff Coulter, *The Social Construction of Mind: Studies in Ethnomethodology and Linguistic Philosophy*, MacMillan Press, 1979.（西阪仰訳『心の社会的構成——ヴィトゲンシュタイン派エスノメソドロジーの視点』新曜社　一九九八年）。

Jack Douglas（Ed.）, *Understanding Everyday Life*, Aldine, Chicago, 1970.

Harold Garfinkel, Studies of the routine grounds of everyday activities, *Social Problems*, Vol. 11, 1964, pp. 225–250 (also in Garfinkel, 1967).（本訳書四七—一三八頁）。

__________, *Studies in Ethnomethodology*, Prentice-Hall, Englewood Cliffs, N. J., 1967.

__________, and Harvey Sacks, On formal structures of practical actions, in J. C. McKinney and E. A. Tiryakian（Eds.）*Theoretical Sociology*, Appleton-Century-Crofts, New York, 1970.

George Psathas（Ed.）, *Everyday Language: Studies in Ethnomethodology*, Irvington and Wiley, New York, 1979.

Harvey Sacks, An initial investigation of the usability of conversational data for doing sociology,

in D. Sudnow (1972).（本訳書一三九—一五五頁）。
———, On the analyzability of stories by children, in R. Turner (1974).（小宮友根訳「子どもの物語の分析可能性」山崎敬一他編『エスノメソドロジー・会話分析ハンドブック』新曜社　二〇二三年　一一一—一三一頁）。
———, On doing "being ordinary," in J. M. Atkinson and J. Heritage (1984).
———, Emanuel Schegloff and Gail Jefferson, A simplest systematics for the organization of turn-taking for conversation, *Language*, 50, 1974, 696-735 (also in Schenkein, 1978).（西阪仰訳「会話のための順番交替の組織」『会話分析基本論集』世界思想社　二〇一〇年　七—一五三頁）。
Emanuel Schegloff, Sequencing in conversational openings, *American Anthropologist*, 1968, pp. 1075-1095.
——— and Harvey Sacks, Opening up closings, *Semiotica*, 8, 1973, pp. 289-327 (also in Turner, 1974).（本訳書二五七—三五七頁）。
———, Identification and recognition in telephone conversation openings, in G. Psathas, 1979.
———, The routine as achievement, *Human Studies*, 9, 1986.
James Schenkein (Ed.), *Studies in the Organization of Conversational Interaction*, Academic Press, New York, 1978.
David Sudnow (Ed.), *Studies in Social Interaction*, Free Press, N. Y., 1972.

——, *Passing On: The Social Organization of Dying*, Prentice-Hall, Englewood Cliffs, N. J., 1967.（岩田啓靖・志村哲郎・山田富秋訳『病院でつくられる死——死と死につつあることの社会学』せりか書房　一九九二年）。

——, *The Ways of the Hand*, Harvard University Press, Cambridge, MA 1978（and Bantam Books, 1979）.（徳丸吉彦・村田公一・卜田隆嗣訳『鍵盤を駆ける手——社会学者による現象学的ジャズ・ピアノ入門』新曜社　一九九三年）。

Roy Turner（Ed.）*Ethnomethodology*, Penguin, 1974.

D. Lawrence Wieder, *Language and Social Reality: The Case of Telling the Convict Code*, Mouton, The Hague, 1974（excerpted in Turner 1974）.（山田富秋・好井裕明・山崎敬一抄訳「受刑者コード——逸脱行動を説明するもの」『エスノメソドロジー——社会学的思考の解体』せりか書房　一九八七年　一五五—二一四頁）。

エスノメソドロジーに関する主要文献

D. Benson and J. A. Hughes, *The Perspective of Ethnomothodology*, Longman, London, 1983.

J. Coulter, The ethnomethodological programme in contemporary sociology, *The Human Context*, 6（1）, 1974.

Paul Filmer, On Harold Garfinkel's ethnomethodology, in P. Filmer et al.（Eds.）*New Directions in Sociological Theory*, Collier-MacMillan, London（MIT Press, Cambridge, MA）, 1972.

John Heritage, *Garfinkel and Ethnomethodology*, Polity Press, Cambridge, U. K., 1984.

R. J. Hill and K. Crittenden（Eds.）*Proceedings of the Purdue Symposium on Ethnomethodology*, Purdue University, 1968.（山田富秋・好井裕明・山崎敬一抄訳「エスノメソドロジー命名の由来」『エスノメソドロジー――社会学的思考の解体』前掲書　九一―一八頁）。

Kenneth Leiter, *A Primer on Ethnomethodology*, Oxford, New York and Oxford, 1980.（高山真知子訳『エスノメソドロジーとは何か』新曜社　一九八七年）。

George Psathas, Ethnomethods and Phenomenology, *Social Research*, 35, 1968, pp. 500–520.

———, Ethnomethodology as a phenomenological approach in the social sciences, in R. Zaner and D. Ihde（Eds.）*Interdisciplinary Phenomenology*, Martinus Nijhoff, The Hague, 1977, pp. 73–98.

———, Approaches to the study of the world of everyday life, *Human Studies*, 3, 1980, pp. 3–17.

W. W. Sharrock and R. J. Anderson, *The Ethnomethodologists*, Tavistock, London, 1986.

Matthew Speier, *How To Observe Face-to-Face Communication*, Goodyear, Pacific Palisades, CA, 1975.

Don Zimmerman, Ethnomethodology, *The American Sociologist*, 13, 1978, pp. 6–14.

Don Zimmerman and Melvin Pollner, The everyday world as a phenomenon, J. Douglas（Ed.）, 1970, pp. 80–103.

日常活動の基盤——当り前を見る

ハロルド・ガーフィンケル

Harold Garfinkel
Studies of the Routine Grounds of Everyday Activities

問題

カントにとっては「内面的」な道徳的秩序が神秘であり、それはただただ畏敬すべきものであった。他方、社会学者にとっては「外面的」な道徳的秩序が神秘となる。しかしそれは、人為的な神秘である。社会学理論は、道徳的な秩序が規則により制御された日常生活の活動から構成されているとみなしている。しかし一方、社会の成員は、正常であると知覚された行為の過程を、すなわち、なじみぶかい日常的な事象の場面を、あるいは他者とともに知り、また他者とともに自明視している世界を、道徳的に秩序あるものとして体験し捉えているのである。

成員はこの世界を、「歴然たる当り前の事実」(natural fact of life)として考えている。しかも、彼らにとり、この歴然たる当り前の事実とは、あらゆる点で生活の道徳的な事実をなしてもいる。つまり、成員にとって、物事はなじみぶかいからということだけで、歴然たる当り前の事実となっているばかりでなく、それを歴然たる当り前の事実として受けとめることが、道徳的に正しかったり正しくなかったりすることにもなるので、物事はまさに道徳的な事実になっているのである。さらに、成員が「歴然たる当り前の事実」とみなしているこの日常活動のなじみぶかい場面は、実際の世界として、あるいはまたこの実際の世界での活動の所産として、彼らの日々の生存にとり揺るがしがたい事実となっている。それは人が覚醒した状態にいる場合、その人が依って立つ「定点」や「現実の世界」となり、遊び・夢・陶酔・劇・科学的な理論思考・重要な儀式において行なわれている日常生活世界のあらゆる変更にとっての出発点であり回帰点なのでもある。

日常生活でのなじみぶかいこの常識的世界は、人文学上、科学上を問わずすべての領野で、不変の関心事となっている。しかもこの世界は、社会科学、とりわけ社会学にとっては、根本的に関連している事柄だと言えるだろう。常識的世界は、社会学にとり問題をはらんだ主題を構成するとともに、社会学的な態度そのものの性質に入り込み、社会学者が主張する適切な説明に、意外にも執拗な力を及ぼしているのである。

こうした問題が、中心的な位置を占めているにもかかわらず、多くの社会学の文献においては、「なじみぶかい場面」として社会的に認識されている常識的世界の本質的特徴を見きわめるために必要な、またこの特徴が社会組織の次元といかに関連づけられているかを示すデータや方法はほとんど見られない。社会学者は、社会的に構造化されている日常生活の場面を出発点とみなしているけれども、常識的世界が、そもそもいかに可能なのかという一般的問題を、それ自体社会学的に探究すべき課題として論ずることはまれである(原注1)。むしろ、日常世界の可能性は、理論的な表現を押し付けられているか、もしくはただ単に仮定されているかのいずれかにすぎない。日常生活の常識的世界に明確な規定を与えることは、社会学の探究目標としてまたその方法論上の基盤として、究明しなくてはならない適切な課題であるにもかかわらず無視されてきた。この論文の目的は、常識的な活動をそれ自体独立した探究目標として取り扱うことが、社会学的な探究に対しどのように本質的に関連しているかを示してゆくとともに、常識的な活動の「再発見」を一連の研究報告を通じて試みることにある。

平凡な場面の可視化

日常的活動の安定した特徴を説明するにあたり、社会学者は通常、家族世帯や職場といったなじみぶかい場面を選定し、これらの安定的な特徴に寄与している諸変数を問題にする。しかし、通常、次のような考察はまったく行なわれていない。それは、社会的に標準化され社会の基準となっている特徴、すなわち「見られてはいるがしかし気づかれずに」(seen but unnoticed) 日常的な場面の背後にあると期待されている特徴についての考察である。社会の成員は、この背後期待 (background expectancies) を解釈図式として使用している。成員がこれを使用することにより、現実の外観は、成員にとりなじみぶかい「出来事の」外観として認識され理解可能なものとなる。成員はこの背後の基盤に敏感に反応するけれども、同時に、この背後期待が何から構成されているかを、明確に語ることには当惑を覚えてしまうのである。このことは実際に示すことができる。成員はこの背後期待について尋ねられても、ほとんど、あるいはまったく何も語れない。

これらの背後期待を把握するためには、「通常の生活」といった日常的場面の特徴に対して部外者となるか、それともこの生活から疎隔されていなければならない。アルフレッド・シュッツが指摘したように、背後期待を問題として取り上げるためには、ある「特別の動機」が必要とされるのである。社会学者にとってのこの「特別の動機」とは次のようなものである。つまり、社会の成員の実践的状況は、その成員の視点から見るならば、多くの背後特徴の道徳的に必然的な性格を帯びているものとして見えるのだが、まさにそのような状況を、理論的な関心事として取り扱うことをあえて企てようとすることが必要だというのである。しかも、見られてはいるが気づかれない日常活動の背後の基盤が可視化され記述されるのは、成員自らのパースペクティヴからに他ならない。つまり、どのように人びとは自ら生活し、子供を持ち、情感を覚え、思考し、またどのような関係をお互いに取り結び合うのか、このパースペクティヴが考慮されなければならないのである。〔訳注1〕さもなければ、社会学者はおのれの理論的問題を解決できないことになる。

社会学者のなかでただ一人、故アルフレッド・シュッツは、(2)日常生活世界の構成的現象学にかかわる古典的な一連の研究において、このような、見られはするがしかし気づかれない多くの背後期待を記述している。シュッツは、この背後期待を「日常生活の態度」

(attitude of daily life) と呼び、この態度により見られる場面の特性を「共通に知られており、かつ自明視されている世界」として示している。シュッツの基本的な研究のおかげで、この背後期待の性質と作用を解明し、それが成員の協調的な行為の過程とどのように関連しているのか、また背後期待が経験的に想定しうる社会においてどのような位置を占めているのかを規定するという課題を、よりよく成し遂げることが可能になるのである。

　本稿で報告される諸研究は、ごく普通の場面がもっている親密性、つまり通常の生活という特徴の根拠となっているいくつかの諸期待を探り出し、また日常活動の安定的な社会構造とこれら諸期待との関連づけを試みている。手順として、まず、なじみぶかい場面から出発し、何が行なわれた場合にこの場面に混乱が生ずるのかを追及してみようと思う。さらに、ある実験的な操作をするならば[2]、知覚されている状況の無意味な特徴が増幅されるだろう。つまり、当惑・狼狽・混乱が産出・維持され、また不安・恥辱・罪悪感・憤慨といった社会的に構造化されている感情が引き出され、さらに破壊的な相互行為が生みだされることになるだろう。そこで、このような実験的な操作を加えることで、日常活動の構造がいかにして日常的にしかも自明なものとして生成され維持されているかについて、何ごとかを示すことができるにちがいない[3]。

　一言つけ加えておこう。以下の研究は、方法的な手順として実験を重視はするけれども、正確に言えば、実験的なものではない。この研究においてなされている諸々の証拠の提示は、ハーバート・スピーゲルバーグの言葉で言えば、「鈍い想像力に対する助力」として意図されているのである。すなわち、この方法は、いかんともしがたいまでに馴れ親しんでいる世界が、奇異なものに見えてくるような反省を促すことになったのである。

共通理解のいくつかの基本的特徴

いろいろな考察からわかるように、共通理解（common understanding）は、なんらかの話題について、内容が厳密に確定されている合意を人びとが共有していることから形成されているわけではない。厳密に確定されている合意を共有していることが重要であるといった考え方では、たとえ、話題の数と範囲が限定されており、また実際にどれだけ合意が厳密に確定されているのかを測定するうえでの障害を度外視したとしても、〔共通理解の形成についての〕不正確な性質を根本的にはぬぐいきれない。この点については、以下のように説明することができるだろう。

学生たちに、一般的に行なわれた会話を報告するように命じてみた。それは、用紙の上部に、当事者たちが実際に話していた内容を、一方、下部に、当事者とその相手が語っていた事柄について両者が理解していたとおりの内容を書かせるというものであった。ある学生は彼自らと妻との間でなされた次のような対話を報告している。

夫：今日、ダナは抱き上げてやらなくてもパーキング・メーターにうまいこと一ペニー入れたよ。

妻：あなた、あの子をレコード店に連れていったの？

私の四歳になる息子のダナは、以前はいつもパーキング・メーターの高さまで抱き上げてやらねばならなかった。でも、私が彼を幼稚園から連れ帰った今日の午後、車を駐車場に留めた時には、息子はメーターの高さに十分手が届き、上手に一ペニーを投入することができた。

息子がメーターに一ペニーを入れたのなら、あの子が一緒の時に、あなたは寄り道をしていたのだ。息子を連れに行く途中か、それともその帰り道のどちらかで、レコード店に立ち寄ったにちがいない。帰り道に寄ったのであの子はあなたと一緒だったのか？　それとも、迎えに行く途中でレコード店に寄り、帰り道にはどこか別の所に寄夫：そうじゃないよ。靴の修理屋に寄ったんだ。

妻：どうして？

夫：新しい靴ひもを何本か買ったんだ。

妻：あなたのローファーの運動靴、かかと新しくしなくちゃ。いたんでいるわよ。

ったのか？

いいや。僕は息子を迎えに行く途中でレコード店に寄り、彼と一緒に家に帰る途中で靴の修理屋に立ち寄ったんだ。

私は、靴の修理屋にあなたが立ち寄らねばならない理由を一つ知っている。でも、実際はなぜか？

僕の茶色のオクスフォードの片方のひもが切れているのを知っているだろう。だから、何本か新しいひもを買うために寄ったんだ。

私が考えていたのは、あなたの買った物とは別のことだ。いたんでいるから、かかとを直さねばならない黒のローファーをもって行くことができたのに。すぐにでもそれを直した方がいい。

この対話を検討してみれば、以下のことが明らかになる。（a）当事者たちが、話題になっていると知りながらも、しかし決して触れることのなかったような事柄がたくさんある。（b）当事者が理解していた事柄のうち、多くのものは、実際に語られたことだけにもとづいているのではなく、語られないままにされていたことにもとづいて理解されている。（c）発話は時間的に連なりながら行なわれていくことに注意が払われており、それとともに、多くの事柄は、単なる文字列としてよりも、むしろ会話が現に展開されていることを示す例証的な資料（documentary evidence）として理解されている。（d）二人が共通に理解した事柄は、現に理解が進められていくなかで、しかもこれを通して、初めて理解されたものである。この場合、理解を進めるとは、現に行なわれた言語的な出来事を、この出来事の根底にある基本的パターン（underlying pattern）「の事例資料《ドキュメント》」として、あるいはこの基本的パターン「を指し示すもの」として、またそれを基本的パターンの代表的な事例として取り扱うことに他ならない。つまり、個々の事例について、話せば相手に伝わると各自があらかじめ想定している場合、その根底には、つねにこのような基本的パターンが存在しているのである。また、基本的パターンは、一連の例証的資料（＝個々の発話〕から推定されるだけではない。ひるがえってこの例証的資料そのものが、基本的パターンについてすでに「知られていたこと」および知られうると予期できることにもとづいて解釈される。(4) つまり、例証的資料と基本的パターンとは、それぞれ他を精緻化し合うために使用されるのである。(e) 各当事者は、〈会話内での出来事〉としての発話に留意する時、〔過去の〕生活誌を参照し、また現在の相互行為がどうなるのかを予期している。しかも、それを解釈や表現のための図式として各自で使用するとともに、他者も同様のことを行なっていると考えている。つまり、それを、解釈や表現のための共有された図式とみなしているのである。(f) 各当事者は、何について語られていたのかを聞き取るために、次に何が語られるのかを待ち、しかもそれを進んで待っているように思われる。

共通理解が、もし連続的に動いていく時計の針のそれぞれの位置と連繫した個々の出来事から成り立っているのであるならば、つまり標準時間において生起する出来事から構成されているならば、それは、内容が厳密に確定されている合意がそのつど共有されているということにすぎないものとなろう。しかし、前述の結果から明らかなように、対話でのそれぞれのやりとりは、〈一つの会話内での出来事〉である以上、少なくとももう一つ別の時間的パラメーターが必要なのである。つまり、「語られた事柄」を、これを生みだした〔発話〕行為の過程を通じて展開し続けると同時に、その〔発話〕行為とともに展開し終える出来事として構成するような、そういった時間の役割が必要なのである。というのも、行為の過程と所産はいずれも、両当事者による――それぞれ自分のためであれ相手のためであれ――このような会話展開の内部からしか知ることができないからである。[3]

この対話は、また次のような二次的な特徴を示している。（1）聞き手が、対話で用いられている大部分の表現の意味を確定できるのは、次のような場合だけである。つまり、聞き手が、話し手の生活誌やその目的について、またその発話がなされた状況について、あるいはこれまでの会話の進行過程について、およびそれぞれの表現の使用者とその聞き手の間に存在する現実的なもしくは潜在的な相互作用の特殊な関係についてなんらかのことを知っているか、あるいはそれを想定している時だけであるというのがそれである。それぞれの表現は、それがどのような場面で使用されようともまったく同一のまま、というような意味を帯びてはいないのである。[4]（2）語られた個々の出来事はそれぞれまったく曖昧なものである。出来事は、明確に限定されている一定の規定により枠どりされているわけではない。それどころか、成員自身、言葉で言い表された出来事は「縁暈《フリンジ》」をともなって規定されていることを、もともと承知し認めている。つまり、それぞれの出来事の規定は、それらに内在している諸関係や他の出来事との関係、あるいは過去把持的もしくは未来予示的な可能性との関係に対して開かれているというわけである。（3）表現を理解するためには、この表現が用いられた時、会話者たちは、それぞれ、相手の発言はもとより自らの発言をも聞きながら、会話のやりとりが行なわれているそのつどの時点で次のように仮定していなければならない。自分もしくは他者が次に何を語るのかを待つことにより、すでに語られたことの意味が明確にされるだろうと。したがって、多くの表現には、会話が引き続き行なわれていくなかで漸次実現され、もしくは実現可能となるような特性が具わっているのである。(4)指摘するまでもないことではあるが、それぞれの表現の意味は、その表現がどのような前後関係のなかで生起したのか、またその表現を構成している言葉はどのような表現上の性質をもっているのか、および言葉で表された出来事が会話者たちにどの程度の重要性をもっているのかに依存している。

もし、共通理解の瞬時瞬時構成される性質が無視され、共通理解が記憶磁気装置にあらかじめコード化された入力項目として扱われるならば、共通理解は、右で示した特徴とまったく反対の特徴をもつものになってしまう。この場合には、共通理解は択一的な意味の有限集合として扱われ、このなかから適当なものが選択されるということになる。しかも、何か決定を行なう必要が生じた時、集合をなしているいくつかの選択肢のどれにより状況を理解すべきかというその方法を特定する条件も、事前に決定されてしまっているのである。このような特性は、むしろ厳密に合理的な言説の特性であり、適切な論理的証明を定義する規則のなかで理念化されているものにすぎない。

一方、日常の茶飯事を処理してゆこうという時に、成員たちは、「自分たちが実際に語っている事柄」を右のような方法で互いに理解しようとはしない。通常の談話の特質として公認されていることは、相手は理解をしてくれるものだと予期すること、それぞれの表現はその場限りのものであること、指示にはそれ固有の曖昧さがあること、現在の出来事には過去把持的・未来予示的な意味があり、したがって前に意味されたことを確認するためには次に何が語られるかを待たねばならないこと、こういったことなのである。この特質が、見られはするが気づかれないまま、通常の談話の背後基盤となって、実際の発話は、ありふれた・筋の通った・理解可能な・よくわかる話といった出来事として認知されるのである。このような談話の特質があるからこそ初めて、成員たちは、何がいま話題になっているのかを知っていること、ならびに、自分たちの語っていることが理解できるものであり、かつ理解されなければならないものであること、このことを主張する資格を自ら得るとともに、相手にもこの資格を与えることができる。要するに、このような特質が、見られてはいるが気づかれないままに存在しているからこそ、成員たちは、このことを利用しながら、自分たちの日常会話の茶飯事を支障なく処理してゆく資格を得ることができるのである。もしこのようなやり方から逸脱したならば、ただちに、もとの正しい状態を回復しようという試みが開始されることになる。

　以上のような談話の特質が公認されているといったことは、次のようにして示すことができる。学生たちに、自分の知人もしくは友人と日常的な会話をし、その相手〔被験者〕が用いた平凡な言葉の意味を明確にしてくれと、その相手に言い張るように命令してみた。

ただし、そのさい、実験者である学生が問うていることは、もともと普通ではないことが〔つまり、これが実験だということが〕相手に悟られることがないようにとも指示しておいた。二三人の学生がこうしたやりとりについて二五の実例を報告した。以下で示した事例はこれらの記録から抜粋した典型的な事例である。

事例1

被験者は車の相乗り仲間である実験者に、前日、仕事に行こうとしたら車のタイヤがパンクしていたと話をした。

（被験者）タイヤがパンクしてぺちゃんこだ。

（実験者）タイヤがぺちゃんこだってどういうことだ？

被験者は、一瞬、呆然としたが、憎らしげに「どういうことって、どういうことなんだ。ぺちゃんこはぺちゃんこだよ。ただそれだけのことだ。何も特別なことじゃない。なんて馬鹿なこと聞くんだ！」と言い返した。

事例2

（被験者）やー、レイ、彼女元気かい？

（実験者）彼女が元気かってどういうことだ？　肉体的にかい、それとも精神的にかい。

（被験者）　彼女は元気かって言っただけだよ。お前どうかしたんじゃない？

（彼はいらいらしたようだった。）

（実験者）　なんともないよ。お前の言ったことをもう少しはっきりさせてくれないか？

（被験者）　もういいよ。医学校の願書どうなった？

（実験者）　どうかって、どういうことだ？

（被験者）　お前、おれの言っていることわかっているんだろ？

（実験者）　いいや、わかんないよ。

（被験者）　どうかしたんじゃない、お前、大丈夫かい？

事例3
「金曜日の晩、夫と私はテレビを見ていた。夫は疲れたと言った。私は『どんなふうに疲れたの。身体なの神経なの、それともテレビに飽きてしまったの？』と聞き返した」

（被験者）　わからないよ。たぶん身体だろう。

（実験者）　筋肉とか骨のことなの？

（被験者）　そうだろうけれど、そんなに専門的に聞かないでよ。

（しばらくテレビを見た後で）

（被験者）　こういった昔の映画は、どれも同じような相変らずの筋書だね。

（実験者）　それどういうこと？　昔の映画のすべて、それともいくつか、あるいはあなたがいままで見てきた映画のこと？

（被験者）　何を言っているんだ？　おれの言いたいことはわかるんだろ。

（実験者）　もっとくわしく言ってほしいのよ。

（被験者）　おれの言いたいことはわかっているくせに！　いいかげんにしろ！

事例4
実験者は（自分のフィアンセと）会話をしている間中、フィアンセ（被験者）が使ったさまざまな言葉の意味を問いただしてみた……。
初めの一分半、被験者はそれが正当な質問であるかのようにこの問いに答えていた。そのあとで、彼女は「なぜ私にそんな質問をするの？」と聞き返し、この問いを、私が質問をするたびに二・三回繰り返した。彼女はいらだち始め、顔と手の動きを……押さえ切れなくなった。彼女は当惑をあらわにし、私のせいでいらいらしているのだと不平を言い、「やめてちょうだい」と要求し……雑誌を取り上げ顔を覆った。次にそれを下に降ろし、読みふけっているふりをした。なぜ雑誌を読んでいるのかと尋ねると、彼女は口を閉じ、それ以上しゃべることを拒んだ。

事例5
友達が私に、「急げよ、遅れるぜ」と言った。私は、遅れるってどういうことだ。何を基準にしてそう言えるんだ、と聞き返した。彼の顔には当惑と冷笑の表情が現れた。「なんでそんなばかばかしいこと聞くんだ？　おれの言ったことを説明する必要はないよ。だいたいから、お前、今日、どこかおかしいんじゃない？　なんでおれの言ったことをいちいち説明しなきゃいけないんだ？　誰だっておれの言っていることは理解できるし、おまえだってそうだろうが！」

事例6

犠牲者（被験者）が陽気に手を振った。

（被験者）どうだい？

（実験者）何がどうなんだい？　身体か、金か、勉強か、それとも気分のことか……？

（被験者）（真っ赤になり、急に自制を失い）そうかい！　お愛想で言ったまでだ。本当のこと言えば、お前がどんなであろうとおれには全然関係ないよ。

事例7

友達と私は、ある人物が横柄な態度をとるためにわれわれが悩んでいることについて話をしていた。友達が彼の印象について語った。

（被験者）やつにはむかむかするぜ。

（実験者）お前のどこが具合が悪くてむかつくのか説明してくれよ？

（被験者）冗談だろう？　おれの言いたいことはわかっているくせに。
（実験者）だから、お前の病気を説明してくれ。
（被験者）（困り切った様子で私の言っていることを聞いていた）どうしたんだい？
　こんなふうに話をしたことはなかったぜ、そうだろう？[5]

背後理解と平凡な出来事の「適切な認識」

　共通理解の背後にある「見られてはいるが気づかれない」基盤は、どのような諸期待から成り立っているのであろうか。また、いかにして成員たちは、このような期待から自分たちの間で行なわれる相互行為が安定していると認識するようになるのであろうか。まず、成員は日常的でなじみぶかい場面をどのように見ているのか、また、もしそのような場面をひたすら、その人にとって「明らか」で「現実的」なその有様とは違った様子のものとして見るように要求したならば、その成員は、その場面に何を見出すことになるのか、このことを初めに問うてみよう。そうすれば、なんらかの情報を得ることができるはずである。

　学部の学生に、一五分から一時間、もっぱら自宅で自分が下宿人であるかのように仮定して、家人の活動を観察し続けるようにといった課題を与えた。彼らには、そのように仮定するだけで、それを行為として表面に出してはならないと命じておいた。三三人の学生が自らの体験を報告した。

提出された報告のなかで、学生たちは家庭的な場面を「客観的に描写」した。以下、この実験の意図を的確に示している一報告からの抜粋を提示しておこう。

背の低い太った男が家に入ってきた。私の頬にキスをし「学校はどうだった?」と尋ねた。私は愛想良く返事した。彼は台所に入って行き、二人の女性のうち若い方の女性にもキスし、もう一人に「やあ」と言った。若い方の女性が私に「ねえ、夕飯は何がいい?」と聞いた。私は「別に」と答えた。彼女は肩をすくめ、それ以上何も言わなかった。年長の女性はぶつぶつつぶやきながら台所を動きまわっていた。男は手を洗ってテーブルにつき新聞を取り上げた。彼は二人の女性がテーブルの上に食べ物を並べ終えるまでそれを読んでいた。三人がテーブルについた。彼らは今日あった事についてくだらないおしゃべりをしていた。年長の女性が外国語で何か言い、他の者を笑わせた。

登場人物やその人間関係および活動が記述されるにあたり、その過去のおいたち、あるいは一連の生活環境が進展するなかでその場面が占める位置は全然顧みられず、またさらに、この当の場面が当事者自らに関連した諸々の出来事から織りなされているといったことも、まったく度外視されている。動機や性格、つまり主観的な思念について、さらに社会的に標準化されているそれぞれの出来事の特徴についてもまったく言及されていない。これらの記述は、カギ穴からのぞきこんだ観察者の記述のように思われるだろう。つまり、この記述者は、観察されている当の場面について、被験者たちとともに共有している多くの知識をわきに押しのけており、あたかも彼は、社会構造に関する常識的知識をなかば喪失しているかのようである。

学生たちは、〔こうした下宿人としての態度をとることで〕家族成員がお互いに接している方法が、いかに気の置けないものであるかを知り驚いた。そこでは、ある人にかかわりあいがあることは、他の家族成員にもかかわりあることとして扱われている。一度非難をされたなら、その者はまったく体面を失ってしまい、腹を立ててもどうしようもない。一人の女子学生は、自分が家でいかに自由気ままに振る舞っていたかを、驚きを示しながら報告した。家族は自らの印象を操作することなどいささかも気にせず、気ままに行動し感情をそのまま表出していた。テーブル・マナーは悪く、彼らはお互いに謙虚さなどほとんど示してはいなかった。また、家庭といった場面でたいてい最初に話題となるのは、その日の家族のニュースであり、そしてどうでもいいくだらない話がなされるのである。

学生たちは、こうした観察態度を維持していくのは困難であると報告している。それぞれの対象は――人物はもとより、また家具や部屋の配置も――非常になじみぶかいものなので、学生たちは自らを部外者〔下宿人〕とは考えにくかったというのである。多くの学生は、彼らがいかにして習慣的に振る舞っているのか、たとえば、どのように人は食器を扱うのか、あるいはどのようにドアを開き、他の家族成員に挨拶をするのかを、心ならずも知らされるはめになったのである。多くの学生の報告によれば、下宿人の態度をとった場合、家族内でのいさかいや口論、あるいは家族成員がお互いに抱く敵愾心がいやがおうでも目についてしまうので、その態度をとり続けるのは至難の業だとされている。こうした新たに目につくようになった家族の難点を列挙した説明には、しばしば次のような主張も付け加えられていた。つまり、このような難点は家族の「真の」姿を描写したものではないこと、すなわち自分の家族は実際には非常に幸福なものであるといった主張である。学生のなかには「命令された任務にしかたなく従っているのだ」といった軽い圧迫感を報告した者もいた。また、命じられたままに活動している自分こそ「ありのままの私」だと捉えようとした学生たちもいたが、うまくいかないので諦めてしまった。彼らにとっては、「普通の」状況での自分自身を「ありのままの自分である」と考える方が納得いくことだったのである。もっとも、一人の学生は自己の行為に対する他者の反応を、どうしたら手際よくうまい具合に予知できるかに関心を示した。彼は自分の右のような感情に悩まされることもなかった。

多数の記録では、「時間がきて、ありのままの私に戻ることができた時うれしかった」

ということがさまざまな形で報告されている。

　学生たちは、下宿人の態度から見えたものは、決して本当の家庭環境ではないと確信していた。下宿人の態度をとることで見えてきたものは、学生たちにとって、まったく偽りの姿だった。それはそれで興味深いものではあったが、実際的にはほとんど意味がないか、あるとしても混乱を招くものにすぎなかったのである。彼らの家庭環境を眺めるなじみぶかい方法はいかに変更されたのであろうか。彼らの視点は通常のものといかに異なっていたのであろうか。

「通常の」しかも「要求されている」見方とのいくつかの対照点が、これらの記録から発見できる。すなわち、(1)下宿人としての立場から自分の家庭を眺める場合、学生たちはまず、成員たちが諸々の出来事を相互に認識しながら織りなしていく方法を放棄した。そのかわりに、この共通の織りなし方を、束の間のあいだ無視するように要求する解釈規則を採用した。(2)この相互に認識されている織りなし方は、下宿人としての新たな態度の支配下に置かれることになったが、この時にこそ、相互に認識されている出来事の織りなし方がもつ本来の構造が明らかにされた。(3)このことは、他者と次のような態度をとりながら相互行為に入ることにより行なわれた。つまり、この態度はその性質と目的が使用者だけにしか知られておらず内密にされたままであり、しかも、使用者がいつでもそれを採用することもしないこともできる、意図的に選定されたものだということである。

（4）このような意図的にとられた態度は、〔下宿人として眺めてみようとの〕はっきりとした自分だけの基準に〔他の家族成員を除き〕自分だけがあえて従うことで維持されていた。（5）この時、ここで究極的に意図されていることは、ゲームの場合と同様、その自分だけの基準それ自体の影響力のもとでのみ物事を眺めることに他ならなかった。（6）とりわけ、下宿人としてただ眺めるだけならば、下宿人の態度をとることにより自らが抱く関心を、かならずしも他者の行為に合わせて表出する必要はなかった。以上が、下宿人の態度をとり、家族を眺めてみた学生に違和感を抱かせた原因なのである。

ところで、学生が、背後期待をただ単になじみぶかい場面を眺める方法としてばかりでなく、そこで行為を行なうための基盤として用いた場合、家族の困惑や怒りを引き起こさせることになった。

たとえば、別の実験手順として、学生たちに、自らが下宿人であると仮定し、しかも〔先の手順とは異なり〕この仮定を行為に表しながら家で一五分から一時間過ごしてみるように命令してみた。彼らに、怠りなく気配りをし、かしこまった様式で行動するように指令したのである。学生たちは家族の者となれなれしくすることを避け、かたくるしい口調で受け答えをし、語りかけられた時にだけ話をしなければならなかった。

四九例のうち九例は、この課題を行なうことを拒否したもの（五例）とその試みが不成功に終わったもの（四例）である。拒否した学生のうち四人は、この実験を行なうことが怖かったと言っている。また五人目の学生は心臓病の母親を興奮させたくなかったと語った。不成功に終わった事例のうち、二つは家族の者が初めからそれを冗談とみなし、学生がこの態度をとり続けたにもかかわらず冗談だとの彼らの態度を変えようとはしなかった。もう一つの場合、その家族は何かわけのわからないことが行なわれているが、それがなんであれ、自分たちには関係のないことだと考えていた。最後の家族では、父親と母親は娘が「とても良い子」になったと感じ、きっと何か欲しいものでもあって、そのうちそれを言ってくるだろうと勘繰った。

残りの五分の四の事例では、家族成員は啞然となった。彼らは学生たちの奇妙な行為を何とか理解しようし、また状況を通常の状態に回復しようと懸命に努力した。報告には、驚愕・困惑・ショック・不安・当惑・激怒が数多く記録されており、さらに、家族のさまざまな成員が、その学生のことを無愛想だ・分別がない・わがままだ・たちが悪い・無作法だと叱責したことが伝えられている。家族成員は、「どうしたんだ」・「何があったんだ」・「頭にきたことでもあるのか」・「具合でも悪いのか」・「何を気取っているんだ」・「何を怒っているんだ」・「気はたしかか、それともふざけているだけか」と学生に説明を求めたのである。ある学生は、自分の友人を前にして、母親に、冷蔵庫のお菓子を食べても構わないかどうかとお伺いを立てたりしたものだから、その母親はまったく当惑してしまった。母いわく、「ちょっとお菓子を食べてもいいかですって。あなた、何年ものあいだ別に私にいちいち断ることもなく、ここでいつもお菓子を食べてたじゃないの。一体どうしたっていうの」と。また、ある母親は、自分が娘に話しかけた時にだけしか娘がしゃべらないものだから、すっかり憤慨し、娘の不遜と不敬に堪忍袋の緒を切らし金切り声を上げて怒り出し、妹がなだめようとしても聞き入れなかった。また、ある父親は、他人のことを十分考慮せずだだっ子のように振る舞うといって娘をこっぴどく叱りつけた。

しばしば、家族成員は、初め、学生のこの行為を家族どうしのいつものたわむれの表れだとみなしていたが、彼らが適当な潮時を心得ていないので、すぐさま苛立ちと激昂が立ち現れた。家族成員は学生の「馬鹿丁寧さ」を、たとえば「左様ですか、ヘルツバーグさん!」などと揶揄したり、あるいは、そんなことをするのは生意気だととがめ、たいていの場合、その「馬鹿丁寧さ」を嫌味をこめて非難したのである。

学生がこのような行為をとるのは、それなりの動機が以前にあったのだろうと考えられた。たとえば、彼は学校で「勉強に熱中しすぎた」のだ、どこか「具合が悪い」んだ、彼女と「何かいさかいがあったんだ」などである。しかし、家族成員によりこのような解釈が提示されてもそれが本人から同意されなかった場合、その成員は機嫌を損なわれ即座に身を引き、この罪な学生を無視したり報復や弾劾を試みた。「彼にかまうな。どうせ気まぐれなんだから」、「ほっとけ。彼が何か言うまで待っていよう」、「親子の縁を切る気か。ああいいだろ。そうしようじゃないか」、「何でお前はいつも家族の団欒にいざこざを持ちこむんだ」といった具合である。さらに多くの記録が、次のようなさまざまな対決を報告している。ある父親は息子の後を追って部屋に入り、「かあさんが正しい。お前どこかおかしいんじゃないか。お前の言っていることはわけがわからない。こんなに遅くまでかかるないような別の仕事をしたらどうだ」と言った。これに対し学生は、気づかってくれることはありがたいが、自分は大丈夫だ、ただ少しプライバシーが欲しいだけだ、と返答をした。父親は大変憤慨して「お前にはこれ以上何も頼まない。かあさんを大切にしないのだったら出てけ！」と言った。

学生が〔これは実験であると〕説明をすることで、状況を元に戻せなかったようなケースは何一つなかった。それにもかかわらず、大部分の場合、家族成員は不愉快な思いをし、学生がこれは勉強なのだといくら言い張っても、こんなことが教育的なものだとはまず考えなかった。学生の説明を聞いたあとで、ある姉は家族四人に代わって「もうこんな実験はしないでちょうだい。私たちはネズミじゃないわ。そうでしょう」と冷淡に反論した。時にはこの説明が受け入れられることはあったが、それでもやはり家族は気を悪くしただけであった。さらにいくつかのケースでは、学生の行なった説明によりかえって、一体どこまで「演技上のこと」であり、どこまで「真意」なのかとの疑いが彼ら自身や家族、またこの両者に湧いてきたと報告されている。

学生たちにとって、この実験を指示どおりやり貫くことは困難であった。ただし、困難であったといっても、今度の場合には、先の単なる傍観者として眺めている場合とは異なっていた。つまり、誰も、その学生が下宿人の役割を演じているとは考えなかったし、また彼ら自身、下宿人だったらどのようにするのかということを知らないまま振る舞わねばならない状況に置かれたので、困難だったのだと一様に報告している。

まったく予期外のことも見出された。（1）学生たちは、繰り返し頭の中で予行演習をしたと言っているが、それにもかかわらず、懸念や困惑すべきことをも予期していた者はほとんどいなかった。（2）一方、予期されなかった厄介な事柄もしばしば生じたのに、学生が深刻な悔恨の情を示したのはたった一つのケースにすぎなかった。（3）この実験が終了した時心から安堵した、と報告した学生はほとんどいなかった。彼らは大方、中途半端な安堵を報告したにすぎない。なぜなら、彼らはみな、時として他者の怒りに対して自分も怒り出し、思わぬ感情を抱いたり思わぬ行為に出たりしたことに自分で気づいたからである。

「下宿人」としてただ眺めていた先の報告とは対照的に、場面を「客観的に描写した」報告はまれであった。

背後理解と社会的な感情

社会科学においては、社会的感情に対し、広く関心が向けられているにもかかわらず、また臨床精神医学もそれらに多大な関心を払っているにもかかわらず、驚くべきことにも、社会的に構造化されているどのような条件が社会的な感情を生みだすのかということについては、ほとんど何も論じられていない。つまり、共通理解の背後にある基盤〔＝背後期待〕が社会的感情の生成・制御・認識に対してどのような役割を果たしているのかは、ほとんど手着かずの状態だと言ってよい。人びとは、どのように日常の茶飯事を処理してゆけば、他者の信望や友愛を得ることができ、また不安・罪悪感・恥辱・倦怠感を回避することができるのかといったことを常識的に思い描く時、まさにこの共通理解〔の背後にある基盤〕と社会的感情との関係を考慮に入れているのである。このことを考えてみれば、実証的な研究者はこの点にまったく関心を払っていないことがいっそう気にかかるものとなる。この共通理解〔の背後にある基盤〕と社会的感情の関係の一例としては、学生が下宿人のように振る舞ってみるという先の実験手順を思い起こせばよいだろう。そこでは、学生が諸々の顕著な事態を「明らか」で「当り前」で「現実的」であるような事態とは違ったふうに扱ったために、相手の困惑や怒りを引き起こしたのである。

ところで、共通理解〔の背後にある基盤〕と社会的感情との間にはある明確で強力な関係が存在しているということは、故意に不信を表明してみせることによって示すことができる。また、この故意に不信を表明するとのやり方をとれば、さらにその関係の若干の特徴も明らかにできるだろう。実際、この実験手順は高度に標準化された結果をもたらしたのである。その根拠は次のとおりである。

シュッツが論じている背後期待の一つに、公認されているやり方でしか疑いを抱いてはならないというものがある。このことも、共通に理解されている世界を構成している一特徴なのである。つまり、シュッツによれば、成員は自らの日常茶飯事を処理するにあたり、次のことを仮定しているとされる。すなわち、〈実際に現れているがままの対象の外観と、そのように現れている当の対象それ自体として意図されていることとの間には疑いようのない一致関係があり、しかもこの一致関係は公認されているものに他ならない〉との仮定がそれである。しかも、その成員は〈他者も同様にこの関係を仮定しているのだ〉と仮定し、さらに〈この成員が他者はそのように仮定しているのだと仮定しているように、他者の方でもその成員がそのように仮定しているのだ〉と仮定しているのである。言い換えれば、日常の茶飯事を処理している当人にとって、対象は、それが現れているがままに存在しているとみなされているのだが、このことをその当人は自分だけでなく、他者にとってもまた同様だと予想しているのである。したがって、この疑いようのない一致関係を、なんらかの〔自分だけの〕基準に従い疑うためには、このような基準がなぜ必要であり、どのような動機でそれを用いるのかについて〔他者に対して〕正当化されなければならない。他者が外観どおりの人物であるということを疑う（それに不信を抱く）[5]時、一方で、そのさい従われている基準と、他方で、共通した期待の正統的な織地とが、まったく異なっていたとするならば、疑う人物と疑われる人物とは、それぞれ異なった感情を抱くことになるだろうといったことが予想できた。不信を抱かれた人物は、〔疑うことを〕正当化するよう相手に要求するであろうし、その正当化がなされない時には、しかもこれがなされないということが「誰の目からも明らかである」時には、怒り出すはずである。また、不信を抱いて見せる実験者については次のように予想することができた。実験者は普通の能力をもった人物であると、実験者自らもたしかに思いながら、それにもかかわらず、実験者は「誰の目からも明らかなこと」をあえて疑おうとしているために、被験者から何か無能者のように見られ、しかも、実験の手続き上、自分〔実験者〕も「やはり」普通の能力をもっているのだということを自ら決して言うことができないので、きっと困惑を覚えるにちがいないと予想することができたのである。

この定式は、サンタヤーナの時計のように、良くも悪くもなかった。手続きに従って実験を進めた時、あらかじめ予想していたことはすべてそのとおりになったが、一方、われわれや実験者が予想することのできなかったことも生じたのである。

さて、学生に、誰かと会話をする時、〈相手は本当の動機を隠しており、この隠された動機に従って話をしているにちがいない〉と想定し、この想定にもとづき行為をするように指示した。つまり、学生たちは、被験者が自分たちをだまし欺いていると想定しなければならなかったのである。

三五の事例のうちただ二つだけ、学生は見知らぬ人にこの課題を試みた。しかし、大多数の学生は、このようなことをしたら手におえない事態が生じるにちがいないと懸念し、友達やルームメイトあるいは家族成員を相手として選んだ。そのようにした時でさえ、学生たちは、頭のなかで少なからず予行演習を行ない、どんな諸結果がありうるかをさまざまに吟味し、相手を慎重に選択したと報告している。

このような態度を維持し、それをやり遂げることは困難をきわめた。学生たちは、「人工的なゲーム」でもしているような気になり、「各自の本来の役目を果たす」ことができず、しかもしばしば「次に何を行なうべきかわからなくなる」ことを思い知らされたと告げている。たとえば、実験者は相手に耳を傾けている途中で、指示どおりやっていくためにはどうすればよいのか皆目わからなくなってしまうこともあった。ある学生は、他者と幾度となく話をしたにもかかわらず、とにかく不信の態度を維持するのに一生懸命で、とても会話をきちんと追っていくというところまで手がとどかなかったため、いかなる結果も得られなかったと語った。彼女は、会話の相手がとるにたらないことしか話をしないので、どのように相手が彼女を欺いているのか、とても想像できなかったというのである。

多くの学生にとって、〈他者は本当は外見どおりの人物ではなく、信じてはならない者だ〉と仮定することは、とりもなおさず、その他者が彼ら実験者に腹を立て忌み嫌っていると思い込むことに他ならなかった。一方、大多数の犠牲者（被験者）は、学生が彼らに腹を立てるいかなる理由もないと不満を述べはしたものの、誰も求めもしないのに、実験者に釈明をしたり、実験者をなだめ始めたのである。それでも駄目な場面には、怒りと「反感」をあからさまに示したのである。

予期されたことではあるが、見知らぬ者にこの実験手続きを試みた二人の学生に途方もない当惑が即座に現れた。一例を挙げれば、学生は、このバスは自分が行きたい通りに行くのかとしつこく念を押してバスの運転手を悩ませた。運転手はこれに対し、本当にこのバスはその通りを通るのだと再三再四言明し答えていたが、とうとう怒り出し乗客皆の耳に入るほどの大声で「ちょっとお嬢さん、私は言いませんでしたか？　何度あなたに言えばいいんです！」とどなった。彼女は、「私はバスの後ろに引っ込み、出来るだけ小さくなって座席に身を沈めていました。まったくおじ気づいて顔が赤らみ、こんな実験をしてみるように言われたことに本当に嫌な思いをしたのです」と報告している。

友達や家族の者にこの実験を試みた学生は、このような恥辱や当惑をほとんど報告していない。しかしながら、そのかわりに、実験者にとってもまたわれわれにとっても驚くべきことがあった。ある学生が報告しているように、「自分が嫌われ役を演じ始めたとたん、本当に自分が憎まれているような気持ちになり、しまいには自分は相手に完全に憤慨して席を離れてしまった」と言うのである。これにもましてわれわれが驚いたのは、学生の多くがこの実験を愉快だと言い、しかもそれが、相手が怒り出したからだけでなく、その学生自身も本当に怒り出してしまったからだと言っていることである。

これは実験であると学生たちが釈明した時、たいていの場合、簡単に状況を元どおりに回復することができた。ところが、なかにはかえって「深刻な事態に発展した」場合もあり、その時には、当事者の一方もしくはその双方に後味の悪さが残り、学生がいくら釈明してもこれを解消することができなかった。このような事例は、主婦でもある一人の学生の報告に見ることができる。彼女は夕食が終わるころおずおずと、夫に、本当に昨晩遅くまで仕事をしていたのかと問いただしてみた。先週の晩は、彼はポーカーをしていたと自分でも言っていたこともあって、昨晩も実際にはポーカーをしていたのではないかとの疑念を抱いてみたのである。彼女は、彼が実際に何を行なっていたのかとはっきり尋ねるのではなく、なんらかの釈明を彼女が求めていることを暗示してみた。彼はいやみっぽく「何かを気にしているようだけど、一体何がそんなに気になるんだい。ぼくにもそれがわかれば、この会話はもっとわけのわかるものになるんだろうけれどね」と答えた。彼女はもともと何が話題になっているのかについて何も言っていないにもかかわらず、彼が話題に求めた。彼女が何も言わず黙っていると、彼は「一体、どういうつもりだい」と聞き返した。返事をすることもないまま「私は長いこと刺すような視線で彼をみつめていた」。するとと、彼は目に見えて狼狽し、非常に気をつかうようになり、物柔らかく説得的になった。これに応じて、彼女はこれが実験であったことを白状した。彼はあからさまな不快感を漂わせ、その晩、終始不機嫌で疑り深い態度を示した。その間中、彼女は、彼が「まったくいやみっぽく」言ったことにいらいらしながら、落ち着かずにテーブルに着いていた。彼が言ったことは、彼女にあんなことを言われたことで、かえって自分は仕事にはうんざりなどしてはいないことがはっきりした、というようなことだった。彼女がとくに気をもんだのは、そこに、彼がうんざりしているのは仕事にではなく、彼女と家庭にだということがほのめかされていることに対してだった。彼女は「彼が言ったことに本当に思い悩んだ……この実験の間中……彼があまりにも平然と構えているように見えたので、彼以上に動揺し気をもんだ」と記している。この件に関してはこれ以上彼女も夫も論じようとはしなかったし、論ずることも望まなかった。翌日、夫は自分はずいぶん悩まされ、事態を次のように順次受けとめていったのだと告白した。まず平静さを保つように決意したこと、妻の「疑り深い性格」にショックを受けたこと、また彼女をそう容易にはだませないことを知り驚いたこと、彼女の言ったことをすべて否定したり、あるいは彼が手助けをしたりせずに、彼女の質問には彼女自らに答えを見出させようと決心したこと、そして二人のやり合いが実験的にもくろまれたものであると告げられた時には本当に安堵したこと、しかしながら、結局は、彼が「私（妻）の性格について一晩中消え去ることのなかった意外な印象」と言い表した不愉快な感じが尾を引いたこと、以上である。

背後理解と当惑

すでに論じておいたように、共通理解が可能となるのは、社会構造について範囲が厳密に規定されている知識を共有しているからではなく、もっぱら日常生活についての〔背後〕期待にそって行為することが、道徳的なこととして強制されているからに他ならない。社会の成員にとり、社会生活上の諸事実についての常識的知識は、現実の世界についての制度化された知識なのである。しかも、常識的知識は、ただ単に成員たちにとっての現実社会を描写するというだけではない。成員たちはまた、自分たちのこの背後期待に自ら進んで従うことにより、自己成就的な予言（self fulfilling prophecy）をしながら、その期待どおりに現実社会の諸特徴を生みだしていくのである。したがって、協調的な諸行為が安定的か否かは、次のことで決まる。すなわち、何がふさわしいかということから織りなされている背後素地〔＝背後期待〕に成員たちが進んで従うことを保証するような形で、現実に社会が組織されているかどうか、により決まるのである。この場合、成員が自ら進んで従う背後素地とは、その社会の「内部から」見えるがままの社会生活に関する信念の正統な秩序のことである。成員の視点に立った場合、成員が背後素地にあえて従おうとすることは、「社会における歴然たる当り前の事実」を把握しそれに承服することに他ならない。

このように考えるならば、「われわれと同様にすべての者がかならず知っている事柄」に社会の成員が固執すればするだけ、現実の状況として描出されている「歴然たる当り前の事実」に疑いを差しはさまれた場合、その成員の困惑はより一層激しいものになるはずである。このことを検証するためには、背後期待を効力のないものにしてしまうことにより、なじみぶかい共通に知られている状況の客観的構造を変更しなければならない。明らかにこの変更は、日常生活における背後期待が破棄された状態に成員を置くことにより行なわれるが、そのためには次のことを守らねばならない。(a) その〔被験者として選ばれた〕成員が、ただのゲームだろうとか、何かの実験だろうとか、自分をだまそうとしているのだろうとか、ふざけているだけだろうとかいうふうに、自らの置かれた状況を解してしまわないように心掛けなければならない。つまり、日常生活を営む時の態度から見て、たしかに道徳性が強制され、それにもとづいて行為がなされているとみなすことができるような、まさにそういう状況なのだと、その成員が思い込むように心掛けなければならないのである。(b) その成員が、「当り前の事実」を再び構築し直さなければならなくなるようにせねばならない。ただしそのさい、その再構築のために十分な時間を与えてはならない。つまり、その成員は「当り前の事実」についての自らがもっている知識を動員しながら実際の状況を乗り切っていかねばならないわけだが、そのために十分な時間をその成員が得ることのないように仕向けなければならないのである。(c) その成員が、当り前の事実を再構成していく時、かならずそれを一人で行なっていくように仕向け、決して同意したりしてなんらかの確証を与えるようなことをしてはならない。以上の三点が守られねばならない。

こうなれば、その成員は、日常生活の秩序立った諸々の出来事にもち込まれた亀裂を、ひたすら正常化しようと試みるばかりとなるはずである。その成員がたゆまぬ努力を続けるにもかかわらず、出来事はますます正常なものとしては知覚できなくなる。その成員にとって型どおりのものとして認めることができるようなものは、もはや何もあるまい。その成員が、たぶんこうなるだろうと判断するようなことは、ことごとく裏目にでるにちがいない。現在の出来事を、その成員が以前からよく知っている秩序立った同様の出来事と比較してみることも、もはやその成員にはできなくなるだろう。どういう条件のもとで、諸々の出来事は繰り返すことができるのかなどということも確定できないし、まして、「一目瞭然」などということはまったく不可能になるにちがいない。その成員はこれらの出来事を手段―目的関係により秩序づけることもできないだろう。なじみぶかい社会の道徳的権威がこのような出来事を生みだしているなどといった確信は、徐々に覆されるはずである。〔当の対象それ自体として〕意図されていることと〔現れているがままの〕対象の外見との安定的かつ「現実主義的な」一致は失われるにちがいない。このことは次のことを意味している。つまり、こんなことにならなければ、その成員にとってなじみぶかいこととして知覚された客観的な状況は、情感を掻き立てるための基盤として役立ち、また同時に、その状況に対して抱かれる情感により逆に刺激されるはずなのに、まさにこのことがはっきりと起こらなくなるというわけである。要するに、〈共に知られている〉〔背後の〕基盤が失われるやいなや、成員たちが知覚する現実の状況は「まったく無意味なもの」[6]に化してしまうのである。理念的に言えば、このような無意味な状況に対する行動は、困惑・不明瞭・内面葛藤や心理的・社会的孤立をともなうものであり、また急激な人格喪失のさまざまな兆候を示す名付けようのない不安をもともなうのである。かくして、相互行為の構造は崩壊することになろう。

　以上、背後期待を破棄した場合に何が起こるかをいろいろ予想してみた。もちろん、このことすべてが予想どおりでなくとも、なんらかの実験手順により背後期待を破棄していくなかで、右の定式にとって多少なりとも肯定的な結果が得られるならば、それで満足すべきであろう。はたして、手順どおりに進めることにより、たしかでまったく明らかな困惑と不安が生みだされたのである。

初めに、われわれがいかなる背後期待を扱っているのかを明確にしておく必要がある。

シュッツは、「他者と共に知られている」場面の特徴は、合成的なものでありいくつかの構成要素から形成されていると指摘している。この点に関しては、すでに別の箇所で論じてあるので[7]、ここでは議論を簡単な枚挙にとどめることにする。

シュッツによれば、〈人びとは以下で述べる十一項目の内容を仮定し、また他者も同様にその内容を仮定しているのだと仮定し、さらに自分が他者はこれらを仮定しているのだと仮定しているように、他者も自分がこれら同様の内容を仮定しているのだと仮定している〉のである。すなわち、

1　ある出来事をある人が見た時に、その出来事に対してその人の与える規定が有効であるためには、個々人の個人的な見解や社会的に構造化されている個々人の諸事情がまったく無視されていなければならない。つまり、この規定は「客観的に必然的」もしくは「歴然たる事実」でなければならないのである。

2　〈現にあるがままの対象の外見〉と、〈そのように特定の現れ方をしている当の対象それ自体として意図されているもの〉との間の疑いようのない一致関係は、公認されている関係に他ならない。

3　知られている出来事は、まさにそれが知られているがゆえに、そこに居合わせて見ている者に現実的にも潜在的にも影響を及ぼし、その者の行為により影響を受ける。

4　出来事の意味とは、その意味を使用する者の体験の流れが、社会的に標準化された仕方で命名され、物象化され、理念化された結果に他ならない。すなわち、言語の所産に他ならない。

5　ある出来事に現在与えられている規定は、それがいかなるものであろうとも、以前の出来事にも用いられたことがあるものであり、また将来の出来事にもまったく同じように何回でも用いることのできるものである。

6　出来事を意味づける時、その意味は、体験の流れのなかで変わることなく時間的に同一のままであり続ける。

7　出来事が解釈されるためには、その背景として、(a) 標準化されたシンボル体系からなる解釈図式を〔他者と〕共同で利用できなければならないし、また (b)「誰もが知っていること」があらかじめ確立されていなければならない。すなわち、社会的に保証されている知識の集積が前もって確立されていなければならない。

8　ある出来事をある人が見ている時、その人に対してその出来事が実際に得る規定は、その人と他者とが立場を交換したとしても、やはりその他者に対してその出来事が得ることになろう潜在的な規定でもある。

9　それぞれの出来事に対して付与されている規定は、それを見ている当人および例の他者のそれぞれ固有の生活誌に起因する。それを見ている当人の目から見れば、このような諸規定は、それぞれ二人の目下の目的とは一切無関係である。むしろ、それを見ている当人と他者は、出来事の現実的な規定ないしは潜在的にありうる規定を選択しまたそれに解釈を施す時、ともに経験的に同じような様式でそれを行なう。というのも、彼らのあらゆる実際の目的に照らしてそうでなければならないからに他ならない。

10　ある出来事について、その公的に承認されている規定と、私的なかつ自制された規定との間には明らかに食い違いが存在している。しかも、この私的な知識は用いられないまま留保されている。すなわち、出来事は、それを見ている当人と例の他者の両者に対して、当人が語りうる以上のことを意味している。

11　このような明らかな食い違いを、それを見ている当人は自律的に統制することで修正することができる。

ある出来事がどのようなそれ特有の規定をもつかということだけで、そのままその出来事が〈常識的な仕方で知られている状況〉の構成要素としての資格をもっているかどうかは決まらない。それどころか、ある出来事が常識的な仕方で知られている状況の構成要素としての資格をもつかどうかは、その出来事の規定が具体的にどのような内容をもっているのかといったこととは一切無関係なのである。むしろ、それらは、もし他の人と立場が交換されたなら、その人もまたその出来事を同じような規定のもとで見るかどうか、あるいは、その出来事が個人的な好みから特徴づけられているのではなく、誰の目からもそのような特徴をもっているものとみなされるかどうかなどによって決定されるのである。すなわち、右で枚挙した十一個の特徴を満たすかどうかによってなのである。出来事のその他のいかなる規定とも無関係に、これらの、しかもただこれら枚挙された特徴だけが、出来事のもつ常識的性格を規定しているのである。したがって、日常生活での出来事が、他のいかなる規定を示そうとも——その規定が動機であれ、生活史であれ、住民間の収入分配であれ、親族義務であれ、産業組織であれ、あるいはたとえ幽霊が夜行なうことであったとしても——ある出来事を見ている当人に示されているその出来事の規定が、先に枚挙した十一の規定を伴っているということこそ、その出来事が「他者と共に知られている」状況内での出来事であるための必要十分条件なのである。

目の前にある出来事の、気づかれないまま見られている〔背後期待の〕諸特徴は、以上のようなものだと考えることができる。行為者が自らの身の回りのことについて抱いている常識も、明らかに先の特徴と関連している。またこのような特徴があればこそ、その場に居合わせている当人は、共通の状況がそのつど特定の外見をともない現れていることを知るのである。つまり、その人は、この特徴により、そのような外観で現実に現れている当の対象それ自体が、実際にどのようなものであるかを知ることができるのである。もっとも、このような特徴は、かならずしも、意図的もしくは意識的に認識されているわけではない。

日常生活の態度は諸期待から成り立っており、そのために行為者の状況はなんらかの期待された特徴をもつことになる。したがって、その場の出来事を故意に変更し、出来事が右のような諸特徴をもちえないようにしてしまえば、日常生活での諸期待を破棄することができるはずである。定義上、この期待されている特徴が破棄されるたびに、そのつど驚愕が生じうる。この期待されている諸特徴は、現に見えているものが、正常なものとして知覚された状況内の出来事であるか否かを決定する図式として利用されている。それゆえに、成員自身が、期待されている諸特徴をこのように利用することを、どの程度まで、道徳的に必然的なこととみなし、これに従っているかに応じて、驚愕は激しくもなりうる。要するに、もしも、ある集合体の成員が、歴然たる当り前の事実を実在論的に捉えていないのならば、あるいは、その人が、自分はこのような当り前の事実についての知識をもっているからこそ、誠実で有能な集合体成員として自認することができるのだと考えているのでないとしたら、この成員を最大限に混乱させることはできない。というのも、例のいかんともし難い不一致は、当り前の事実の実在論的把握が前提となって初めて生じるものだからである。

以上から、諸期待を破棄するための手順を考えてみたのである。先に述べたように、この破棄によりたしかに混乱を生みだすには、三つの条件が満たされていなければならなかった。この条件とは次の三つである。第一に、被験者としての相手がこの状況を、ふざけているのだろうとか、冗談なのだろうとか、実験でもしているのだろうとか、自分をだまそうとしているのだろうとかと解してしまわないようにしなければならない。レヴィン流に言えば相手が「その場から離れること」ができないようにしなければならない。第二に、相手が、この現状を再規定するだけの時間を十分に与えてはならない。第三に、相手が、社会的現実について再定義をしても、それに同意することでこれを支持してはならない。以上の三点である。

さて、二八人の医大予科生を被験者として一人ずつ別々に三時間の面接実験をしてみた。被験者をその気にさせ、またインタビューを開始するための挨拶をかねて、実験者は、東部医学校の代表者であると自称し、医学校の採用面接がなぜあのように緊張をともなうものなのかを研究しようとしているのだと伝えた。実験者が医学校のネクタイをしているのを見るなら、学生は、たとえ期待が破棄され始めたとしても、「この場を去ること」ができなくなるだろうと期待されたのである。また（a）不十分な時間内で状況の再定義を行なわねばならないこと、および（b）社会的現実の規定について〔他者の〕同意による支持を取りつけることができないことという、残りの二条件がどのように満たされるかに関しては、以下で記述していこうと思う。

インタビューの最初の一時間、「医学校にとっては、応募者に関してどのような情報源が役にたつと思うか」、「医学校が求めているのは、どのような人物だと思うか」、あるいはまた「適性のある応募者ならば採用面接で何をすべきであり、何をしてはならないか」などの一般的な質問に対し、学生たちは、〈ごく当然の医学校関係〉のインタビューとみなし、この「医学校の代表者」に答えていた。このようなことを十分行なった後で、その代表者は、これで調査には十分だと学生に告げた。そして、学生に本物の入学面接の録音を聞いてみたいかどうかを尋ねてみた。すべての学生がその録音を大いに聞きたがった。

その録音は「医学校の面接官」と「応募者」との間の捏造された録音であった。このなかで〔偽の〕応募者は、下品であり、言葉づかいはいい加減で、卑俗な用語に満ち、のらりくらりと返答をし、面接官に言いがかりをつけ、ホラを吹き、他の学校や教授をけなし、しかも、彼は、この面接で自分がどのように振る舞ってきたかを承知していると主張した。録音を聞き終えた後で、すぐさま学生は、録音されている応募者について詳細に評価してみるように求められた〔6〕。

学生が評価を下した後で、その学生にこの応募者の内申書に記されていることとして、いくつかの〔でたらめな〕情報を与えてみた。先ず最初に素行に関して、次いで性格に関して、それぞれの情報が学生に与えられた。素行としては、応募者の活動・成績・家族構成・経歴・奉仕活動等が取り扱われており、他方、性格については、「医学校の面接官である」ガードナー博士」と「録音された面接だけを聞いた入学委員会の六人の精神医学専門医」および「その他の学生」による三種類の性格評価がなされたことになっていた。

しかも、この情報は被験者である学生の評価と根本的な点で矛盾するように工夫がなされていた。たとえば、もし学生がこの応募者は下層階級の出身ではないのかと聞き返した場合には、応募者の父親は電車やバスの圧搾空気ドア製造会社の副社長であると返答するといった具合である。あるいは、応募者は無学ではないのかと言ってきた時には、彼はミルトンの詩やシェークスピア劇等の科目では成績優秀であると言い返し、また、応募者は人付き合いの方法を知らないのではないのかと言ってきたら、彼はニューヨーク市のシドナム病院で寄付募集員として自主的に奉仕し、三〇人の大口寄贈者から三万二千ドル募ったことがあると言い返すという次第である。さらにこの応募者は頭が悪く、科学的な分野では成果を上げることができないのではないのかと言ってきたら、当人は生物や物理科学での成績が優であること、学部の研究課程では修士レベルの業績を上げていることを引き合いに出し、この疑義に応じた。

また学生たちは、「他の学生」がこの応募者をどのように考えたのか、しかも当人は合格したのかどうかを非常に知りたがった。これに対しては、次のような返答がなされた。この応募者は合格し、しかもすでに読んで聞かせたように、医学校の面接官〔ガードナー〕と六人の精神医がこの応募者の性格学的な適性に関して強く推薦した[7]。そしてそこで、認められ、評価された見込みどおりの期待に恥じない活動をしている、といった具合である。

他の学生たちの見解に関しては、（たとえば）三〇人の他の学生の意見を調査してみたが、そのうち二八人はまったく医学校の面接官の評価に同意し、残りの二人も多少態度が曖昧であったが、イエスかノーかの返答では他の学生たちとほぼ同様に彼を評価した、というようにそのつど返答がなされた。

次いで、学生たちは、もう一度先の偽の応募者の録音を聞くように勧められ、その後でこの応募者を再度評価するように求められたのである。

調査結果　二八人の学生のうち二五人がだまされた。以下の内容からは、この面接は策略に違いないと信じていた三人の学生を除外してある。これら三人のうち、二人についてはこの節の結論で論ずることにする。

学生たちは、応募者の素行データと彼ら自身のまったく否定的な評価とを事実に即して一致させようと懸命に努力し、データの不整合を調整しようとした。たとえば、多くの者は、この応募者は、下層階級出身のような話し方をしているとか、あるいはずばり下層階級出身であると述べていた。しかし、応募者の父親はバスや電車の圧搾空気ドアを製造している国内企業の副社長であると聞かされた時、彼らは次のように答えた。

「彼はお金のことならどうにでもなることを示したかったんだと思います」。

「このことから、なぜ彼が働かなければならないと言ったのかがわかります。きっと彼の父親が彼に働けと言ったのでしょう。そんなことは、たいしたことではないのだからあれこれ愚痴をこぼすのは的はずれなことだと思います」。

「一体、何を考えているんでしょう」。

応募者は物理学関係の科目で全優を取ったと言われた時、学生たちは明らさまに困惑を示し始めた。

「本当にいろいろな科目を彼は選択している。こまったな、きっとこの面接は、彼がどういう人かを十分に反映していないんじゃないですか」。

「彼は、何か変わった科目を選択したのじゃないんですか。ちゃんとした科目なんですか。まともな科目じゃないんです……きっと……いずれにせよ考えられないことです」。

「そうですね！　あなたも同じように分析できると思いますが、精神医学上の用語で言えば、そう……一つの可能性として……えーと、間違っているかも知れませんが、この点についての私の見方ですが、彼は、たぶん劣等感にさいなまれていて、これは彼の劣等感の過剰補償なんだと思われます。彼のすばらしい成績……よい成績は彼の欠点の補償なんです……きっと社会関係でのね、よくはわかりませんが」。

「えー！　ジョージア大学で三番目に優秀な学生だって。（深い溜め息）ファイ・ベータ・カッパ（優等生友愛会）に入会を許されなかったことで、彼がなぜ腹を立てたかがわかります」。

次いで、「ガードナー」と「その他六人の判定員」の性格評価と自らの評価との間に生じた不整合も、なんとか解消しようと試みられはしたが、それは、素行についての情報により生じた不整合を正常化しようという試みのようにおいそれとはいかなかった。この場合には、困惑や怒りが明らさまに表出され、しばしば黙り込んでしまうといったことが目立った。

「（笑う）えー！（沈黙）逆だと思っていたのに。（意気消沈して）たぶん私が間違っていたんでしょう……考えがまったくはずれてしまった。本当にまいった」。

「下品だ。うぬぼれが強いことははっきりしている。まったく下品だ。わかんないな。面接官たちがちょっとおかしいか、私がおかしいかのどっちかだ。（長い間合い）こんなことはどちらかと言えば驚きだ。自分の考えに疑問を抱いてしまう。きっと私の評価が間違っているんだろう。おかしいな」。

「（ヒューと口笛を吹く）私は、彼がきちんと仕付けを受けてきたなどとはまったく考えられません。話し方からしてそうです。私は……あなたもおそらく気付いたと思いますが、彼（録音に出てくる医学校の試験官）は笑いながら聞き入れてはいたようですが、この応募者はその前に『最初からそう言ってください』なんて言ったんですよ。しかし、それにしても！　いいえ、私には考えられないことです。『初めからそう言うべきだ』なんて。たぶん、彼は冗談のつもりで言ったのだとは思いますが。試しにね……いや！やっぱり彼は生意気だと思います」。

「ウーン、そうですね、確かにこれで面接試験についての私の考え方を変えざるをえなくなります。でも……これは……何が何だか、ますますわかりません」。

「へー……（笑う）……ハハハ！　ふーん！　なるほどね、たぶん彼はいい人なんでしょう。彼は……彼は自分の意が通じたんだ。きっとこの人は思いもよらない効果を与えたんだ。たぶん私は良い面接官にはなれないでしょうね。（自問するように、ほとんど聞こえないくらいで）彼らは私が指摘したようなことにはまったく触れていない。（ガーフィンケル：え、なんですって？）（大声で）彼らは私が指摘したことにはまったく触れていないんです。私には完全な間違いのような気がします」。

素行データのためにすっかり狼狽してしまった時、学生たちはしばしばすぐさま、他の学生がこの応募者をどう思っているのかを尋ねた。彼らが「ガードナー先生」の評価を聞かされ、それに対して何らかの返答をした後でのみ初めて、彼らは、「他の学生たち」の

〔面接官の評価に同意しているとのありもしない〕意見を聞かされた。被験者は、「二五人の学生のうち、あなたは二四番目の学生だ」とか、時には四五人のうち四三人目、二〇人のうち一九人目、五二人のうち五一人目だと言われた。その数はすべて大目に与えられた。二五人の学生の中で一八人の学生は、次に掲載した調書とはほとんど大差のない話しぶりだった。

（三五人中三四人目）「わかりません……いまだに自分の最初の意見が正しいと思っています。私……私は……私のどこが……間違っていたんでしょうか。私は……私が間違った考え……初めから間違った態度を取っていたんだ。（ガーフィンケル：話して下さい。こうした違いが生じたことに関心があるのですから）。たしかに……私は……思ったんです……絶対にそうではないと。私には理解できません。まったく困ってしまいます。本当に、私は……私がなぜそんな間違いをしたのかわかりません。きっと、私の考え——人びとに対する私の評価は——恐ろしくひねくれていたんでしょう。たぶん私が悪かったんだ……恐らく私の価値観……が……狂っていたか……それとも……違っていたんだ……他の三三人とでは。でも、そうだとも思えないな……だって、いつも……控え目に言っても……私……私は人を見る目はある。私のクラスやいろんな会の仲間たちのことですけれども……私はいつも彼らをちゃんと判断しています。だから、なぜ自分がそんな間違いをしたのかまったくわからないのです。ここで……今夜……そんなに上がっていたり、緊張していたとは思えないのに。どうしたんだろう」。

（四五人中四三人目）「（笑う）なんといま言っていいのやらわかりません。この人をもっと良く判断できなかったことに驚いています。（声を抑えて）べつに、今夜、眠れなくなることもないでしょう。（まったくの小声で）しかし、まったく困ってしまった。間違えたことは残念に思います……でも！　やっぱり疑問です……たぶん、私が悪いのでしょうが……（ガーフィンケル：皆が彼をどう考えていたかわかるでしょう?）。いいえ、まったく私には理解できません、ぜんぜんわからないのです。そう、きっと参考になる資料があるんだ、でも、ガードナー先生がそれを見ずにどうやって判断を下したのかがわかりません。まあそうですね、それがガードナー、ガードナーと私。私との違いなんでしょうね。（ガーフィンケル：他の四五人の学生だって参考資料なんてもってはいませんよ）。ええ、そう、そうですね。私もそれを否定しようという気は全然ありません。私にとってはまったく意味のわからないということです……もちろん！　彼らの素性がわかれば、彼らを信じられるんでしょうけれど……特に、二番目の人はね、なんてことだ！　もういいでしょうか、何か他にありますか?」

（三七人中三六人目）「前の意見を取り消したいがそうしたくもないのです。まったくわけがわからない。なぜ、私はこんなに人と違った考え方をするんだろう?　私の意見に多少なりとも似かよった考えをしている学生はいないのですか。(ガーフィンケル：ええ、いません)。それが私を考え込ませてしまうんです。何か変だな。三六人とも変わった人を集めたんじゃないですか。理解のしようがありません。きっと、私の性格のせいなんでしょう。(ガーフィンケル：そんなこと関係があるんですか?)。もし、彼らが正しいならそういうことになります。私の考えていることが正しいなら、彼らがそうじゃないことになります。私の受けとめ方が悪いのかな？　……でも、この人たちは全員私と違っている。まともな人にあたらなかったのではないですか。もちろん、あなたはこうしたことを他の学生とも話しているわけですね……でも、一回面接しただけでしょう？　……この面接が始まった時にはそうではなかったのに、もうまったく混乱してしまいました。家に帰って鏡を見て自問してみなければならないような気がします。どうしたらいいんでしょう?(ガーフィンケル：あなたは何に混乱しているというのですか?)。そりゃあ、混乱しますよ！　自分の人を見る能力も疑問になりますし、価値観も普通ではないのではと思ったりしますもの。まともな状態ではありません。(ガーフィンケル：だからどうだというのですか?)。もし、私がしたように振る舞うなら、まったく危険このうえないことをしていることになります。私は偏見を抱いていました。しかも、この偏見は最悪のものです。だから、自分自身に自問をせざるをえないのですよ。なんで、私はこんなに違った考えをするんだろう。これが私にとって一番の問題なのです」。

最終的な評価を行なう段階で、採用された二五人の被験者のうち七人は、事柄はこんなに明白なのに、それに対し〔ガードナーや捏造された他の学生により〕いかがわしい判断が下されていたといった矛盾を解き明かすことができず、またそれに対する代案を「見つけだす」こともできなかった。彼らの苦悶は真に迫ったものであり、和らげようがなかった。別の五人は医学校は良い人物を採用したとの立場をとり矛盾をうまく取り除いた。また、他の五人は医学校はとんでもない男を採用したという見方によりこれを解決した。この場合、見解が変わったことはたしかだが、といって、以前の見解がまったく放棄されたわけではなかった。彼らはガードナーの見解を「まとまりのある」ものとして捉えることができたが、しかしその見解は説得力のあるものではなかった。したがって、彼らの関心がその録音の細かな部分に向けられた時、ガードナーの見解についてのまとまりのあるイメージは消散してしまった。つまり、彼ら被験者は進んで「まとまりのある」イメージを受け入れ使用はしたが、同じ人物の録音についての理解しがたい細部が視野に入ってきた時には、常に苦悶したのである。ガードナーの見解の「まとまりのある」イメージに固執するならば、初めに被験者が示した評価の内容と正反対の性格が、しかも最上級形容詞により強調されたかたちで、その応募者にはあることを幾度となく認めねばならなかった。たとえば、以前、応募者のことを気のきかない人物だと評価していたとすれば、いまや彼は

「まったく」落ち着いていると評価し、また彼が図々しいやつだとされていた場合には、「非常に」素朴だとされ、ヒステリックな性格だとされていた時には、「きわめて」温厚であるとされるといった具合である。さらに、彼らは、医学校の試験官の聞き取りをしていた仕方を評価し直すことで、新たなことを見出したりもした。たとえば、彼らは、応募者が試験官にタバコをすすめるのを忘れて喫煙した時、試験官は〔憮然としたのではなく〕にこにこしていたのだと勝手に納得したといった具合である。[8]

さらに、別の三人の被験者は、何か策略があるにちがいないと確信し、この確信を終始抱き続けていた。彼らは、まったく狼狽することがなかった。そのうち二人は、面接が終わったと思うやいなや露骨に苦痛の表情を示した。つまり、彼らは、策略だなどと一切口に出すことはなかったものの、疑心はしだいにつのっていったのである。

また、別の三人は黙って実験者のなすにまかせていたので、かえって実験者を混乱させた。彼らは、この面接は何か実験のようなもので、いくつか問題を解けばいいのだと考えていた。それゆえ、彼らは、できるだけ上手に、自らの最初の意見を変えずに切り抜けていけばよく、そのようにすれば、この研究の役に立てるだろうと思っていたのである。そのさい、彼らは、このように考えていることなどおくびにも出さなかったので、実験者にとっては厄介だった。実験者は、面接の間中、彼らのことを理解することができなかった。なぜなら、たしかに彼らは明確な不安を示しはしたものの、彼らの意見はどうでもよいようなものであり、不安を引き起こしている事柄について触れることもなかったからである。最後に、残り三人の被験者は他の被験者と対照的であった。彼らのうちの一人は、諸々の性格評価は「意味論的に曖昧」なものばかりであり、また、そもそも情報が不十分なので「高い相関関係があるとの判断」はできかねると主張した。二人目の学生は、この実験の中でただ一人だけであったが、彼の説明によれば、後で聞かされたことも自分で最初に思い浮かべたことと同様に説得力があるとみなしていた。したがって、彼は策略が暴露された時、かえっていままで自分が疑いを差しはさまずにいたことに動揺してしまった。三人目の学生は、なにがどうなろうとも、わずかの間ほんの少し狼狽を示しただけだった。というのも、被験者の中で彼だけがただ一人、以前、実際に医学校の面接を受けており、医学校とただならぬ接触をもっていたからである。彼は、平均点がC以下であるにもかかわらず、自分が入学できる可能性がかなりあるとの目算を立てており、医学での実績よりも大使館勤務の経歴があることの方が高く評価されると述べたのである。

最終的な観察結果として、二八人中二二人の被験者がこの策略的な実験が終了した時、目に見えた安堵感――なかでも一〇人は感極まった表情――を示したのである。彼らは策略的な実験であったことを知らされ、みんながみんな、やはり自分のもとの見解が正しかったのだと語った。七人の被験者は策略があったことを説得するのに少し手間どった。というのも、この七人は策略がなされていたと告げられた時でさえ、一体何を信じたら良いのかという疑問をもったからである。つまり、実験者は自分たちを安心させるために策略があったのだと、彼らに語ったのでなかろうかとの疑問を抱いたのである。計略的な実験だったのだといった真実を彼らに明確に示すためには、いかなる労もいとわなかったし、どのようなものであろうとも、何が本当で何が嘘なのか、話すべきことはすべて彼らに話した。

すでに述べたように、成員自身の観点に立った場合、日常生活の態度を形成している背後期待に自ら進んで身をゆだねるということは、「歴然たる当り前の事実」を把握し、かつそれを受け入れることに他ならない。それゆえ、右の諸事例に示されているように、それぞれの集合体に属する成員ごとに、彼らが進んで諸期待に身をゆだねるその状態がさまざまであるとしたら、「歴然たる当り前の事実」を成員たちが把握し受け入れるその仕方がさまざまであるということになるだろう。したがって、右記のような判然とした〔混乱の〕諸結果も、成員たちが、〔背後期待に従うことで〕どの程度自ら進んで歴然たる当り前の事実を掌握しているのかに応じて、さまざまであることになろう。さらに、集合体にとり歴然としている諸事実は、共通の道徳的秩序として掌握されており、しかもそれは客観的な性格をもっている。それゆえに、右のそれぞれの結果がどれほど判然としたものであるかは、成員たちがどの程度進んで歴然たる当り前の事実を掌握しているかに応じて変化するのであり、それぞれの「パーソナリティ特性」とはまったく無関係だということである。ここでのパーソナリティ特性とは、次のようなすべての特性を意味している。つまり、社会・文化システムの影響を一切無視して、多かれ少なかれ、系統立てて考え出された動機づけないし、「内面生活」に関する諸変数を引き合いに出しながら成員の行為の過程を説明しようとする時に、研究者が方法論的に用いている人びとの特性のことである。最も伝統的なパーソナリティ評価法と臨床的な精神医学の方法から得られる諸結果が、この条件を満たしている。

このようにして、以下のような現象が見出されるはずである。まず、ある一定の手続きをとれば、成員たちがどの程度進んで「社会的に歴然としている当り前の事実」を把握しているのかということについて、説得力ある評価を下すことができるものとしよう。また同時に、もう一つ別の手続きがあって、どの程度成員たちが混乱しているのかを評価できるものとしよう。この場合、混乱は、先に述べた〔当惑を引き起こす〕諸振る舞いがどの程度のものであるか、またそのうちのどれとどれとが結合しているかによりさまざまであろう。この二つの手続きが仮定できれば、次のように言うことができるのである。つまり、無作為に抽出された何人かの成員たちについて、進んで「当り前の事実を把握していること」と「混乱」との間には、最初は、何の相関もないはずである。またこのことは、その成員たちが、どのようなパーソナリティをもっているのかとも無関係である。しかし、日常生活の期待が破棄された時、狼狽を十分に生みだす条件がそろっているならば、成員た

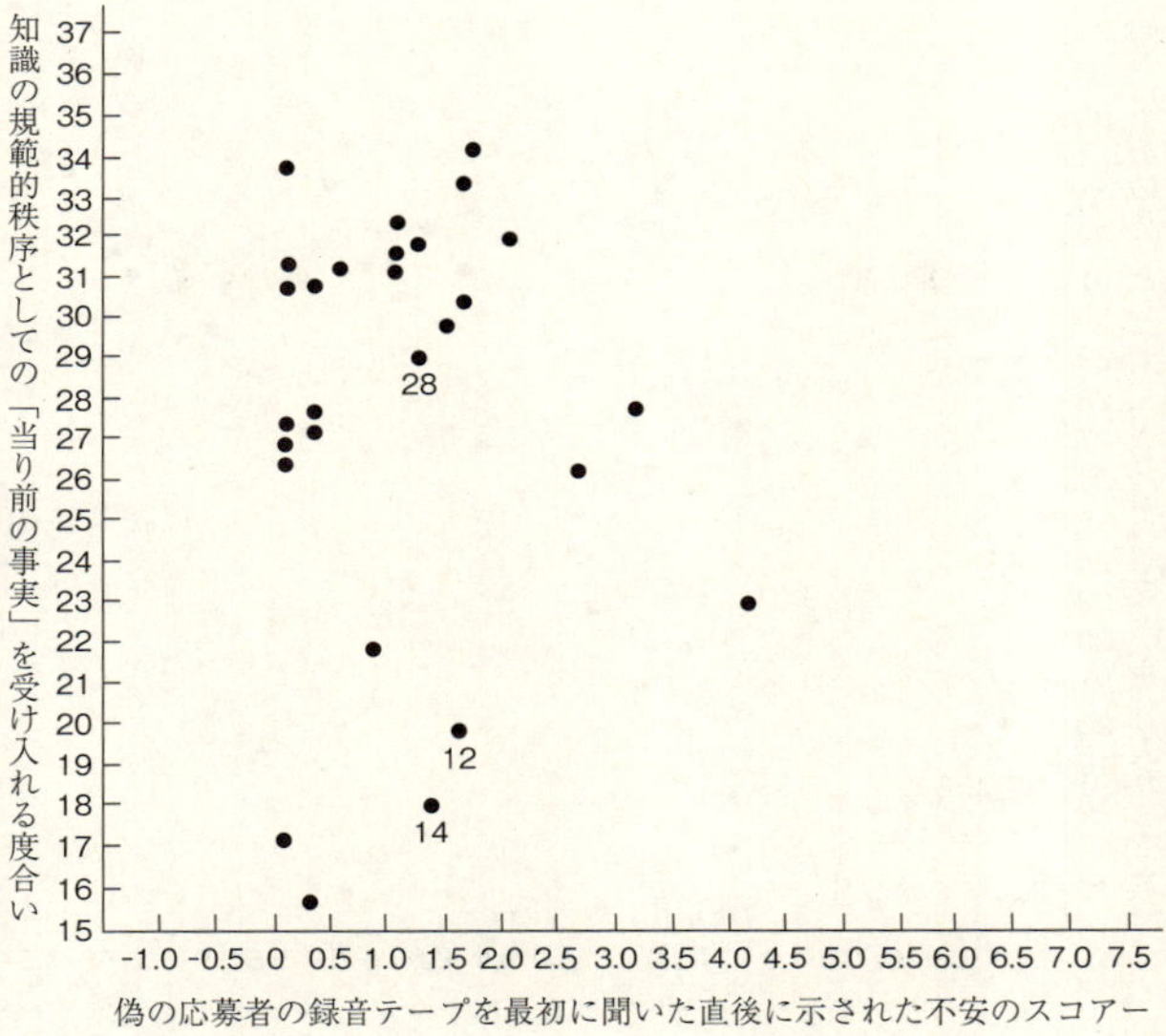

表 1　医学部進学課程の状況について内面化されている知識の秩序としての「当り前の事実」をどの程度受け入れているかの度合いと最初の不安のスコアーとの相関

(r=.026)

〈凡例〉　数字を付した点は疑問を抱いたか，策略があると気づいた被験者
(n＝28)

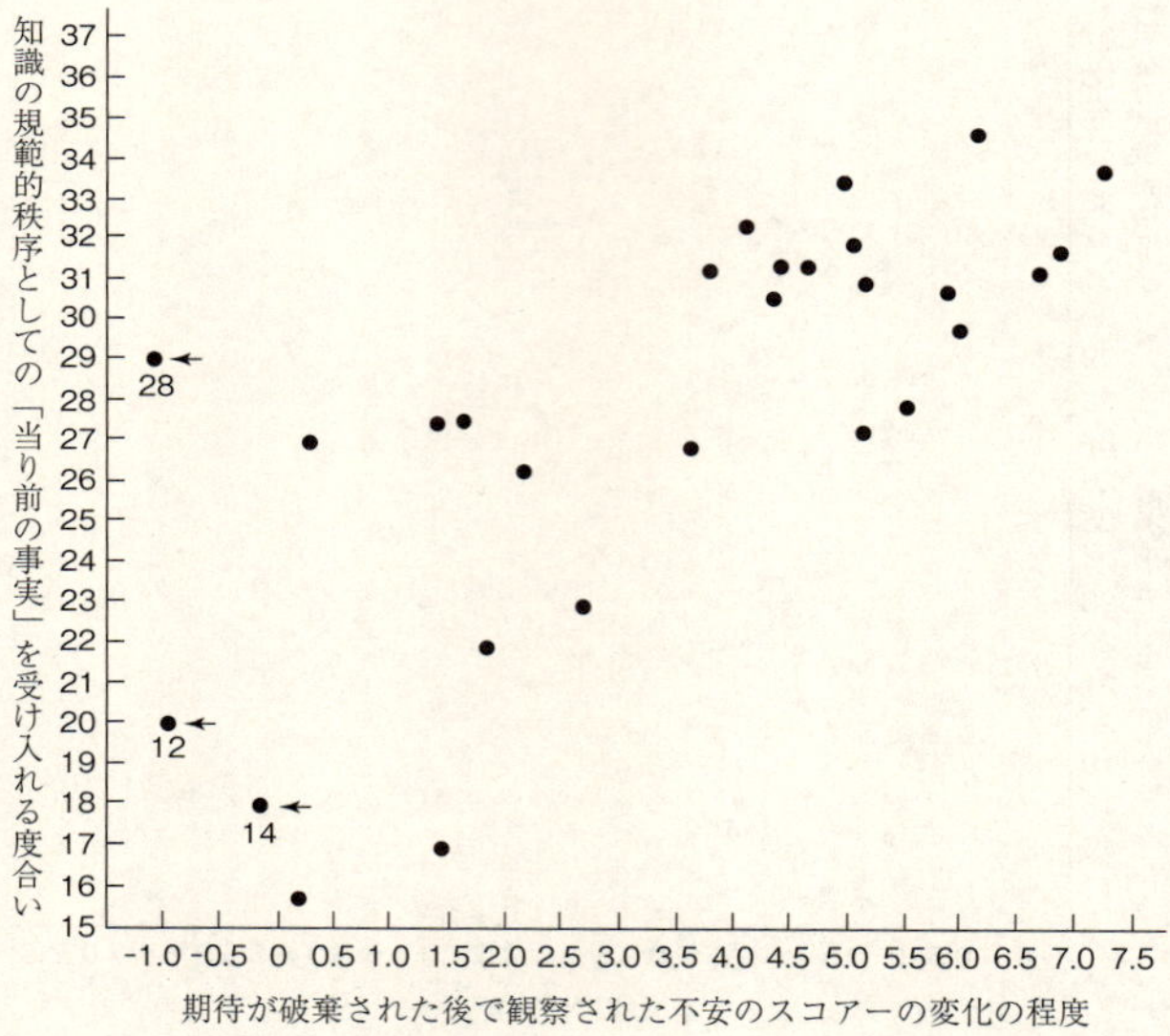

表 2　医学部進学課程の状況について内面化されている知識の秩序としての「当り前の事実」をどの程度受け入れているかの度合いとこれに関連した不安のスコアーとの相関

(r=.751)

〈凡例〉　数字を付した点は疑問を抱いたか，策略があると気づいた被験者
←は変化の方向を示す
（n＝28）

ちがどれだけ混乱を見せるようになるかは、彼らが、当初、どの程度「歴然たる当り前の事実」を把握しているかということと、相関しているはずである。

このような現象は、先程来述べてきた二八人の医学部進学課程の学生たちを対象にした調査結果をまとめ、これを表示した表1と表2を見れば、実際に確認できるだろう。矛盾した資料を提示する前〔単に捏造された面接の録音を聞かせるだけの時点〕までは、学生たちがどの程度、医学部進学課程の歴然たる事実といった共通の道徳的秩序を受け入れているかということと、学生たちがどれだけ動揺を示したかということの間では、相関は.026しかなかった。これに対し、〔その録音と〕矛盾した資料が提示され、しかもそれを正常なものとして位置づけることができなかった時から、面接が策略であったことが伝えられる時までの、〔歴然たる当り前の事実としての道徳的秩序についての同意と動揺との間の〕この相関は.751であった。ここで使用した評価手続きはまったく荒削りであり、また実験計画と観察手順には重大な見落としがあるかも知れず、しかも、これらは事後的に議論をしたものである。したがって、この結果は、ここで述べたことを、単に例示しているにすぎない。いずれにせよ、これを、純粋な調査結果と考えてはならない。

社会のなかでの人間についてのモデルが人間を判断力喪失者として描出するという事実と共通理解との関連

多くの研究で次のような知見が示されている。つまり、共通理解が社会的に標準化されているので、その標準化の内容がなんであれ、この事実ゆえに、成員たちはその場その場の出来事に応じて行為することができるようになる。また、その標準化の事実が基盤となって、成員たちは、正常なものとして知覚されている事態からの逸脱をまさに逸脱として看破することができ、さらには〔正常なものとして知覚される事態へと〕回復を図り、そのために一所懸命努力することもできるようになるという見解である。

社会科学に携わっている理論家——とりわけ社会精神病理学者・社会心理学者・人類学者・社会学者たち——は、この標準化の事実を利用して、標準化された諸期待に則っている行為の性格と結果を考察してきた。しかし、一般的に言って、社会科学者たちは、次の事実をたしかに認めてはいるものの、つねに軽んじてきた。つまり、成員たちは、他ならぬこの行為をするといったことにより、まさに当の標準化を発見・生成・保持するのだとの事実である。このことを無視してしまうならば、社会科学者は、成員の安定した行為の性格やその条件を見誤ることになる。現に、彼らはそのような見誤りを招いており、その結果、社会の成員を、文化的もしくは心理学的な、あるいは両方の判断力喪失者（judgmental dope）とみなしているのである。だから、行為と標準化されている期待との関係についてどのような研究がなされようとも、かならずや、その結果には不整合な成分が含まれており、抜本的な再考を迫られることになるであろうことは、実際にその研究結果を見なくともわかるのである。

ここで、「文化的な判断力喪失者」（cultural dope）とは、社会学者が設定した社会のなかの人間のことである。つまり、この人間は、共通の文化によりあらかじめ規定されている正統的な行為だけしか選択できず、そうすることで、社会をいかにも安定したものにしているのである。また「心理学的な判断力喪失者」（psychological dope）とは、心理学者が設定した社会のなかの人間のことである。この人間は、精神医学上どのようにいままで生活してきたのか、あるいは、いままでどのように条件づけられてきたのかといったことにより、また精神的な作用の諸変数により、あらかじめ余儀なくされている範囲でしか行為を選択できず、そうすることで、社会をいかにも安定したものにしているのである。これらの「人間モデル」が使用された場合、いまここの場面が瞬時瞬時「継起」していく間中、成員たちがそのつど社会構造についての常識的知識を用いながら、常識的な合理性（commonsense rationalities）(9)にもとづき判断を下しているにもかかわらず、その過程を、単に二次的な付帯現象として取り扱ってしまうといったことになる。

標準化された諸期待と行為の過程との関係を描き出すときに、判断力喪失者のモデルを使用するならば、それは、どういう説明が適切な説明なのかという問題にも誤謬を持ち込みかねない。つまり、予期的な選択とか主観性とか内的時間のような重要な問題を考察しながら行為の諸過程間に、どのような必然的関係があるかを研究者が規定しようとする時、常識的な合理性を考慮にいれるべきか無視すべきか〔どちらが適切な説明なのか〕の決定に関する比較検討を、誤った方向に導くおそれがあるのである。好んで用いられている一つの解決は、成員の行為が成し遂げるであろう事柄を、安定的構造——すなわち成員の行為がすでに成し遂げた事柄——を使用することで描写することである。この場合、安定的構造が理論的な出発点となり、この出発点から、どういう経過により最終的な結果がもたらされねばならないかが描き出されるのである。欲求性向のヒエラルキーや、行為に強要されている規則としての共通文化といった道具立ては、すでに指摘したように、これを用いれば社会の成員を判断力喪失者として取り扱うはめに陥るにもかかわらず、社会科学者がどのように推論していかねばならないかという問題に決着をつけるために好んで用いられているものなのである。

研究者が社会の成員を判断力喪失者として扱う場合、それはどのように行なわれるのであろうか。そのようにするとはどういうことで、そのようにすればどういう結果になるのかということは、いくつかの事例を見ればわかるであろう。

学生たちに、価格が定められている商品を値切ってみるといった課題を与えてみた。この課題に関連している標準化された期待とは、パーソンズが指摘する契約制度の構成要素としての「制度化された一物一価の原則」(institutionalized one price rule)に他ならない[10]。この「制度化された」特性ゆえに、顧客となる学生たちは、任務内容を考えただけでそれに懸念を抱いて尻込みし、現にそれを行なった時には、このことで恥をかくものと予想された。逆に、売手はたいていの場合、不安と怒りを示すものと予想された。六八人の学生たちは、二ドル以下のなんらかの商品について、一回だけ値切ってみるように言われ、言い値よりも安い値段を示さねばならなかった。一方、別の六七人の学生たちは二ドル以下の商品について三回、また五〇ドル以上の商品についても三回、それぞれ続けて六回値切ってみるように言われた。

調査結果　(a) 売手は、動揺するにしても、標準化された期待についての現今の理論が説く内容とはまったく異なり、学生を簡単にあしらったか、さもなければ、さほど動揺もしなかった。つまり、売手のうちで不安を示したのは、二・三人で、怒り出した者は一人だけだった。(b) 一回だけ値切るように指示されていた学生のうち、試みることさえもしなかったり、あるいは試みても途中で止めてしまった者が二〇%いたのに対し、六回試みるように言われた学生のうちでは、そのような者は、三%しかいなかった。(c) 値切りの個々の駆け引きは、試みの予想・売手へのアプローチ・実際の値付け・それに続く交渉・駆け引きの終了・売買成立といった一連の段階から構成されているものとして分析できる。この場合、いずれの学生たちも、初めて値切りを試みようとして、値引きの任務内容を予想している時と売手にアプローチしている時に、不安の念に駆られる率が高かった。一回だけしか試みなかった学生で不快感を感じた者の数は、一連のそれぞれの駆け引き段階を踏むにつれて減少していった。また二回以上の値引きを行なった学生の大半は、三回目の駆け引きをするころには、この任務がすっかり楽しくなったと伝えている。（d）大半の学生は安い商品よりも高価な商品を値切る時の方が、不快感は少なかったと報告している。（e）六回値切ってみた学生の多くは、定価を値切って、実際に有利な成果を得ることができることを知り「驚いた」こと、および今後とくに値の張る商品は値切ってみることに決めたと報告している。

　こうした調査結果からわかるように、社会の成員が文化的な判断力喪失者として扱われてしまうのは、以下のことが行なわれた場合である。まず、（a）社会の成員は、規則に従って行為することもしないこともできるような状況においては、先行きの不安を感じてしまい、そのような状況に立ち向かってゆくことはもちろんのこと、そのような状況を成り行きにまかせておくこともできないと、自ら実際に語ったりする。だから、社会の成員を規則により制御されているだけの者として描いてしまうことになる。（b）成員たちにとって、このような不安を克服していくことが、実践的にも理論的にも重要であるのにもかかわらず、この事実を見過ごしてしまう場合には、社会の成員は、判断力喪失者として扱われることになる。さらに（c）もし、不安なりなんなりの厄介な情感が生じてきた時には、成員たちは〔一物一価制に見られるような〕「標準化されている」諸期待に〔それに背くなどの〕手をあれこれ加えることはしないのだと考えられることがある。もしそれが本当だとしたら、標準化とは、本来的に課されているいかんともしがたいものだということになろう。標準化というものがこのようなものであるならば、成員たちは、標準化されている諸期待がどのようなものであるかを学習する機会を一切放棄していることになるだろう。

規則により制御された行為がどのようなものであり、その規則を破棄した場合にどのような結果が生ずるかという知識の基礎には、専門家はもとより素人の場合でさえも、まさにこのような〔あれこれ手を加えることはしないというような〕手順があるのである。事実、規則が重視されればされるほど、規則についての知識はますます規則の検証を回避するといったことを基礎とするようになる。しかし、実際、平凡な活動の自明な背後基盤となっているのはどのような諸期待なのかを考察するならば、その人は意外な調査結果に出くわすことになろう。意外というのは、それら期待は、それが破棄されたらどうなるかとの想定的予行を行なうだけでも、〔そのような期待は社会の成員を制御するだけであるとの考えを〕修正する必要が生じてくるはずなのに、〔通常の〕研究者は、そのような修正をほとんど施してきていないからである。

社会の成員が判断力喪失者として扱われるもう一つの別の方法が存在する。つまり、いかにして成員が状況内のさまざまな事柄を有意義なものとして解釈するのかを、記号とシンボルの形式的な特質についての諸理論を用いて描写するというのがそれである。いくつかの方法で判断力喪失者が創り出されるが、そのうちの二つについて触れてみよう。

(a) 特徴的なことにも、形式的な研究はシンボルの用法に関する規範的な理論の考案に関心を示してきたか、あるいは記述的理論を求めながらも、規範的理論で満足してきたかのいずれかであった。[9] どちらの場合にしても、研究者の指図に従って解釈者が行為するように仕向けることが必要であり、これにより研究者は、成員自身の用法を研究者が想定しているとおりの用法として研究を行なうことができるようになるのである。ところが、ヴィトゲンシュタインによれば、[11] 成員の実際のシンボルや記号の用法はある「言語ゲーム」内での合理的な用法なのである。つまり、〔研究者ではなく〕成員の言語ゲームとは何かを問うことである。この問題をはらんだ問いが無視されるかぎり、成員のシンボルや記号の用法についての考察は不十分なものにならざるをえない。このことが事実であるならばなおさら、用法に関する被験者の関心は、ますます研究者の関心とは異なった実践的な考えに導かれていることになる。

(b) 有力な諸理論は、標識や指標のような記号機能について多くの重要な事柄を論じてはいるが、それらはこじつけ・代喩・引照表現・婉曲的表現・皮肉・曖昧な表現のような圧倒的にもっともありふれた機能については何も語っていない。標識や指標だけを記号機能を果たすものとして考察したり分析するならば、日常的な茶飯事に関する常識的知識を引き合いに出すことなどは、時として、いとも簡単にどうでもよいこととされてしまう。なぜなら、使用者自身も同様に常識的知識との照合などにいちいち注意を払わないからである。しかしながら、皮肉・曖昧な発言・こじつけ等の分析には、記号の場合とは異なった要件が必要とされる。すなわち、発話・意味・全体的な視野・語順が、相互にどのように関係し合っているのかを考察しようとするならば、かならずや日常茶飯事に関する常識的知識を引き合いに出さなければならないのである。

研究者たちは、従来、このような「複雑な」用法を無視してきたけれども、これらの用法が一体いかなるものかをまったく考慮に入れてこなかったわけではない。にもかかわらず、この用法を解釈していくにあたり、言語共同体の成員の用法を、文化により拘束されたものとか必要上余儀なくされているものとして描き出したり、あるいは〈実際に現れている対象の〉外観と対象それ自体との対——「記号《サイン》」と「指示対象《レファラント》」との対——を連合関係として説明することで解釈してきたのである。したがってこの場合、使用者自身の判断作業〈judgmental work〉は無視されており、こじつけ・代喩などの当のシンボルの用法についてのきちんとした記述が、そもそも不可能とされてしまっているのである。

明らかに、成員自身により判断作業がなされているということ、ならびにその作業が、社会構造に関する先の常識的知識を信頼し、かつそれを引き合いに出しながら遂行されていくということ、このことが、何か不整合を生じるたびにわれわれの関心の的となった。その理由は次のとおりである。つまり、被験者たちにあって、何か不整合が生じた時に、これに対処するために判断作業や常識的知識とどう取り組むかということは、きわめて実際的な問題だからに他ならない。なんらかの実験手順によって、日常的な茶飯事が予期されるとおりに経過しないように仕向けられた場合には、このズレが著しいものか軽微なものであるかにかかわらず、かならず、被験者は、その実験者はなにか曖昧なことを言っているとか、皮肉を言っているとか、こじつけをしているとか、代喩を用いているとか、嘘をついているとかいうように考えたのである。このようなことは、日常的なゲームにそぐわないことが行なわれた場合には、繰り返し生じた。

学生たちに、年齢、性別および面識の程度が異なる被験者を相手に、三目並べを行なってみるように指示をした。三目並べの升目を引いた後で、学生は〔指示どおりに〕、被験者に先手としてマークを書き込むように促した。被験者が自らのマークを付けた後で、実験者はこの遊びで行なわれていることは、通常のものとは異なっているといった気配を一切示さず、被験者が付けたマークを消すと同時にそれを他の升目に記入し、そこに実験者自らのマークを書き入れた。二四七の実験のうち半分の事例で、学生は、被験者たちが、彼ら学生の所業を理解しがたいがきっと意味のある仕種なのであろうと捉えていたと報告している。ところが一方、被験者は次のように確信していた。つまり、実験者は、自分では何も言っていないが「何か余事」に気を取られており、彼が「実際に」行なっていることは三目並べと一切無関係なのだというわけである。たとえば、被験者の見たところでは、実験者は奇妙な仕種をすることで相手の関心を引き口説こうとしていたのだとか、被験者のなんらかの愚行を非難していたのだ、あるいは侮辱したのだ、いやただ厚かましいだけなのだ、とかいうようであった。学生が定価のついた商品を値切ったり、相手のごく当り前の言葉をいちいち明確にするように要求したり、あるいは求められてもいないのに、見知らぬ人たちの会話に加わったり、日常の会話が行なわれている間に、その場のさまざまな対象にそのつど「手当たり次第」取り留めのない視線を向けた時にも、同様の結果が生じたのである。

成員を文化的な判断力喪失者としてみなすもう一つ別のやり方に、成員の活動状況におけるコミュニケーションの素地を簡略化してしまうというのがある。たとえば、物理的な出来事を高く評価するあまり、潜在的また現実的な出来事から織りなされている当の人物の実情のなかには、単に外見や属性〔年齢・性別等〕のみならず、個人自らの生き生きとした内的状況も含まれているのだということを、ないがしろにして理論化してしまいかねないのである。次のような手順で実験をすることで、このことがわかった。

学生に家族成員以外の適当な人物を選び、日常会話の過程で異常なことが行なわれているという気配を見せずに、鼻がほとんど触れるまでに顔を被験者に近づけてみるように指示してみた。七九例の報告によれば、両者が同性、異性であることに関係なく、また顔見知り程度かそれとも親しい友人であるか（見ず知らずの人物は禁じられていた）の別なく、さらに子供の場合は別として年齢の差に関係なく、この実験において、実験者と被験者の両者とも、相手に何か性的な意図をかもし出してしまうのではないかと考えた。もっとも、こうした意図が本当にあるのかについての確認は、実験手順の上で禁止されていた。このようなことを相手について考えているうちに、本人自らもこうした衝動をもつようになった。その衝動自体が望まれているということばかりか、衝動が何かを望んでいるということも、その場の一部となったのである。このような行為の相手として自らを選択した実験者に誘惑の意図があったかどうかが、被験者にとっては不明瞭であったために、自らを選択したことを認めるべきか、またその選択に応じるべきかについては、葛藤に満ちたためらいを被験者は感じていたのである。すなわち、回避の試み・当惑・極度の困惑・一体何ごとなのであろうかとの態度、そしてとりわけこれらをはっきり態度に表してもよいのかとの躊躇が見出されたのみならず、恐れ・希望・怒りについての躊躇もまた被験者に特徴的に見出すことができた[10]。このような結果は、男性同士の場合、とくに著しかった。この場合、実験者は状況をもとの状態に戻すことができなかったのである。これは「社会学の授業の実験として」行なわれたものだと実験者が説明をしても、被験者はそれをあくまで部分的に受け入れたにすぎなかった。彼らはしばしば「実験だということはわかった。しかし、なぜ私を選ばなければならなかったんだ」と不平を述べた。この時、被験者にとっても実験者にとっても、右の釈明だけでは不十分であったわけだが、かといって、これ以外に何をすることができ、あるいは何をすべきなのかについては皆目わからないというふうだった。

最後に、慣行的な行為を、前もって存在している合意によって統制されている行為として描写したり、また成員が行為をその場にそぐわないものとして認知できるのは、この前もって存在している合意があるからだとすることによって、成員が判断力喪失者にされてしまう場合がある。このことは、単に理論上の好みの問題にすぎないが、それでも、実際にこのように理論化が行なわれた場合には、本質的な現象がないがしろにされかねないのである。このことは、次のことを考えれば明らかである。つまり、成員たちは、実際に一度もある合意項目について取り決めをしたことなどないはずなのに、それにもかかわらず、お互いにその合意を遵守するよう心がけているというまったく平凡な事実がそれである。共通理解がこのような特性をもっているということは無視されてきた。しかし、「合意」の性質を考える時に、この特性をはっきりと考慮に入れるならば、いろいろなことがさらにわかるだろう。

共通理解の諸事項がいかに明確に規定されていようとも——契約はこの諸事項が明確に規定されている場合の範型と考えられる——その諸事項が、成員たちにたいして合意としての地位を占めるのは、次の場合だけである。すなわち、明記された諸条件〔事項〕が、言明されてはいないけれども理解されている、等々の条項[12]（*et cetera* clause）をともなっている限りにおいてのみである。つまり、等々の条項が効力をもつことにより、細目にまで及ぶ協定が、合意された規則〔＝前もって存在している合意〕にもとづいて形成されるのである。それゆえに、このような協定は、ある一時点で一度だけ起こるというわけではない。諸活動が内的時間および外的時間にそって経過していくまさにそのなかで、したがってまた、状況やその付帯条件《コンティンジェンシー》がしだいに展開していくまさにそのなかで、協定はそのつど取り結ばれていくしかないのである。だから、合意とは保険統計的に安全な装置であり、合意により、成員がそのつどいま・ここから、他者はそれぞれ将来どのように行動するのかを予測できると考えることは、誤解を招くだけでなく、端的に誤りなのである。より精確にいえば、合意された規則にもとづいてすでに形成されている共通理解をも、成員たちは自分たちの現実の活動が結局どのようになろうとも、その活動を正常なものとして維持するために条項を加え、また修正しながら使用するのだということになる。したがって、ただ単に付帯条件は立ち現れるというばかりではない。成員たち自ら、お互いが実際に行なったことが合意事項を満しているかどうかを決定しなければならない時にはいつでも、付帯条件は具体化し、またそのような時はいつでもあえて、それを作り出すこともできるということ、このことを、そのつどいま・ここにおいて知っているのである。等々の〔付帯条件〕条項こそ、まさしく次のことを保証しているものである。すなわち、無数の条件がいつでも利用できるということ、しかもこの条件を引き合いに出せば、そのつど現在の実践的な条件に照して、合意が「実際のところ」どういうものとして「もともと」あったのか、そして「それ以降」どういうものであり続けたのかということを、過去把持的に捉え直すことができるのだということ、このことを保証するのである。どういう行動をすべきかということについてあらかじめ合意された規則に対し、現在の状況を逐次勘案するという作業が、「共通理解が得られている行為」の継続的で本質的な特徴として、広く当り前のこととして行なわれていることはたしかに事実である。それゆえ、この勘案作業に、しばしば異論が差しはさまれることもあるからといって、この事実が覆い隠されてしまうようなことがあってはならない。

　このような〔等々の条項による共通理解の形成〕過程は、実践的な倫理学上の事態である。この過程は、いわば、合意を発見するための方法である。つまり、成員たちは、この過程を通じて、実際的な状況を支配している規則を遵守し、また遵守せざるをえないように仕向けられることにより、どのような合意がなされているのかを見出すことができるのである。このような過程は、まったくというわけではないにせよ、社会科学者の関心をほとんど引き付けてこなかった。しかし、日常茶飯事にあって、またこれに関する常識的理論にとって、このことは、まったく変わることのない当り前の関心事となっているのである。等々の考察（*et cetera* consideration）を思慮深く操作することに精通していることで、何かと利点を得るなどということは、法律家の職業上の手腕であり、法律を学ぶ学生は、とくにこれを教え込まれる。しかし、それが法律家の手腕なのだからといって、法律家だけがそれに精通しているのだとか、あるいは思慮深くそれを行なう人だけが、とにかくそのようにしているのだと仮定してはならない。このような方法は、社会が規則に制御されている活動のシステムであるかぎり社会全般に見られる現象なのである[13]。つまり、成員は、前もって存在している合意に従って振る舞おうとすれば、かならずや、一方では、成功したり幸運に恵まれたりする可能性があるし、また実際にそうなることもあるのだが、他方ではまた、失望・挫折・失敗に遭遇せざるをえない。このようなことを、そのつど適宜にうまく処理し、社会的に組織されている諸活動が、道理にもとることにならないようにするためのメカニズムの一つとして、右の方法は役立っているのである。

　こうした現象のちょっとした、しかし的確な事例を、ある手順で実験することにより常に得ることができた。実験者は、上着の下にテープ・レコーダーを隠し、他者と会話を行なってみた。そして、ある程度会話が進行したところで、「ほら、これを見てごらん」と言い、上着を開いてそのテープ・レコーダーを相手に見せてみた。しばらくの間沈黙があったが、その後例外なく、相手は「それで何をするつもりなんだい?」といった質問をした。被験者にしてみれば、その会話が「われわれの間だけで」行なわれていたはずのものであるとの期待が破棄されたわけである。会話が録音されていたことがいまやはっきりしたということの事実は、新たな可能性を生みだした。つまり、会話の当事者が効力をもっているものと考えていた合意は、いままで彼らによりとくに言及されたこともなかったし、それどころか、それまで実際に存在すらしていなかったのである。このために、いまや、会話が録音されていたことが明らかになったからには、この会話の録音はよくはわからないが何かに使用されるのだろうという見地から、新たなかつ問題の多い意味合いがその会話に付け加えられる。こうして会話は進められていくことになる。この会話は内密のものだという合意は、あたかも、いままでずっと作用していたかのように扱われていたにすぎなかったのである。

結論

日常生活の態度を形成している〔背後〕期待は、社会の「内部から」見られた、実際上の日常的な組織や諸活動に対する制度化された共通理解を構成している。したがって、これらの期待を変更すれば、社会の成員にとって現実の状況は変更されるはずである。つまり、このように諸期待を変更することにより、現実の諸対象からなる知覚された一状況は変換されることになる。

日常的な諸期待としての背後の基盤はさまざまに変更されうるが、その一つ一つの領域について、さらに深く研究を行なわねばならない。これら各々の変更はこの変更に対応して、それぞれ行動状況の客観的構造をも変換してきた。驚くべきことにも、こうした背後期待のさまざまな集合やそれらが構成するさまざまな客観的状況を、われわれはほとんど認識していないのである。

このような変更の一つに、行動形式の変更により、現実の諸対象からなる状況を変更する場合がある。遊び・劇での演技・重要な儀式・宗教的な回心・議事進行・科学的研究などがこの変更に該当する。また、第二の変更は、現実の諸対象の状況をある媒介的な手段により変換することによって生みだされる。実験的に誘発される異常な精神状態・極度の疲労・重度の感覚障害・脳損傷・前頭葉ロボトミー・幻覚剤、これらにより生じる変更がそれである。第三の変更は新生児の学習である。これは文字どおり世界の拡大をともなっている。つまり、この変更は「能力ある成員ならだれでもが見ることのできる」といった人びとの状況の客観的な特徴を生みだすことを目指しているのである。世界の拡大は、成長過程にある成員が徐々に、能力のある社会成員の「物事を見る」見方に、つまり日常生活の態度に、進んで従うようになること、またはなりうることを必然的にともなっているのである。四組目の変更は、成人の社会化にともなうものであり、これは白紙状態からの体験を欠くことで新生児の学習とは区別される。さらに上記以外の変更としてさまざまな異化が考えられる。それは、文化的な異邦人・軽度もしくは重度の精神障害・犯罪として責任を問われる名誉棄損といった諸現象、それに、精神的な発達の遅れや老化にともなう社会的に適応できなくなる宿命や、広く一般的に「疎外」論のテーマとして論じられているさまざまな現象を含むことになろう。変更は、いたずらや冗談として引き起こされることもあれば、本気で引き起こされることもある。また、罪を犯し他者に危害を加えても「罰せられる」ことはないかもしれないと悟るようになった病質的な老獪さによっても引き起こされる。さらに次のような場合にもこの変更が生じる。つまり、青年期には強固で同質的だったと思われていた共通の社会的秩序は、実は亀裂をもっているのみならず、その強固さは絶え間なくそのつど作り変えられていくといったこと、このことがわかるにつれそれは生みだされるのである。最後に、社会の動きとしての社会科学の発達による常識的世界の発見と、常識的世界の合理化から生ずる変更が存在している。

これまで論じてきたように、適合的で現実的でしかも分析可能な行為がいかなるものであり、どのように生成され、どのように認識されるのかに関心を抱いているのは、なにも哲学者や社会学者たちだけではない。社会の成員自身もまたこのことに当然かつ必然的に関心をもっているのである。成員たちにとって、このことは、自分たちの日常茶飯事のなかに見られるものであるし、またこの日常茶飯事を社会的に首尾よく生成していくために重要なことだからである。常識的知識と常識的活動を研究しようと思うならば、社会の成員たちが、実際にどのような方法を用いて、素人であれ専門家であれ、なんらかの社会学をしながら、日常活動の社会構造を目に見えるようにしていくのかということ、このことをそれ自体問題のある現象として取り扱っていかなければならない。常識が「再発見」できるとすれば、それは、おそらく次の理由からであろう。つまり、他の成員たちの場合と同様に、専門家としての社会学者は、自らの研究の中心課題《トピック》としても、また研究を行なうための手立て《リソース》としても、十分過ぎるくらいに社会構造についての常識的知識とかかわってきながら、それと同時に、他方で、もっぱら社会学の重要な中心課題としては、この常識的知識を十分に利用したことはまずなかったからに他ならない。

原注

(1) このすぐれた事例は、注(2)にあげておいたアルフレッド・シュッツの研究である。シュッツの著作に親しんでいる者ならば、彼がこの論文にいかに大きな影響を与えているかがわかるだろう。

(2) アルフレッド・シュッツの次の著作を参照 *Der sinnhafte Aufbau der sozialen Welt,*

Wien, Verlag von Julius Springer, 1932.（佐藤嘉一訳『社会的世界の意味構成』木鐸社 一九八二年）。*Collected Papers I: The Problem of Social Reality*, ed., Maurice Natanson, The Hague, Martinus Nijhoff, 1962.（渡部光・那須壽・西原和久訳『社会的現実の問題［I］・［II］』アルフレッド・シュッツ著作集 第一巻、第二巻 マルジュ社 一九八三、八五年。深谷昭三訳『現象学と社会の学』三和書房 一九七四年〔第一巻第二部の訳〕）。*Collected Papers II: Studies in Social Theory*, ed., Arvid Brodersen, The Hague Martinus Nijhoff, 1964.（桜井厚訳『現象学的社会学の応用』御茶の水書房 一九八〇年。渡辺光・那須壽・西原和久訳『社会理論の研究』アルフレッド・シュッツ著作集 第三巻 マルジュ社 一九九一年）。*Collected Papers III: Studies in Phenomenological Philosophy*, ed., I. Schutz. The Hague, Martinus Nijhoff, 1966.（渡辺光・那須壽・西原和久訳『現象学的哲学の研究』アルフレッド・シュッツ著作集 第四巻 マルジュ社 一九九八年）。

（3）どのようにしたら日常的な活動の構造を自明的に生みだすことができるのかについての知識は、これと対応して、どのような手続きをとったら、われわれが求めている困惑を効果的に生みだすことができるのかといったことをも示してくれるだろう。

（4）カール・マンハイムは、研究論文「〝世界観〟解釈の理論への寄与」のなかで、このような理解作業を「例証による解釈方法」（documentary method of interpretation）と呼んでいる。"On the interpretation of 'Weltanschauung'," in *Essays on the Sociology of Knowledge*, trans. and ed. Paul Kecskemeti, New York, Oxford University Press, 1952, pp. 33-83.（森良文訳「世界観解釈の理論への寄与」『マンハイム全集1』潮出版社 一九七五

年 九五―一四一頁）。また、この解釈方法に関しては、"Common sense knowledge of social structures: the documentary method of interpretation in lay and professional fact finding", in *Studies in Ethnomethodology*, Prentice-Hall, Inc., Englewood Cliffs, New Jersey, 1967, pp. 76–103で詳しく述べてある。

（5）「信頼《トラスト》」と「不信《ディストラスト》」の概念については、筆者〔ガーフィンケル〕の論文"A conception of and experiments with 'trust' as a condition of stable concerted actions", in *Motivation and Social Interaction*, ed., O. J. Harvey, New York, The Ronald Press Company, 1963, pp. 187–238で詳細に論じてある。そこでは、日常生活の態度を構成している諸期待に成員たちが従うことは道徳的な事柄であり、この諸期待に従うことを「信頼」といった用語を用いて示している。一方、対象の外観と、そのような外観をともなって現れている対象それ自体との間の一致を疑うといったある基準に則って行為を行なうことは「不信」を表明するための一つのやり方にすぎない。日常生活の態度を構成している別の諸期待や、それらのさまざまな下位集合にそれぞれ修正を加えるならば、成員が共通に知り、かつ当り前だと考えるように求められている世界を、問題をはらんだものとして取り扱うといったここでの主題は、変化に富んだものになるだろう。日常生活の態度に関するシュッツの議論については、注（2）の各論文を参照せよ。また、本稿の八七―八九頁で、この態度を構成している諸期待について簡単に列挙してある。

（6）マックス・ウエーバーの論文からこの用語を借用した。"The social psychology of the world religions", in *From Max Weber: Essays in Sociology*, trans., H. H. Gerth and C.

Wright Mills, New York, Oxford University Press, pp. 267-301.（大塚久雄・生松敬三訳「宗教社会学論集 序論」マックス・ヴェーバー『宗教社会学論選』みすず書房 一九七二年 三一―九六頁）。ただし、意味は異なる。

（7）Schutz, "Common sense and scientific interpretations of human action", in *Collected Papers I: The Problem of Social Reality*, pp. 3-96.（渡部光・那須壽・西原和久訳「人間行為の常識的解釈と科学的解釈」『社会的現実の問題［I］』アルフレッド・シュッツ著作集 第一巻 マルジュ社 一九八三年 四九―一〇九頁）。および、"On multiple realities", [in *Collected Papers I: The Problem of Social Reality*], pp. 207-259（渡部光・那須壽・西原和久訳「多元的現実について」『社会的現実の問題［II］』アルフレッド・シュッツ著作集 第二巻 マルジュ社 一九八五年 九―八〇頁）参照。また、Garfinkel, "The rational properties of scientific and common sense activities", *Studies in Ethnomethodology*, pp. 262-283 および "Common sense knowledge of social structures", *Transactions of the Fourth World Congress of Sociology*, 4, Milan, 1959, pp. 51-65 参照。

（8）「能力」（competence）という用語は、次のことを意味するために用いられている。すなわち、ある集合体の成員は、自らの能力により日常の茶飯事を支障なく処理できるのだといったことである。また、成員たちはこのことを当り前だと受けとめているといった事実を示すために、成員を「誠実な」（bona-fide）集合体成員として言い表しておく。「能力」と「社会構造についての常識的知識」との関係については、Egon Bittner の博士論文 "Popular interest in psychiatric remedies: A study in social control", University of

California, Los Angeles, 1961 のなかで、より広範に論じられている。さらに、「集合体」(collectivity) および「集合体成員」(collectivity membership) といった用語は、〔Talcott Parsons〕 *The Social System*, New York, The Free Press of Glencoe, Inc., 1951.（佐藤勉訳『社会体系論』現代社会学大系14　青木書店　一九七四年）、また、Talcott Parsons, Edward Shils, Kasper D. Naegele, and Jesse R. Pitts による *Theories of Society*, New York, The Free Press of Glencoe, Inc., 1961 の総括的序文でタルコット・パーソンズが用いているのとまったく同様の意味で使用している。

(9) 常識的合理性については、Schutz, "Common sense and scientific interpretation of human action", in *Collected Papers I: The Problem of Social Reality*, pp. 3-47.（渡部他訳、前掲訳書〔I〕一九八三年　四九—一〇八頁）。また、"The problem of rationality in the social world", in *Collected Papers II: Studies in Social Theory*, pp. 64-88.（渡辺他訳、前掲訳書〔II〕一九九一年　九七—一二九頁）。〔Walter M. Sprondel (Hrsg.), *Alfred Schutz, Talcott Parsons Zur Theorie sozialen Handelns; Ein Briefwechsel*. Suhrkamp Verlag, 1 Aufl., 1977, S. 25-76.（佐藤嘉一訳『A・シュッツ　T・パーソンズ往復書簡　社会理論の構成』木鐸社　一九八〇年　一二一—一四四頁所収。ただし最終頁が若干異なる〕）。および Garfinkel, "The rational properties of scientific and common sense activities", *Studies in Ethnomethodology*, pp. 262-283 で詳細に論じられている。また、この常識的合理性を用いて、社会学の精神病に対する関心を見直し、再構築しようという試みもなされている。Egon Bittner, *op. cit.*, 参照。

（10） Talcot Parsons, "Economy, polity, money and power", dittoed manuscript, 1959 を参照せよ。

（11） Ludwig Wittgenstein, *Philosophical Investigations*, Oxford, Basil Blackwell, 1959（藤本隆志訳『哲学探究』ウィトゲンシュタイン全集8　大修館書店　一九七六年）参照のこと。

（12） 等々の条項は、どのような特性をもっているのか、またこの条項を用いた時にはどのような結果をもたらすかといったことが、エスノメソドロジー研究会（The Conferences on Ethnomethodology）の会員たちの間で、重要な課題として研究が行なわれ、また討論がなされてきた。この研究会は、アメリカ空軍科学調査研究所の助成金を受けて、一九六二年の二月以来、カリフォルニア大学ロサンジェルス校とコロラド大学で続けられてきている。研究会の会員は、エゴン・ビットナー（Egon Bittner）、ハロルド・ガーフィンケル（Harold Garfinkel）、クレイグ・マッカンドゥルー（Craig MacAndrew）、エドワード・ローズ（Edward Rose）、およびハーヴィー・サックス（Harvey Sacks）である。これら研究会の参加者たちが、等々の条項について行なった議論は、次の論文のなかに見出すことができる。Egon Bittner, "Radicalism and the organization of radical movements", *American Sociological Review*, 28, December, 1963, pp. 928–940; Harvey Sacks, "Sociological description", *Berkeley Journal of Sociology*, 8, 1963, pp. 1-16; Harold Garfinkel, "A conception of and experiments with 'trust' as a condition of stable concerted actions", *op. cit.*, 1963 および、Garfinkel, "What is ethnomethodology?" and "Common sense knowledge of social structures: the documentary method of interpretation in lay and professional fact finding", *Studies in Ethnomethodology*. さらに、等々の条項と深いかかわりがある、コード化手続き・調査方法・法律家たちの業務・翻訳作業・モデルの構成・歴史の再構成・「公的な帳合」・集計・およびパーソナリティの判断を取り扱っている研究については、ビットナー、ガーフィンケル、マッカンドゥルー、ローズ、サックスの未刊の論文、また一九六三年、四月十一―十二日にコロラド大学において開催された第一六回世界問題年次大会で、「合理的な説明」についてビットナー、ガーフィンケル、サックスが行なった報告の録音テープ、あるいは大会の録音テープを参照せよ。

(13) このことが真実であるならば、これは、社会学の理論にあって現在定式化されている社会秩序の問題を再構築するとともに、現在好んで用いられている解決方法を検討し直すといった重要な課題を与えることになる。そのさい、等々の思考（*et cetera* thinking）はどのような明確な特徴をもっているのかを経験的に説明するといった問題こそが、この再構築の核心となる。

訳注

〔1〕社会学者にとっての「特別の動機」、およびこれと成員のパースペクティヴへの配慮との関係については、Schutz, "On multiple realities", in *Collected Papers I: The Problem of Social Reality*, pp. 228, 245–255（渡部光・那須壽・西原和久訳「多元的現実について」『社会的現実の問題［II］』アルフレッド・シュッツ著作集　第二巻　マルジュ社　一九

八五年　三七頁、五七―七〇頁）などを参照。また。本訳書一二七―一二八頁の常識的知識に関するガーフィンケルの研究の「中心課題《トピック》」と「手立て《リソース》」についての議論も参照のこと。

〔2〕ガーフィンケルは、以下、本訳書で行なわれる実験的な手続き操作を、他の論文、"A conception of and experiments with 'trust' as a condition of stable concerted actions", in *Motivation and Social Interaction*, ed., O. J. Harvey, New York, The Ronald Press Company, 1963では、「期待破棄実験」（breaching experience）として示している。

〔3〕この箇所は、シュッツの「限定的な意味領域」（finite provinces of meaning）の概念と対応している。ガーフィンケルは、〈一つの会話内での出来事〉を特定の「限定的な意味領域」と考え、その内部でのみ可能な固有の認知様式をもつものと捉えている。したがって、ここでの時間的パラメーターとは、この「限定的な意味領域」に特有の時間的パースペクティヴ、とくにその内的時間意識にかかわるものである。この点については、Schutz, *op. cit.*, pp. 229–234（前掲訳書、三七―四三頁）参照のこと。

〔4〕この部分が、エスノメソドロジストたちによりしばしば用いられている「文脈依存的表現」（indexicality）の意味に該当する。

〔5〕以上で訳出した事例のうちで1・4・5・7は本訳書の底本には記載されていないが、ガーフィンケルの *Studies in Ethnomethodology*, Prentice-Hall, 1967 に再録されている同じ論文には、加筆されている。参考までに訳出しておいた。

〔6〕本訳書で訳出したガーフィンケルのこの論文は、これに先立って公表された論文

"A conception of and experiments with 'trust' as a condition of stable conceted actions", in *Motivation and Social Interaction*, ed., O. J. Harvey, New York, The Ronald Press Company, 1963と、その内容や実験に関して重復している。このため、本論文で割愛されている箇所がかなりある。この部分でも、応募者について学生がどのような評価を下したのかが省略されている。学生の評価は、この実験の過程を明確に理解するのに役立つと考えられるので、以下に訳出しておく。

「気に入りません。彼の態度が気に入らないのです。彼の何もかもが嫌なのです。言うことすべてにいら立ちます。彼が煙草をふかしたのもいただけません。『そうとも!』などとの言い方もです。彼は、面接官が、自分の将来を手中にしているといったことを知っているのでしょうか。質問に漠然としてしか答えていないのも不愉快です。面接の終わりで示した押し付けがましい態度も気に入りません。失礼なやつだ。どういう気持ちなのかまったくわかりません。彼はへまをやらかしています。どう見ても、彼は、面接をだしぬけに打ち切ってしまったのですから。質問にはくだらない答えしかしていませんし、面接官は、採用されたくはないのかと尋ねているようにも思われます。この面接自体も気になります。面接があまりにもくだけすぎているような感じがします。それが普通の成り行きならば、それはそれでよいとは思うのですが、しかし……この種の面接は、そう簡単にさっさと終えるようなものではないでしょう。無駄口を叩くようなこともできるはずがない。彼はすばらしく成績が良いのかもしれませんが、でも……彼は課外活動には何も関心をもっていないし、学校で何をしたのかについても語っていません。彼は、研究室以外ではまったく何もしていない。私は、本当にこの人物が嫌です。こんな応募者は見たことがない！『相棒』だなんて――まったく軽はずみな言葉づかいです。私はこんな人間に会ったことはありません。どう見てもまともではありません」。

〔7〕この箇所も、以下のようなガードナーと精神医による偽の応募者についての推薦の弁が割愛されている。同様に訳出しておく。

「品行方正で謙虚な若者である。沈着で愛想がよく、自制心もある。独創的な思考の持ち主であり、いくぶん個性的な性格に関心が引かれる。知的好奇心は旺盛。機敏で、情動的にも安定しており、マナー・外見とも異存はない。気さくな人柄である。医師としての職を強く希望している。自分がしたいと願っていることについて、健全な観点から明確な理念をもっている。申し分のない誠実さと高潔さ。これが、彼の人柄を端的かつ適切に言い表しており、十分。推薦にたるものと考えられる」。

〔8〕訳注〔6〕に掲載した当初の学生の評価を参照。

〔9〕ここでの規範理論とは、チョムスキーの生成変形文法についての理論が代表的なものである。また、記述的理論としては、イギリス日常言語学派に属するオースティンやサールたちのプラグマチックス、および以下でガーフィンケルが取り上げているヴィトゲンシュタインをあげることができる。さらに、記述的理論を求めながらも規範理論に陥っているものとしては、ハーバーマスを考えることができよう。

〔10〕以上の点に関しては、Edward T. Hall, *The Hidden Dimension*, Doubleday & Company, Inc., New York, 1966（日高敏隆・佐藤信行訳『かくれた次元』みすず書房 一九七〇年）が参考になろう。

会話データの利用法——会話分析事始め

ハーヴィー・サックス

Harvey Sacks
An Initial Investigation of
the Usability of Conversational Data for Doing Sociology

はじめに

本稿で用いられているデータはすべて、自殺志願者あるいはその代理人と、緊急精神治療所の職員とのあいだで行なわれた電話でのやりとりを、書き取ったものである。このデータを書き取ったものは、巻末の付録に集めてある。[1] Cで表されているのは、電話の掛け手(caller)であり、Sで表されているのは、職員(staff)である。

このデータは、私がロサンジェルスの自殺科学研究センターに勤めていた一年間(一九六三年から六四年にかけて)に集められた。当研究所、とりわけ所長のエドウィン・シュナイドマン博士から、経済上その他の援助を賜った。草稿を書いているあいだ、米国空軍(AF-AFOSR-75-765)の主任研究員ハロルド・ガーフィンケルからも、経済上の援助を得た。彼の援助に謝意を表しつつ、まことに、一つ一つについては感謝のしようのないような、おのずと私に与えられた影響全体のことを思う次第である。

この研究のひじょうに短い版が、すでにエドウィン・シュナイドマン編集の論文集 *Essays in Self-Destruction* に、"The search for help: no one to turn to" という表題で収められている。より詳しく論じた版は、博士号取得のため、カリフォルニア大学バークレー校に提出されている。

L・チャーチル、E・シェグロフ、D・サドナウ、D・L・ウィーダーの各氏には、本稿のいろいろな草稿を丁寧に読んでいただき、コメントを頂戴した。サドナウとアーロン・シクレルには、本稿を書き上げる最後の段階で、とくに世話になった。

最後に、原稿の完成は、すでに一九六五年の六月に遡ることも、おことわりしておきたい。これは言い訳ではない。ただ本稿は、あくまでも会話データを取り扱う最初の試みであったこと、そしてかならずしも私の現在の仕事を代表するものではないことを強調しておきたいのだ。

I

一・〇　さて、いままで集めてきたデータに対して記述を施すためには、さまざまな基本的な道具立てがいる。[2] 成員カテゴリーの集合（*collections of membership categories*）[1] もそのような道具立ての一つである。本稿の目標は、一つの記述を構成していくことであるが、その記述は、以下のような結論——すなわち、「私には頼れる人が誰もいない」（I have no one to turn）[2] という結論——が自殺志願者たちにより繰り返し〔さまざまな場面においてもまた色々な人びとによっても〕到達可能だということを、けっして損なうことがあってはならない。ここから、（a）自殺志願者がその自殺志願の気持ちから助け出してくれるようにとはっきり表明する時、どのように成員カテゴリーの集合が用いられるかを確定すること、(b)「救いの手」(help)(3)を差し延べることのできる適当な人がいるかどうかをその自殺志願者が決定するさいに、その成員カテゴリーの集合はどのように使用されるかを記述すること、この二つが試みられることになる。

一・〇・一　どのような記述を行なうべきかという問題が以上のように定式化されるに至ったのは、まさに本稿で報告しようとする当の調査研究にたずさわるなかでに他ならない。そのような事情から、あるいはまたわれわれは、社会学を行なう一つの方法をはっきりした形で導入しようと思うから、どうすれば右の定式化に到達できるのかを最初に示しておくことは当を得たことである。それを示していくなかで、われわれは、本論文が次のようなものであることがいかに重大な意味をもつかを示すであろう。つまり、本論文は、成員(4)自身がどのような方法に従って成員をカテゴリー化(categorize)しているか、あるいはまたそのようなカテゴリー化活動がどのようなことと関連するものであるか、ということについての研究でもなければならないのである。

一・〇・二　一・〇の定式化がどのように到達できるかを示していくためには、次の二点を示すことができればよいであろう。まず第一に、成員をどうカテゴリー化するかという、成員自身が直面する課題が、まったく一般的なものであるということ（つまり、いつもすべての人が直面しなければならないものであるということ）、第二に、この一般的であるという事実がいかに重大なことであるかということ、この二点がそれである。

一・一　カテゴリー化をどのように行なうかという問題が一般的なものであることを最も単純な仕方で示すためには、次のことを示せばよいであろう。つまり、ある母集団（を構成する成員たち）がまだカテゴリー化されていない場合、いま新たに、その母集団の人員をカテゴリー化することによってその母集団を特徴づけようとする時に、利用できるカテゴリー化装置（*categorization device*）が一つだけしかないなどということはありえない、ということを示せばよい。

一・一・一　カテゴリー化装置とは次のような成員カテゴリーの集合のことである。[5] すなわちそれは、少なくとも一つのカテゴリーを含むものであり、少なくとも一人の成員を含む母集団に適用される。そしてこの時、なんらかの適用規則が用いられることにより、少なくとも一人の母集団成員と一つのカテゴリー装置の要素とが組み合わされることになる。したがって装置とは、集合に適用規則を加えたものである。

一・一・二　われわれは、あらゆるN人の母集団（Nは1以上）について、少なくとも二つのカテゴリー化装置が〔その母集団を特徴づけようとする〕成員にとって利用可能であること、このことを示しさえすればよい。ただし、そのいずれ（の装置）についても、（a）それによりそのN人の母集団のどの成員をも、けっして〈母集団成員＋カテゴリー要素なし〉という組み合わせの生じることなしにカテゴリー化でき〔つまり母集団成員全員をカテゴリー化でき〕、またその場合、（b）どの二つの装置も同じ要素を共通に含んではならない(6)。制限（a）を満たす装置〔母集団のすべての成員をくまなくカテゴリー化できる装置〕はすべて、以下ではPnに適合的な装置1型と呼ぶことにする〔3〕。

一・一・三　一・一・一で示されたようなカテゴリー化装置のうちの多くのものが、Pn適合的な装置ではない。しかし、成員が自ら利用可能なものとし、かつ実際に使用するPnに適合的な装置が、少なくとも二つあることは明らかである。たとえば、（1）性別〔男性、女性〕(7)の集合を含む装置と（2）年齢(8)(9)〔若者、年配者〕の集合を含む装置とを挙げることができる。もちろんこれだけではあるまい。

一・一・三・一　一・一・三の結論はもちろん目新しいものではない。このようなことを述べたのは、そこで言われた文字どおりのことを主張するためではない。このことを述べたのは、むしろ、直観的に明らかな事実をどのように規定したら、目新しいものを示す基盤を確保できるのかを明らかにしようというつもりからだったのである。これが右の結論の核心である。

一・一・三・二　社会学者はしばしば、成員が行なったカテゴリー化のうち、社会学者自身に素材を提供するようなものがあると考える。その場合、その素材は、記述的なものとして、つまり、社会学的研究にそのまま引き続き用いていくことができるものとして捉えられている。あるいはまた、社会学者は、社会学的研究を行なう第一段階として、自ら、成員自身のカテゴリー化装置を用いて成員をカテゴリー化することもよくある[10]。いずれの場合とも、このような〔カテゴリー化装置によるカテゴリー化の〕使用が正当化されるのは、次のようなことが可能だからだと考えられている。つまり、そのカテゴリー化の対象〔人〕が適切にカテゴリー化されているかどうかを吟味するために目を凝らしてみるという手続きをとるならば、すなわち、たとえば「黒人」としてカテゴリー化された成員が実際に黒人であることを観察するならば、そのカテゴリー化が明らかに正しいものであることを適切に確証することができる、というのがそれである。

このような主張は適切であるようにみえるかもしれない、つまり、陳述の正しさについての対応説的な考え方がとられている[4]。しかし、一・一・三の観察に従えば、右の正当化は、その効力を失う。この正当化と考えられたことが不適切であることの証明、およびそれが適切になるとしたらどういう時かについての考察は、一・二ではじめて提出することになろう。この証明の要点が容易にのみこめるためには、もう少し分析を先にすすめておくことが必要である。

一・一・四　一・一・一でカテゴリー化装置という考え方を定式化した時、この装置に含まれる諸カテゴリーを母集団に適用するための適用規制について述べた。最初に述べるべき規則は、N人の母集団に対し、Pnに適合的な装置が用いられる時にのみ妥当する規則である。すなわち、

一貫性規則（*Consistency Rule*）ある人びとからなる母集団がカテゴリー化されるものとしよう。その母集団の第一の成員をカテゴリー化するさいにある装置の集合からあるカテゴリーが用いられるなら、同じ母集団の次の成員をカテゴリー化するさいに用いられるカテゴリーは、右と同じカテゴリーもしくは同じ集合の別のカテゴリーである可能性がある。

一貫性規則に相関した次のような規則が提出できよう。

カテゴリー適切使用規則1（*Category Relevance Rule 1*）もしあるPnに適合的な装置がある母集団をカテゴリー化するのに適切なものであれば、その装置のどのカテゴリーも、その

カテゴリーに当てはまる成員の数と当てはまらない成員の数を数えるために、それぞれ個々の母集団成員に対して使用することができる。(11)

一・一・四・一　一貫性規則がいろいろなことに関連していることは、すぐに立証できよう。(12)Ｎ人の母集団が少なくとも二人の成員を含んでいる時、すなわち、その集団の成員をカテゴリー化するために少なくとも二つのカテゴリー化をしなければならない時、一つの装置で事足りるにもかかわらず二つ以上の装置が用いられるというおそれがある。言い換えれば、ある成員をカテゴリー化する時には、ある装置のカテゴリーが用いられ、他の成員に対しては、別の装置のカテゴリーが用いられるおそれがあるというわけである。要するに、二人以上の成員を含むすべての母集団に関して、（カテゴリー化を）ふたたび行なえるためには、一貫性規則ないしはなんらかの結合規則が適用されなければならない。たとえ、カテゴリー化を行なっている人たちのそのカテゴリー化活動がそれぞれ別々に取り扱われるとしても、あるいは、カテゴリー化を行なっている人がそもそも一人だけしかいないとしても、(13)右のことに変わりない。

一・一・五　われわれがいままで論じてきたカテゴリー化活動では、単一のカテゴリー化装置が使用され、しかも暗黙のうちに、単一の母集団成員に適用される（「黒人」というような）単一のカテゴリーが使用されていた。注意すべきことは、われわれの扱っている文化の中心的な特徴として、単一のカテゴリー化装置の単一のカテゴリーだけで〔特定の成員を〕適切に指示することができる、ということである。(14)

一・一・五・一　つまりある成員を特徴づけるのに、成員たちが単一のカテゴリーを用いてその人を指示する、ということは、なんら奇妙なことでもないし、また不十分なことでもない。ある人について、その人が「女」であるとか「老人」であるとか「黒人」であるとしか言わないとしても、たいていそれで適切な指示が行なわれる。このような〔単一での〕用法は、もちろん不十分である場合もあるにしても、しかしどんな場合にも不十分であるというわけではない。

一・一・五・二　先の一・一・五の事実から、カテゴリー化装置のもう一つの使用規則を定式化することができる。

経済規則（*Economy Rule*）すべてのN人の母集団について、その母集団の成員をカテゴリー化する時にはいつでも、それぞれの成員に単一のカテゴリーが適用されるだけで、そのカテゴリー化は完全に行なわれうる。そのさい、一貫性規則あるいはなんらかの結合規則が必要とされる。

一・一・五・三　経済規則に注目することで、社会化のひとつの中心問題を定式化することができる。一定の学習段階に到達した子供は次のようなことを言うようになる[15]。

（1）

あるとき子豚ちゃんが一匹いたの。子豚ちゃんはママ豚と遊んでいたの。子豚ちゃんはママのところにいったの。ママはパパのところにいったの。

（2）

お父さんは銀行のお仕事をしています。お母さんは朝ごはんをつくります。そして私たちは起きると洋服を着ます。赤ちゃんは朝ごはんとはちみつを食べます。私たちは学校にいきます。これが制服です。わたしはコートを着て自動車にのります。

ここからわかることは、子供が、成員のカテゴリー化ができるよう適切に社会化されるためには、子供は以下の三つができなければならないということである。すなわち、（a）「お母さん」・「お父さん」・「赤ちゃん」を要素として含むカテゴリー集合を完全なものにするには、さらにどんなカテゴリーが付け加えられなければならないかを学ぶこと、（b）

自分が用いることのできるカテゴリー集合を増やすこと、つまり、既知の集合[16]以外にいろいろな集合を学ぶこと、(c)それぞれの装置について、どのような時にそれを使用するのが適切か、またどのような規則にもとづいてそれを使用すべきかを学ぶこと、この三つがそれである。〔これがすでにできるなら〕適切に指示するというのがそもそもどうすることなのかなどということを、わざわざ学ぶ必要はもうない。その子供はすでにそれを学び終えているのである。その子供によるカテゴリー化は、おおむね適切な指示を行なう。〔一方〕子供たちが直面する〔カテゴリーの〕複合化の課題は、〔以上のこととは〕まったく別の事柄に属する。彼らが主要な複合化の課題を解決したといえるのは、〔原則として〕次のような発話を行なうことができる時である[17]。

(3)

ネコちゃんがひっかいたら泣いちゃった。だから悪い・子。ドシンしたら泣くのやめちゃった、だから良い・子。だけどまた泣き出した。

つまり、経済規則があるからといって、単一の母集団成員をカテゴリー化するのに、複数の成員カテゴリーを組み合わせて用いてはいけないということにはならない。ただ、経済規則があるので、適切な指示が行なえるように社会化されるために、必ずしも、適切な指示の前提条件として、二つあるいは三つの諸カテゴリーの組み合わせ、つまり複合化の可能性を学ばなければならないわけではない、ということになる。複合化の問題とは、修飾語の集合——〔良い、悪い〕はその範型——と成員カテゴリーの集合——〔お父さん、お母さん、赤ちゃん〕はその範型——との間をどう組み合わせるかという問題である。それぞれの範型とその組み合わせを学んでしまえば、基本的なことは達成されたことになる。

一・一・六　経済規則が与えられるなら、カテゴリー化装置間の関係についての最初の定式化が可能となる。単一の装置がPnに適合的でありうるので、N人の母集団をカテゴリー化するにさいして、単一のPnに適合的な装置が独占的に適切であることも可能となる。〔装置どうしが〕相互に排除し合うという関係は、たしかにある特定の装置の間で成り立つことも可能となろうし、それどころか、ある一定の装置が適切であるなら、他のすべての装置は排除されてしまうことも可能となろう。もちろん、たとえば、指示するのに適切な諸カテゴリーを含みもつ単一の装置がいくつかある場合にしか、このような排除は問題となりえない。

一・一・六・一　前節の可能性が、主にどの点でいろいろなことと関連し合うものであるかについて記述しておこう。二人（以上）の者たちが、ある〔同じ〕N人の母集団について、カテゴリー化を行なっているとしよう。その場合、一・一・三の知見を前提とするならば〔つまり、少なくとも二つのPnに適合的な装置があることを前提とするならば〕、その者たちのカテゴリー化が一致しているかどうかが関心の的となるとき一致問題（*convergence problem*）が発生する。つまり、要素を互いに重複して含んでいないような装置が少なくとも二つ利用可能であるというかぎり、たとえ同じ一人の成員をカテゴリー化すればよい時でも、その者たちが、その同じ成員をカテゴリー化するのに異なったカテゴリーを用いることもありうるわけである。〔5〕もちろん、適切に使用できる装置が一つしかない時には、その成員をカテゴリー化するという問題の適切な解決も一つしかなかったであろうが。しかしながら、一・一・五〜六を見ればわかるように、経済規則により単一の装置が適切でありえ、しかも独占的に適切でありうるのだから、カテゴリー化の一致を体系的に保証する手段があることになる。このことは、おそらく、母集団の規模とも、またカテゴリー化をする者の人数にも無関係に言えよう。

一・一・七　一貫性規則と経済規則が与えられるなら、次の規則が得られる。

繰り返し使用可能性の規則（*Repeatable Use Rule*）　Pnに適合的な装置1型をあるN人の母集団に適用するとき、その母集団のすべての各成員について〔その装置の〕どのカテゴリーがそれぞれに当てはまるかを[18]、あらゆる場面を貫通して決定できる場合がある。このとき、〔その装置の〕いずれのカテゴリーも繰り返して使用することができると言える。[19]

一・二　一・一・四、五、六、七の知見をふまえて、ここで、一・一・三・二で約束した議論に入ることができる。

まず第一に、ある成員をカテゴリー化するのに、単一のカテゴリーを用いることが適切であるということが可能である。その場合、そのカテゴリーは、Pnに適合的なある装置から適切に選ばれたものであるかもしれない。しかしながら、このようなカテゴリー化の正しさを観察にもとづいて評価できるということが[20]、社会学者にとって、自らこのようなカテゴリー化を行なうあるいは使用することの正当化となるための必要条件は、次のとおりである。すなわち、選択されたカテゴリーを含むカテゴリー化装置が独占的に適切であるということを、その社会学者自身が決定できること、これである。言い換えれば、カテゴリー化装置の適切性が決定できるための〔装置間での〕選択手続きを顧みることによってのみ、社会学者は右の正当性を得るのである。というのも、観察にもとづく正しさの保証ということで問題となるのは、もっぱら次のことだけだからである。つまり、いくつかの代替物があるなかですでに与えられた一つの装置について、そこから選択された当のカテゴリーが適切なものであるかどうかということだけが問題となるのである。〔もちろん〕まだカテゴリー化されていないある母集団をカテゴリー化するのに、使用できる装置が一つしかなく、しかもそれによりこの母集団をたしかに特徴づけることができるならば、選択問題など生じようもないであろう〔が〕。

とはいえ、すでに見てきたように、いつも少なくとも二つの装置が利用できるということから、当然、対応説流の正しさの基準は第二段階としてしか適切でないことになる。つまりその基準が適切となるためには、まず、特定の独占的に適切な装置が、使用されるべきものとして決まっていなければならないのである。だから、成員自身によってなされたカテゴリー化であれ、社会学者によってなされたカテゴリー化であれ、どのようなカテゴリー化であってもそれが繰り返し可能であるためには、そのカテゴリー化のさいに用いられるべきカテゴリー化装置自体の選択が、なんらかの方法によって〔そのカテゴリー化の選択以前に〕繰り返し可能なものとして確証されていなければならない。たしかに、このことがどう達成されるかは、簡単ではない。しかし、読者はいまや、本稿の研究課題がどのようにして一・〇のように定式化されるに至ったのかわかることだろう。こうなればただちに、「助けの求め」(search for help) の研究をすすめてもよかろう。

一・三　成員たちがカテゴリー化装置を方法的に (methodically)〔つまり組織立った仕方

で〕選択しているならば、彼らの選択活動は記述可能（describable）である、ととりあえず言うことができよう。成員たちがかかわっている諸活動のうちの、少なくともいくつかについては、それが方法的に行なわれていると考えるに足る理由がある。

一・三・一　「方法的」ということと「記述可能」ということとは、科学を営むという活動自体にとっても、また、科学が扱う現象としての活動にとっても、等価である。科学という事実から、次の二つが明らかである。つまり、人間の行なう諸活動のうち、あるもの――たとえば科学――は方法的であること、および、社会科学に関しては、原則として適切に自己記述能力のある動物が扱われている（しかも、記述不能なほどに複雑な活動をする動物が扱われているのではない）という点が際立っていること、この二つがそれである。

一・三・二　そういうわけで、たしかに、人間活動のうちで適合的に記述可能な（つまり、その活動がいかに行なわれるかというその方法によって記述可能な）ものがいくつかあることになる。そうである以上、どのような活動についても、それはやはり同様に記述可能であるかどうかを吟味してみてもよかろう。だから、ここでの課題は次のように定式化できるのである。つまり、成員をカテゴリー化するという成員自身の活動は方法的であるかどうか、またしたがって記述的であるかどうかを見ること、これがその課題である。

一・三・三　後で述べるように、成員自身のカテゴリー化活動は、単に方法的で記述可能であるだけではない。諸活動が方法的に行なわれるということは、成員たちがどのような意味でその諸活動を捉えやすいものとみなしているかということにとっても重要なことである。そうであるなら、活動の記述可能性だけでなく、その単純性をも見出すことができるためのいくつかのやり方が、明らかにできるであろう。まさにこのことこそが、ここでの課題である。

II

二・〇　二つのカテゴリー集合を導入しよう。この二つは、本稿が記述するべきデータを扱う上で、根本的に必要とされるものである。(21)

二・一　ここで扱われるその二つのカテゴリー集合は、それぞれ（1）Rおよび（2）Kと呼ぶことにする。（1）Rは、二つずつ対関係をなす諸カテゴリーの集合である。（2）Kは、ある厄介な事態（ここでは「自殺志願」(6)）に対処するための特別の知識配分にもとづいて構成されたカテゴリー集合である。

二・二　集合Rの要素は、次のようなカテゴリーの対偶《ペア》である。すなわち、夫－妻・親－子・隣人－隣人・ボーイフレンド－ガールフレンド・友人－友人・いとこ－いとこ…赤の他人－赤の他人といった諸カテゴリー対偶がそれである。

二・二・一　対になった二つの地位がある時、それが集合Rの要素であるかどうかを決定するための基準は、次のとおりである。任意のカテゴリー対偶が集合Rの要素であるための十分条件は、その対偶が「標準化された」対関係となっているということである。その時、この「標準化された」対関係にもとづいて、救いの手を差し延べる権利および義務が割り振られることになる。

二・二・一・一　対関係が「標準化されている」ということは、次のことと同じである。（1）任意の成員Xについて、もしXが他の成員Yとの対関係における自分の位置を知っているならば、そのときXはX自身との対関係におけるYの位置をも知っている。Xはまた、もしYがXとの対関係におけるY自身の位置を知っているならば、その時YはY自身との対関係におけるXの位置をも知っている、ということをも知っている。

（2）任意の（XでもYでもない）成員Zについて、もし、XがYとの対関係におけるX

自身の位置をどういうものとみなしているかをZが知っているなら、Xが X 自身との対関係におけるYの位置をどういうものとみなしているかをもZは知っている。さらに、Xはまた、もしYがXとの対関係におけるY自身の位置を知っているなら、そのときYはY自身との同じ対関係におけるXの位置をも知っている、と考えている、ということをもZは知っている。またさらに、XとYがそれぞれとの対関係におけるそれぞれの位置について一致した見解をもつ時、XとYの間で成立する権利・義務関係のなんたるかをも、Zは、XとYと同じように知っている。

二・二・二　ここで示したような標準化がRにあるということは、助けを求めるさいにRが用いられるということにとってきわめて重要なことである。[22] だから、右の定式化によって何をデータのなかに見て取ることができるのかを、すなわち、何が、文化的に規定された秩序性をもったものとしてみえるようになるのかを確定しておこうと思う。

二・二・二・一　任意の二人の成員について、彼らがお互いをそれぞれどのような対関係内の位置にある者として確定し合うかにかかわりなく、つまりしたがって、彼らが初めて会話を交わしている者どうしであるとしても、Rが標準化されているということのゆえに、彼らは、次のことができる。すなわち、(1) 彼らのうち一方が自殺志願者であり、かつある第三者がその自殺志願者に対してどのような対関係内の位置にあるかがとりあえず決まっているならば、その第三者がその自殺志願者をどう取り扱うと期待できるか、また、（2）自殺志願者が先の二人以外の者であり、かつその第三の〔自殺志願の〕成員とまた別の〔第四の〕成員との間の対関係が決まっている時、その第三者がその別の〔第四の〕成員からどのような取り扱いを受けると期待できるか、この二つを予測することが先の任意の二人にとって可能である。〔7〕

二・二・二・二　以上のことをふまえれば、われわれのデータのなかに幾度となく現れる事柄のいくつかを、部分的にであれ取り扱うことができるようになる。(23) 会話し合っている二人が誰であれ、さまざまにカテゴリー化される第三者の行動を予期することができるためには、二人のうち一方もしくは双方が、次のことを知ってさえいればよいのである。つまり、どう行動するかがまさに予期されるべきその第三者が、どのような対関係内の位置にいるのかということ、このことさえ知っていればよいのである。このように予期ができるということの基盤となっている対関係内の位置はさまざまでありうるが、このさまざまな場合を貫いて、このことは秩序立った仕方で観察できる。たとえば付録の引用2・5・10・11を見よ。〔8〕

二・二・三　集合Rに含まれる対関係内の位置に関する知識が主にどう用いられるかを、以上観察してきたが、いままで暗示されてきたことを以下明示していきたいと思う。成員の知識内容のうち、単一のカテゴリーからだけで適切な推論が行なわれているものもある。成員がどのように行動するかについての成員自身の知識は、ひじょうによく組織立ったものである。したがって、どう行動するかが予測されるべき当の成員を指示するために適切なカテゴリーとして、単一のカテゴリーひとつだけが持ち出される場合でも、先の〔予期する側の〕成員の知識内容は、記述的だと十分に期待できるほどである。[24] つまり、成員たちの知識は諸カテゴリーから織り成されているので、右のような予測を立てるさいに成員たちは何を利用すればよいのかも、おのずと決まるわけである。

二・二・四　Rが適切に使用可能である時、その諸カテゴリーには「成員の配置をあらかじめ指定する効果」(programmatic relevance) というようなものがある。この言葉は以下のような意味で用いられる。Rが適切に使用可能である場合、それに含まれる対関係内のいずれかの位置について、その担い手がいない時そのことは観察可能である、すなわち、事実として指摘することができる。さらに、成員たちが確定したり取り扱ったりする事実は成員自身によってさまざまに利用されうるが、右の事実についても同じことが言える。たとえば、どうして自殺をしたくなるのかその理由を説明する時、〔その当人に対し対関係にあるべきなんらかの位置の〕担い手が実在しないという事実が引き合いに出されることもある。付録の3を見よ。

カテゴリー適切使用規則2（*Category Relevance Rule 2*）いま適切に使用可能であるカテゴリー化装置には、成員の配置をあらかじめ指定する諸カテゴリーが含まれているものとしよう（ただしこの場合、その装置がPnに適合的な装置1型であるかどうかはどうでもよい）。その装置のそれぞれのカテゴリーがある母集団をカテゴリー化するのに用いられる時、その装置が適用された結果観察できる一連のこと（つまり一連の事実）は、単に〈カテゴリー要素＋母集団成員〉という帰結をとおしてだけではなく、〈カテゴリー要素＋母集団成員なし〉という帰結をとおしても、定式化できるし利用もできる。

成員の配置をあらかじめ指定する諸カテゴリーの含まれる装置が適切に使用可能である時、その装置の適用の結果として、〔そのカテゴリーの担い手が〕実在しているということだけではなく、不在だということも指摘することができる。すなわちその装置の適用結果として、担い手のいるカテゴリーだけでなく、担い手のいないカテゴリーを示すこともできるのである。

二・二・五　成員の配置をあらかじめ指定する諸カテゴリーが含まれる装置の顕著な例として（もちろん、カテゴリーが成員の配置をあらかじめ指定できるのはその装置が適切に使用可能である時であるが）、Rのほかに、「家族」という装置や、野球のチームとかフットボールのチームといった「チーム」の装置がある。この様々の装置あるいはそれに含まれる諸カテゴリーのなかには、それぞれのカテゴリーの担い手の数が決まっているものもある。その場合、あるカテゴリーについては、その担い手がいないということだけでなく、何人いないかも観察できる。

（A）成員の配置をあらかじめ指定する諸カテゴリーを含みもち、かつ（B）それぞれのカテゴリーについて（a）その担い手の数が決まっているか、さもなければ（b）その担い手の最低数が決まっているような、そういう装置〔つまり「家族」など〕は、同じPnに適合的な装置であっても一・一・七〔一・一・二の〕[9]の場合とは異なるPnに適合的な装置と言えよう（この装置をPn2型と呼ぶことにする）。

この一・一・七〔一・一・二〕の亜種すなわち右の（A）（B）により特定化された装置は、いずれも任意のN人母集団をカテゴリー化することができる。その場合、その装置に含まれるカテゴリーは、繰り返し使用可能な単位として扱われる。そしてこのようにカテゴリー化された母集団は、その成員たちに割り振られるべき諸単位のうち、実際に規定どおりの数で割り振られているものがどれだけで、そうでないものがどれだけかという観点から、それがどういう集団であるかはっきりする。[10]

二・二・五・一　以下は、このように〔二・一・二の装置を〕変形することによって、Pnに適合的な装置の集合の規模がどう拡大していくかの一例である。ある一つのPn1型装置に含まれる諸カテゴリーの一部分が集められることで、右の変形に従ってPn2型装置が構成できる。Rに含まれるもろもろのカテゴリー対偶のうちからその一部分〔「夫－妻」・「親－子」など〕を取り出し、再度「家族」という表題のもとにそれを集めるなら、それはPnに適合的な装置2型となるであろう。任意のN人母集団に用いることのできる装置は二つ以上どころか実際にたくさんあるのだということが、このような変形を考えれば〔以前より強い形で〕明らかになる。

二・三　集合Kは、〔専門家、素人〕の二つの地位から成る。この集合についての本格的な考察は、また別途に行なうことにしよう。本節でのねらいは、本稿の分析に必要最低限のKにかかわる道具立てを確保しようというものである。第一に、KがPnに適合的な装置であることに注目しよう。[25] そして第二に、成員たちが右の二つの地位間にどう振り分けられるのか示すことにしよう。

二・三・一（1）ある職業的なカテゴリーで名指された職業が、ある厄介事を取り扱う特別のないし独占的な権利をもつと言いうる時、そのような職業的なカテゴリーはすべて、Kのうちの「専門家」という地位をそのつど占める。

（2）ある厄介事を解決するために、（1）で確定されたような職業がある場合、その厄介事がどのようなものであれ、その職業は「専門家」の地位を独占するカテゴリーとなる。その時、専門家とされない成員はすべて、十把一絡げにKのうちの「素人」の担い手とされる。このように、ある厄介事について一方の地位を担えば、他方の地位を担うことはできない。[11]

III

三・〇　集合Rに注目すれば、つぎのような疑問がでてくるかもしれない。[26] すなわち、助けを求めているその時に、Rが適切に使用可能であるということはいかにして確保されるのか、という疑問がそれである。しかし、このような定式化は誤りである。なぜなら、以下で観察されるであろうが、助けを求めることの適切性のほうが、むしろ、集合Rにもとづいて「あらかじめ」組織された権利と義務により確保されるものだからである。ここで最初にしなければならないことは、集合Rの諸特徴がいかにして、助けを求めることの適切性を確保するのかを示すことである。

三・一 二・二・一で提示されたように、集合Rに含まれるカテゴリー対偶が権利と義務の所在となる。注意しなければならないことは、Rが「成員の配置をあらかじめ指定する効果」(二・二・四)をもつからこそ、〔権利と義務の所在としての〕カテゴリー対偶が参照されるべきものとなるのであって、けっして、ある一連の対関係が実際に担われているという事実があって初めて、Rにもとづいて組織されている権利と義務が参照されるべきものとなるのではない。

あるカテゴリー対偶について、

(1) X(自殺志願者、ある対関係内の位置の担い手としてあらかじめ指定されている者)はY(その対関係内のもう一つの位置の担い手としてあらかじめ指定されている者)に対し助けを求める権利がある。だから、いかなる成員も、あらかじめ指定された権利をもって助けを求めることができる。あるいは少なくとも、その成員に対する対関係内の位置の担い手としてあらかじめ指定されており〔もし実在するなら〕その成員が助けを求める権利をもつような、そういう担い手が、実際にいるかどうかを決定することができる。

(2) Xが助けを求めようと決意したとしよう。そこでもし、助けを求める以上、その頼るべき相手にかならず、自分が何者であるのか、自分にはどういう不都合があるのか、自殺したいと思うようになった原因を自分では何だと考えているのか、といったことを伝えなければならないならば、Xは義務として、右のようなカテゴリーの担い手に助けを求めなければならない。このカテゴリーの担い手たちの方も、Xが他のカテゴリーの担い手に頼ることができないということを、自分たちの権利としているのである。

(3) Xが、助けを求めるのでなければ自殺を実行するほかないと考えているとするならば、自殺をせずに助けを求めることは、Xの義務である。Xは自殺をするのでなく助けを求めるべきだ、ということは、右のような地位を担う者たちの権利である。

三・二　以上三つの規則は、どういうときに助けを求めるのが適切か、を指定する。すなわちそれは、助けを求めるのでないならば自殺するほかないという時である。またこの規則は、どういう時なら助けを求めてもよいかをも指定する。またその規則によれば、助けを実際に求める場合、そのとき探し出されるべき助け手は、そのように助けを求めなければならないという義務の根拠となっている地位〔＝カテゴリー〕を担う者でなければならない。

右の諸規則は、誰になら助けを求めることができ誰にはできないかを指定するのだから、集合Rのもろもろのカテゴリーは、その諸規則によって二つの下位集合に、すなわちRp

とRiに分割されよう。[12] 右の規則により「その担い手に頼るべきだ」としてその位置を確定されている諸地位が、Rpに属すべきものである。右の規則により「その担い手に頼るべきではない」としてその位置を確定されている諸地位が、Riに属すべきものである。

三・三 思うに、下位集合Rpは秩序立った仕方で適切に使用される。すなわち、下位集合Rpに含まれる地位が用いられるさい、その地位は順序立った仕方で用いられるのである。そしてさらに、三・一の（1）～（3）の諸規則は、下位集合Rpそのものの〔Rpのほうがリより先に用いられるべきだという〕順位を指定しているだけでなく、Rp内部にどのような順序に従って入っていくのが適切かをも指定する。つまり、右の規則によれば、「第一位」のカテゴリー対偶の担い手が実在するならば、たとえ「第二位」のカテゴリー対偶の担い手が誰であっても、第二位の担い手にではなく第一位の担い手に助けを求めるべきだということになる。

三・四 三・一の（2）が与えられているならば、助けを求めている当人がかかえている問題は、少なくともその〔それが言い表される時にとる〕形式について、集合Rを顧みることで次のように規定することができる。つまり、「誰であれ誰かいる」（anyone）とは「下位集合Rpに含まれる対関係内の位置を担う人が、とにかく誰かいる」ということであり、「誰もいない」(no one)とは「下位集合Rpに含まれる対関係内の位置を担う人が誰もいない」ということである、というのがそれである。だから、助けを求めるすべての人にとって、問題は次のようになる。つまり、担い手がいるならその担い手に助けを求めて頼ることが適切となるような〔そういうカテゴリーを含む〕下位集合(＝Rp)に、まさにその要素として含まれている対関係内の位置を、実際に担っている人が、しかも身近に実在するだろうか。これがその問題である。

三・四・一　担い手であるかということと実際に頼れる人であるかということは別個の問題であると、とりあえず仮定しておこう。このことはまだ確証されていない(七以下参照)。ある自殺志願者にとってRpの担い手が誰もいない時、三・一の規則に従うかぎり、その人は誰かに助けを求めて頼らなければならないという義務は、さしあたってないことになる。しかし、だからといってその規則には、そのような場合に、その自殺志願者が別の誰かに助けを適切にもとめることができないということまでは、規定されていない。この点については、付録の引用4を引用2と比較してみよ。[13]

三・五　これまでの議論(三・一以降)によって、(もしこの議論が〔事態を正しく〕記述しているならば)三・〇の主張の正しさが確証されたことになる。つまり、実際に助けを求めているということがあって初めて、集合Rが参照されるべきものとなるわけではない。そうではなく、自殺志願の事実がありさえすれば、それだけで、集合Rにもとづいて組織された一組の権利・義務は、参照されるべきものとなるのである。集合Rと、そこに含まれるカテゴリーにもとづいて権利・義務とがあらかじめ組織されているからこそ、助けを求めることを適切に開始することができるわけである。さらにこれまで示されてきたように、集合Rはもっと多くのことをする。それは、助けを求めてよいのはどういう時かを指定し、また助けを求める時にはどういう手続きをとるべきかを指定する。ただしこの後者の件については引き続き検討されよう。

三・六　以上（三以下）にもとづいていくつかの重要な帰結が主張できよう。一以下で提起された問題に対し、自殺志願という事例に関しては、一つの解答があることがわかった。自殺志願の成員は、助けを求める時、集合Rのカテゴリーを用いることにより相手の成員を適切にカテゴリー化することができよう（詳細な考察は五以下参照）。Rの用法は次のとおりであった。つまり、ある自殺志願の成員が誰かに助けを求めている時に、そのなかである人のことを「妻」だとか「友人」だとか「赤の他人」だとかと呼ぶならば、この〔Rに属する〕呼び方は、正しいにせよ誤りであるにせよ、繰り返し同じように用いられるものとして扱うことができる、というわけである。助けを求める手順を組織化するために

Rがどのように用いられるかを詳細に見るのに先立って、まず一致問題が取り扱われなければならない。この一致問題とは、Rの使用によって探し出された成員が、〔その成員を探し出した当の成員に対する〕自分の応答を表現しようとするときR〔つまり同じカテゴリー集合〕を用いたり用いなかったりするのはどのようにしてか、という問題である。

Ⅳ

四・〇 本節で扱われる問題は、一以下および三以下で扱われた成員カテゴリー化問題と同様に、いろいろな訴え（とくに「私は自殺したい」というような訴え）にかかわる問題である。「自殺をしたい」というような訴えは、「一義的」――この語についてはあとで解説する――でありうるだろうか。助けを求めていくのにこの問題がいかに重要なことかを、とりわけ「一致」問題（一・一・六・二）との関係で検討していこう。

四・一 われわれの会話データおよびその他の種々のデータにおいてよく見られることがある。それは、次の二点である。すなわち、（1）自殺志願者がRpの成員に自殺をしたいと訴える時、その訴えられた方の成員は、その訴えを「冗談」として聞いてしまうということ、（2）自殺志願者は、自分がRpの成員に自殺をしたいと訴えても、その相手の成員がその訴えを「冗談」としてあしらうおそれがあるという理由から、その成員に自分が自殺をしたいということを言いたくないと、しばしば〔会話の相手に〕訴えているということ、この二点がそれである。

もちろん、このような可能性がいつも現実のものとなるわけではない。「自殺をしたい」というような訴えがなされる場合、訴えられる人はRとその使用規則にもとづいて探し出されるので、その人にとっては、さしあたり、その訴えに対する自分の応答を表現しようとするさいにRとその使用規則とが適切に使用可能となるように思える。付録の引用10・11を見よ。

四・二 次のように言うことができよう。

(1) ある訴えが「一義的」であるのは次のときである。ある成員Aがある成員Bにある訴えを行なう場合、(a) どういう位置にある人を探し出すべきか (b) その人に何を訴えるべきかということを、それぞれ確定するためにAが用いたその装置は、Bにとって、さしあたり適切に使用可能なものとなる。そしてまさにこのことが適切な基盤となって、Bが実際にその同じ装置を用いてその訴えに対する自分の応答をコントロールすることになるならば、その時、その訴えは「一義的」である。その場合、その訴えに対し、その受け手が自分の応答を表現しようとするのに用いる装置は、一義的に確定されるのである。

（2）ある訴えが「曖昧」であるのは次のときである。その訴えが発話された時点で、矛盾なく並存する相互に代替可能な複数の装置の集合が明確に確定でき、しかも、その複数の装置が「適切な選択肢」（proper alternatives）となっていて、そこから一つが選択されることになる時、その時その訴えは「曖昧」である。

そういうわけで、ある訴え1について、受け手が自分の応答を表現しようとする時、また訴え手がその受け手に対してその訴え1を表現しようとする時にも、装置1だけが使用可能であるならば、訴え1は一義的である。ある訴え2について、誰にその訴えをなすかを明確にしようとする時や、またそれに対する応答を表現しようとする時に、装置2、装置3のいずれもが適切に使用できたり、あるいはなんらかの列挙しうる一組の選択肢のいずれもが適切に使用できたりするならば、訴え2は曖昧である。

「適切な選択肢」とは、次のような選択肢のことである。つまり、受け手が、（a）自分の応答を表現しようとすることおよび（b）その応答の理由をはっきり説明できるようにすること、この二つのことのために使用できる選択肢のことである。その場合〔適切な選択肢の一つが用いられているかぎり〕、とにかくなんらかの理由説明がなされなければならない事情があって実際それがなされた時、たとえ、最初に用いた選択肢がしだいに不都合なものであることがわかってきたとしても、その最初の理由説明はやはり受け入れられる。すなわち、適切な選択肢が用いられるならば、その使用者は、（a）正しい応答をなすことができる、つまり、正しいカテゴリー集合およびその規則を用いることができるか、さもなければ、(b)誤りを犯しても弁解できるかのいずれかである。

四・三「自殺したい」というような訴えがなされるならば、ある受け手にとっては、さしあたりRが適切に使用可能となることは、確かである。ここからさらに、そのような訴えが一義的かどうか、あるいは曖昧だと記述できるようなものかどうか、を確かめていくことにしよう。まず最初に、ここで関係のあるデータをいくつか提示することにしよう。

(1)(電話の掛け手の夫が自殺を望んでいる)

C1:……二カ月ほど前、私が家にもどってきた時、私たちには五人の子供がいるのですが、日曜日で子供たちと私が教会から帰ってくると、彼は肉切り包丁をもち出してきて、子供たちに公園に遊びに行くよう言いました。こんなことを彼が言うのはめずらしいことでした。彼は、子供たちが、とくに小さな子供たちがどこかへ行く時には、必ず私たちがいっしょにと思っている人だからです。

S1:それで……

C2:子供たちが皆行った後で、私は長椅子に腰をおろして日曜版をひろげました。そしたら彼がやってきて、肉切り包丁を私の喉もとにつきつけました。私は、どうしたのと聞きました。彼は、おまえを殺すと言いました。こんなことを止めさせようと思って私は、後生だからそんなものひっこめてと言いました。——そして、笑いとばしてしまおうともしました。彼はそこに一時間ほど坐っていました。私は、ずっと脅されているようで、私を突き刺そうと彼が今にもその包丁をふりかざすのではないかと思えました。私は伏して祈りました。彼はおかしくなったのだと思いました。その時以降は別段変わったこともありませんでした。彼はとくに宗教がないのです。私はカトリック教徒で、彼に、神父様のところへ行けば、神父様はきっとお話ししてくださるわよって言ったんです。彼は、自分には友達が全然いないというので、私は、友達ならたくさんいるんじゃないって言いました。……

C3：……昨日彼が私を殺そうとした時には、彼は、坐って、自殺にあたっての遺書のようなものを書いていました。よくわからないけれど。べつに読んだわけではないので。やはり日曜日でした。子供たちと私が教会から帰ってくると彼は、私が本当に子供たちと教会に行ったのか聞いたんです。子供たちは、もちろん、私がいつも自分たちと教会に行っていると答えました。彼は、私に愛人がいるのを知っていると言うんです。私は、子供たちの前でうろたえないようにしながら、いったいどうしたのって聞き返しました。彼は言うんです。——でも本当に彼は私を殺そうとしていたのかわかりません。私は、彼の言うことなんか真に受けていないんだと彼に思わせようとしました。彼は、ジョイをつかまえて、お父さんはこれから恐ろしいことするから、その前に警察に行くよう言い付けました。お父さん、やめなさいよって、私は言いました。ジョイも、お父さん、ぼく行きたくないって答えました。お父さん、そんなことが書いてある遺書を読んだら、きっと皆ぼくのことを笑うよって言いました。私はジョイに、そとに行ってらっしゃい、お父さんはちょっと冗談を言っているだけよ、と言いました、しかし彼は、冗談でやっているんじゃない、いまにみていろ、と言い捨てて車に乗ってどこかに行ってしまいました。私は彼が書いていたメモを昨夜探してみたのですが、ありませんでした。彼はきっと私が夜起きだすことを見通していたのでしょうか——いやそんなことはないでしょう。だけど、ほうっておくわけにはいかないんです。

S3：このままではいけないと思います。あまりよい状態とはいえませんね。

(2)（検死官の調書より）

彼女は、死ぬ前の晩、LJとAB嬢と共に夕食を食べた。彼らは彼女の親友で、同じ所に住んでいる。彼女は、その夕食の席で失望していることを訴えて、「本当にもう嫌になってしまって、自殺しようと思うこともあるの」などと言った。そこにいた友人たちは、彼女は冗談を言っているのだと思い、二、三杯飲んだらそのようなことはもう忘れてしまったそうだ。

（3）付録の引用18を見よ。

（4）（母親が、成人した娘について）

S1：ところで、彼女はあなたに助けを求めているのですか。

C1：ええ。彼女は、もうどうしようもなくなって、あらゆることが彼女の負担となってきたので、彼女は私に助けを求めて頼っているんです。ある日、彼女がここにいた時のことなんですけど、流しのところでお皿を洗っていると、彼女は泣きながら言うんです。お母さん、助けてって言うんです。彼女は、助けてくださいって言ったんです。彼女はこう言いました。お母さん、ジョニー〔夫〕にひざまずいて泣きながら助けてってお願いしたの、だけど彼は、まるで私の気が違ったのではないかというようにあざわらったの、本当は私になんか助けは必要でなく、私はただ芝居をしているだけだと言わんばかりに、とこう彼女は言ったんです。エレジー・マッキムという名のいとこが娘にいて、あっちの方で仕事をしているんですが、娘が言うには、エレジーさえも娘に言ったって言うんです。娘はずっとここにいるんですが、エレジーにも助けてって泣いて言ったって言うんです。彼女はいとこにも言ったんです。どこに行けばいいのかわからない、誰に助けを求めればいいのかわからないって言ったんです。

（5）（友人）

C1：……私、他人に彼女のことを話すって、彼女にまだ言っていないんです。考えれば考えるほど怖くなって。私にそう告げといて、本当に自殺したりしたら、私とてもいたたまれないですもの。それに、もし彼女がただ私に冗談を言っているだけだとしたら、私としても、ことをあらだてるようなことはしたくないし……

四・四　以上のようなこと〔つまり、「自殺をしたい」という訴えが冗談としても受け取られうるということ〕がどういうとき生じるかを明確にするためには、まず第一に（1）成員たちが、訴えをカテゴリー化するのに、〔二つの対照的要素を含む〕対照集合（contrast set）を利用するということを認識しなければならない。その場合、（2）成員たちは、その集合のいずれの要素がその訴えにあてはまるかを決定したあとで、どの成員カテゴリー化装置が用いられるべきかを決める。

四・四・一　訴えをカテゴリー化するために用いられる対照集合の二つの中心的要素は、〔本気、冗談〕である。これは、成員自身によって認知されかつ利用され、また成員自身によってその名で呼ばれている。とりあえず、この集合とこの二つの要素を特徴づけてい

くことにしよう。(27)

四・四・二　受け手は、何らかの（Rのような）成員カテゴリー化装置を用いて、訴えに対する自分の応答を表現していくが、そのさいその最初の訴えがいかなるものであるにせよ、まず右の対照集合から用いるべきカテゴリーを選び出さなければならない。つまり、まず、この対照集合の二つのカテゴリーのうちの、どちらか一つが正しいものとみなされるのである。どちらのカテゴリーが正しそうにみえるかが決まるならば、どの成員カテゴリー化装置が適切かも決まる。つまり、成員カテゴリー化装置は、訴えを類別する対照集合と独特なしかたで結びついているのである。もし訴えを「本気」として聞いていながら、その訴えを「冗談」として聞き取るばあいに適切となるような装置を用いるならば、それは、弁解の余地のない誤りである。またその逆も同様である。

四・四・三　ところで、「本気」というカテゴリーは「複合的」であり、それに対して「冗談」のカテゴリーは「単純」だとみなしえよう。つまり、もし訴えが「本気」として聞かれるならば、その時いろいろな個別的なカテゴリー化装置のうちどれが適切となるかは、その最初の訴えが何を主張するかによって（たとえば、「自殺したい」とか「仕事をさせて」とか「結婚しよう」とかのいずれであるかによって）違ってくる。様々な「本気」の主張が可能となるのに応じて、〔適切な装置の〕選択肢も多様となるのである。他方、もし訴えが「冗談」として聞かれるならば、その訴えが何を主張するものであるとしても、それとは無関係に単一の装置だけが適切となる。

四・四・四　もし与えられた訴えに対照集合のいずれのカテゴリーがあてはまるのかを受け手が決定しえないならば、このことは、カテゴリー化装置の選択にあたり重大である。その対照集合のカテゴリーが両方とも適切に見えるならば、実際に適切であるはずの装置が適切とみなされていないおそれがある。

四・四・五　与えられた訴えに「冗談」のカテゴリーがあてはまる場合、そのとき適切な成員カテゴリー化装置は、（1）二つの要素〔聴き手、演技者〕を含む。その場合、どの参与者にいずれのカテゴリーがあてはまるかは、誰が当の訴えをなした者であり、誰がその受け手であるかによって決まる。つまり、前者には「演技者」があてはまり、後者には「聴き手」があてはまる。訴えが右のように〔「冗談」として〕カテゴリー化されるなら、聴き手の唯一適切な応答は笑いである。この応答が用いられることにより、（a）その訴えでもって始められた連鎖が打ち切られ、（b）その訴えはもはや話題とされなくなる。ある訴えについて右の（a）を引き起こすような応答がありうるということは、次のことに他ならない。つまり、訴えを始末する手段で、しかも直ちに利用可能でありかつ会話のなかで用いることのできるものがあるということになる。さまざまな訴えを含む行為、とりわけ「本気」でなされる多くの行為にとってはそれを始末する手段は、あきらかに、直接利用可能でもなければ会話のなかで用いることもできないものもありえよう。たとえば、質問は〔それが本気であれば〕返答が与えられるまで、生きつづけるのである。

(1)

A：おい、君はマーシャにここへ来るように言ったの？(28)

B：彼女、ここにいたの？

A：ああ。

B：いつ彼女は行ってしまったの？

A：三十分くらい前かな。

B：そうなんだ、彼女にここでおち合おうと言っておいたんだ。

(2)

ピラトが「真理とは何か」というあの有名な問いを問うてから（ヨハネ伝一八・三八）、タルスキー（285, 14）がその問いに答えるまでに、約一九〇〇年の歳月が経過したのだということを忘れてはならない。(28a)

「自殺をしたい」という訴えに対する適切な対応は、会話を続けることではなく、むしろ看護をすることであるかもしれない。もしそのような訴えが「本気」として聞きとられるならば、そこに生じてくる問題はその訴えを行なった人が死ぬまで片付けられることはないかもしれない。また、笑いという応答により最初の訴えが話題とならなくなるということも、ひとしく重要である。というのは、もし訴えが話題からはずされることになれば、そのような訴えをなしたからといって、そのことが、自殺癖の出発点となる最初の一大事とはみなされる必要がないからである。つまり、そのことが最初の症候とみなされ、これに照らしてそれ以前およびそれ以降の様々な出来事が評価されて、問題を適切に取り扱うにはどうすればよいかが決定される、というようなことにはならないのである。話題からはずすということは消し去るということである。そして周知のとおり、アルコール中毒と同様に、自殺癖も、一度認知されるなら、決して消し去ることのできないものだと言えよう。たとえば、われわれの会話データからわかるように、今自殺したいと思っている人にその過去のことを聞いてみるならば、その人は、三十年前にも自殺したいと思ったことがあるというようなことを述べるであろう。もちろん、その人は、そう述べるからといって、問題が未決のままずっと続いてきたなどと言うつもりはないはずである。

四・四・六　訴えが「冗談」としてカテゴリー化されるとどうなるかということと、逆に訴えが「本気」とみなされるとどうなるかということとは、それぞれ相互にまったく正反対の選択肢となっている。だから、訴えが曖昧で、この二つのカテゴリーのいずれが正しいのかが決まらない可能性があるなら、このことから重大な帰結が生じることになる。この帰結のいくつかを見ることにしよう。

四・四・六・一　「本気」なるものが対照集合の一要素であり、「冗談」というもう一つの要素と対になっているということは、成員自身が知っている。そうであるかぎり、その対照集合によってカテゴリー化されるべき訴えは、そのいずれの要素によってもカテゴリー化される可能性があることになる。だから、〔自殺志願〕の成員は、Rを手掛かりにして助けを得るために、ただ単に訴えかけを行なうだけでなく、それよりももっと一義的な手段を用いて、もっと確実にRが発効するようにしようとするのである。いわゆる「狂言」自殺は、このようにして探し出された行為と言えよう。薬物をいかにもたくさん飲んで意識を失っている身体のほうが、「自殺したい」と訴えかけるだけよりも、ずっと確かに一義的である。つまり、助けを得る可能性も高くなるのである。

四・四・六・二　受け手が訴えを誤ってカテゴリー化することもありうるので、訴える方の者は、場合によっては訂正を求めなければならないこともある。「信じてくれ。冗談で言っているのではないんだ。ぼくは、これ以上生きながらえることになんの価値も見出せないんだ」と言うときの「信じてくれ」という語句は、「冗談」としてカテゴリー化されることを避けるために、あるいはそのようなカテゴリー化を訂正するために用いられるようである。また受け手の側の笑いに相当するような方法を訴えかける側ももっている。つまり、「ちょっと冗談を言ってみただけさ」というような言い回しによって訂正を試みるというのがそれである。

(1)
A：いつも君が答えるんだね。ちょっと黙っていたら。
B：いやです。
A：いいよ、そんなことしなくても、ちょっと冗談を言っただけさ。

(2)
以前にも触れたことのある男にまつわるちょっとした出来事について述べてみたいと思う。あるときその男は、髭を伸ばした。これは病院の規則に反することだったので、私たちは何とか彼に思いとどまらせようとした。しかし結局その患者の髭は、顔いっぱいにまでなってしまった。彼は背丈が五フィート一インチ〔約一五五cm〕だった。彼の父親は、彼が退院するときまでその髭を一度も見たことがなかった。私が彼を家に送っていったとき、父親は突然言った。「ああ、息子は髭で顔を隠しているんだね」。私は静かに答えた。「そんなことはないと思いますが」。重苦しい沈黙があったあと、父親は一言二言ぶつぶつ言って部屋を出ていった。四、五分後また戻ってきて言った。「ああ、息子は顔を隠すために髭を伸ばしているんだね」。私は言った。「Bさん、まだそんなことをおっしゃるのですか。そうではないですよ」。またもや息の詰まるような沈黙があったあとで、彼は言った。「ちょっと冗談を言っただけさ」。(29)

四・四・七　ひとつの重要な一般的可能性が四・四・六・一で示唆された。ある訴えがなされるならば、そのことにより、さしあたりある成員カテゴリー化装置が適切に使用可能となり、それにもとづいてなんらかの手続きがとられうることになる。この時、この訴えは、もしそれが「本気」でありうるならば、どのようなものであれかならず、逆に「冗談」である可能性もあることになるのか。もしそうだとすれば、本気でありうるような訴えは、どれも一義的でありえない。その場合、このような訴えすべてについて、その訴えがどのようにしてカテゴリー化されるかを記述するためには、〈本気、冗談〉という選択肢のいずれか一方がかならず選択される可能性を確保するような形で、その訴えに明確な表現を与えていくことが必要となる。

四・四・七・一　四・四・七の問題を解くために、いろいろな手続きが考えられるであろう。

（1）「本気」でありうる訴えと「冗談」のおそれのある訴えをそれぞれ検討して、一方でありえながら他方ではありえないような訴えがあるかどうかを調べる。

（2）「本気」の訴えを構成するのに不可欠の構成要素のなかで、次のようなものが本当にあるのかどうか調べる。つまり、もともと「本気」の訴えを構成するために用いられるものなのに、まさにそれを用いることが、同時にその訴えを「冗談」としてしまうこともあるような、そういう構成要素があるかどうかを調べる。

（3）カテゴリー化装置の性格を検討する。そしてたとえば、次のことを吟味する。つまり、二つの相互排除的なカテゴリーを含む装置のその一方のカテゴリーが適切となるような行為がなされるならば、その行為にはかならず、そのカテゴリーを含みもつ装置それ自体が関連づけられることになり、したがってその装置に含まれる二つのカテゴリーの双方ともが適切でありうることとなるのかどうかを吟味する。

四・四・七・二　四・四・七・一の最初の選択肢は、あきらかに、最もありきたりのやり方である。そして、たしかに、さまざまな種類の訴えについて、［本気、冗談］のうちのいずれを選択するかということが問題となっていたからこそ、私はこの二者択一が〔常に直面しなければならないといった〕一般的なものかどうかを吟味することにしたのだった。しかし、右の（1）からは、問題を十分深めて定式化するための適当な手段を得ることができないであろう。

問題のひとつの中心点が見えてくるようになったのは、右の第二と第三の手続きを組み合わせることによってである。その問題の中心点とは、「〔冗談とみなされてしまうという〕ありうべき危険」が構造的に導かれるその様式のことである。

（1）

リーベラー氏：この写真を撮られたときの様子をお話しください。

A：はい、車がまっすぐに、そうほとんどまっすぐだったと思うんですが、こちらにやってきた時、私はここに立って、望遠レンズで、つまりズームレンズで写真を撮っていました。車がこの辺に来た時、――だいたいこの辺だと思うんですが――その時です。最初の銃声が聞こえたのは。そして大統領がこんなふうによりかかるように倒れ込むのが見えました（自分の胸をかかえながら）。

リーベラー氏：胸をつかんだのですか。

A：そうです。こんなふうに。つまり、大統領はこんなふうに坐っていて、手を振っていました。銃声が聞こえたらこんなふうになったのです。
リーベラー氏：最初はまっすぐ坐っていて、銃声が聞こえたらかがみこんだのですね。
A：よりかかるように、――ジャクリーンの方によりかかるようにして。一瞬わたしは思ったんですが、銃声を聞いたりしたとき、ふざけて「殺られた」などと言ったりすることがよくあるでしょう。私は、そんなことなのではないかとも思ったりしました。そのとき見たんです。大統領がそんな冗談をやるようにも思えませんし、どういうことなのか心の整理がつかないうちに、第二の銃声が聞こえました。そうしたら大統領の頭が割れて、血や何かが出てきたんだ、そして撮り始めた――もう話していられない（と、目撃者は泣き出す）。(30)

（2）

ミラーでのかつての同僚フレッド・W・フォックスが、ロングビーチのパイン通りを歩いていたら、道端にビール運搬用のトラックがとめてあった。その後ろの路上に大箱六つのビールが置いてあり、いかにもそこにある酒店に運ぶために荷おろしされたばかりというふうだった。

そこを通り過ぎようとしたとき、フレッドは、押しころしたような声で「出してくれ、ここから出してくれ」と言うのが聞こえたような気がした。他の通行人たちはそんなものは聞こえないようだったので、まるで腹話術師に一杯くわされでもしたかのようだった。

彼は立ち止まって振り返った。するとさっきより大きな声で「出してくれ、誰か出してくれ」と言うのが聞こえた。そのとき彼は、トラックの後ろのドアにかかっている掛け金が少し震えているのに気がついた。そのドアを開けてみたら、赤い顔をした大きなトラックの運転手がころげ落ちてきた。彼は、自分で自分を閉じ込めてしまったのだ。内側からは、鍵は開かないようになっていた。というわけで、冷蔵庫を捨てるとき、子供がふざけて閉じ込められることのないように鍵をとりはずしておこうというキャンペーンは、ビール運搬者についてもおこなうべきだ、とフレッドは思ったのである。(31)

(3)
一二：ふたりはロトに言った、「ほかにあなたの身内の者がここにおりますか。あなたのむこ、むすこ、娘およびこの町におるあなたの身内の者を、皆ここから連れ出しなさい。
一三：われわれがこの所を滅ぼそうとしているからです。人びとの叫びが主の前に大きくなり、主はこの所を滅ぼすために、われわれをつかわされたのです」。
一四：そこでロトは出て行って、その娘たちをめとるむこたちに告げて言った、「立ってこの所から出なさい。主がこの町を滅ぼされます」。しかしそれはむこたちには戯れごとに思えた。

一五：夜が明けて、み使たちはロトを促して言った、「立って、ここにいるあなたの妻とふたりの娘とを連れ出しなさい。そうしなければ、あなたもこの町の不義のために滅ぼされるでしょう」。

……

二四：主は硫黄と火とを主の所すなわち天からソドムとゴモラの上に降らせて、

二五：これらの町と、すべての低地と、その町々のすべての住民と、その地にはえている物を、ことごとく滅ぼされた。(32)

(4)

いったいこれはどういう男たちなのだろう？　なんのことを話しあっているのだろう？　どういう役所の者なのだろう？　だってこのおれは法治国に住んでいるのだ、国中が平和だし、法という法はすべて厳然として存在しているのだ、ひとの住居にふみこんで、不意をおそうようなまねをするとは、いったい何者なのだ？　なにごともできるかぎり気楽に考え、最悪の事態は、その最悪の事態そのものがあらわれてからはじめてこれを信じて、たとえ雲行きが非常にあやしくなってきたときでも、かくべつなにも将来のための措置などはこうじておかないというのが、つね日ごろの彼だった。しかしこんどばかりはこういった彼の傾向が正しいものとは思われなかった。なるほどこの事件を冗談、それも理由はわからないが、もしかすると今日が彼の三十歳の誕生日だというので、銀行の同僚たちが仕組んだ粗野な冗談だともとれなくはなかった。もちろんこれはありそうなことだ。どうにかして面とむかって監視人たちを笑ってやれば、それですむことなのかもしれない。そうすれば連中もいっしょになって笑いだすだろう。二人は町角の使い走りの男たちかもしれない、そういえばなんだか似ているようじゃないか――しかしそれにもかかわらず彼はこんどの場合、文字どおり監視人フランツを最初に見たその瞬間から、この連中に対して自分が持っているかもしれない有利な点は、どんなわずかなものでも、絶対に手放すまいと決心していたのである。あとになって、冗談を解さない奴だ、と言われるかもしれないが、そんなことはごく小さな危険としかみえなかった。それより彼が思い出したのは――経験からものを学ぶなどというのは、今まで彼の習慣ではなかったのだが――二、三の、それ自体としてはかくべつ取るにも足らない事件だった。意識的にことをはこぶ友人たちとは異なり、どんな結果になるだろうかなどということは、いっこうに気にとめず、不用心なふるまいをしたために、ことの結果そのものが天罰となってしまったことがあるのだ。あんなことは二度とくりかえしてはならない、少なくともこんどは絶対にだ。これが喜劇であるのなら、逆に自分も一役買って出てやろう。(33)

〔本気、冗談〕の選択肢が、訴えのカテゴリー化全般にかかわるものであるかどうか、ここで結論を出すわけにはいかない。しかしその可能性があるということは、真摯に目を向けるべきことである。しかも、このことは、一方で、人びとがありうべき危険にどう取り組むかあるいはどのようにすれば一層効果的に対処できるかという問題と、他方で、「冗談」という現象が占める理論的地位との、この双方に関して重要である。とくに「冗談」現象は、ユーモア論やその他本気でない活動についての諸理論をはなれても、社会学的に興味深いものである。以下本節の議論を要約しよう。

四・四・八　訴えをカテゴリー化することに関する議論から明らかになったことで重要なことは、次のことである。すなわち、看破問題（detection problem）――つまり、ある訴えにあてはまるカテゴリーはどちらかのカテゴリーかという問題――は、訴え人（となるべき人）自身によって考慮されることもあるということ、これがその一つである。いま一つは、次のことである。つまり、（a）Rを手掛かりに適切な人として探し出された人とは、もしその訴えを本気の訴えとして受け取るならば自分はどうしなければならないかがRによって指定されているような人のことであるが、その人が実際にはその訴えを本気として聞きそうもないのがあらかじめわかる場合があること。あるいは（b）実際に訴えかけがなされたあとで、それが本気としては、つまり引き続きRが用いられるべきよう指示している訴えとしては聞かれていなかったのがわかる場合があること。以上である。

四・四・八・一　右の（a）の場合、訴えかけを起こそうとしている人は、Rが引き続き用いられるようにもっと一義的な手段を、たとえば狂言自殺といった手段を求めるか、さもなければ、頼ることのできる人でしかも自分の訴えを一義的に受けとめてくれるような人を探してみたりするであろう。（b）の場合には、Rpにもとづいて位置を確定された人がその応答においてRを用いることをしないということに鑑みて、別の人に頼る方が、つまりRpに頼らなければならないという義務を放棄した方がよいということになるかもしれない。あるいは、さもなければ、訴えかけをした本人は、自分としてはやるべきことはもうすべてやったと思い、今や、Rpの要素にあてはまる成員により自分が自殺することの不当性を主張されることもなくなったのだから、自殺を実行してもいいのだと思うかもしれない。

V

五・〇　さて、われわれのデータにもとづいて作り上げてきた道具立てを用いるならば、そのデータそれ自体が産みだされてきた様子がどう分析できるか、ということを見てみよう。じっさいに生起する会話の断片が、先のカテゴリーおよびその使用規則のゆえに繰り返し生じうるものとなるのはどのようにしてなのかを見てみよう、さらに、先に提起した問題、つまり「誰も頼れる人がいない」という結論が繰り返し導きだされるのはどうしてか、という問題にどう答えることができるかを見てみよう。

五・一　RによってどのようなN人の母集団も分類できるし、また、助けを求めなければならないという義務および助けてくれる人を探すための規則は、Rに含まれるカテゴリーによって定式化できる。このことから、（ここで検討されている電話上の会話の）受け手を分類するのに、自殺したいと言って電話をしてきたその掛け手自身もRを用いていることは確かである。受け手は、他のカテゴリー集合（たとえばK）のカテゴリーによってカテゴリー化されることもあるが、それでもまずはRが用いられるのである。自殺を望む掛け手は、受け手のことを度々「他人」と言っている（付録の引用4・22を見よ）[14]。また、自殺を望んでいる当人ではない掛け手の話からは、自殺を望む当人がその掛け手に助けを求めて頼ってきたのも、やはり、Rのカテゴリーにもとづいてその掛け手の位置を確定したからだということが、度々わかる（付録の引用12・14・16）。

五・一・一　受け手の位置を確定するのに用いられたカテゴリーによれば、その受け手は、頼るには不適切と定式化されているにも「かかわらず」（とも言えようが）、Rによるカテゴリー化がなされているには変わりない。すなわち、Rの下位集合（＝Ri）が参照されているのである。

五・一・二　次のことに気づくかもしれない。もし受け手にRpのどの項目もあてはまらないならば、掛け手は、〔その受け手に対し訴えかけた〕理由を、Rpの諸特性に照らしてさまざまに説明する。しかも、その理由説明は、受け手によって求められることがなくてもなされる。もちろん、そのような理由説明が、受け手の方から求められることもあろうが、その時にも当然なされてよいはずのものとして、その理由説明はなされる（付録の引用1から4等参照）。

（1）（自殺志望の女性の掛け手に受け手は説明を求めていない）
私の姉が日曜日に来た時に話していたんですが、彼女が言うには、こういう方たちにお話しして、その方たちのおっしゃったことを教えて欲しいって言うんです。

（2）
S1：どうかなさいましたか？
C1：どう言ったらいいか、兄がそちらにお電話するようにっておしえてくれたので。

S2：わかりました。ええと、お兄さんがあなたにそう言われたのは、何か訳があってのことだと思いますが、あなたは、何か個人的な問題や困難に出会ったのですか？

C2：ええ、妻を失いました。もう絶望的です。

五・一・三　理由が説明されない時、受け手は、それを求めるかわりに、Rの標準化を手掛かりにして自分でその理由説明を組み立てることもある。受け手は――Rの諸特徴を顧みて――その理由説明を推測することもある。そのさい、受け手は、掛け手が〔いままさに自分のような〕Riの成員と接触をもとうとしてきているという事実から、掛け手がいまRpについてどういう状況にあるのかを推定する。たとえば付録の引用2を見よ。[15]

五・一・四　本稿で明言されたことからわかるように、次のことをよく認識しておくことは重要である。電話の受け手は、その電話がRの統制をまったく受けることなく自分のところに掛けられてきたものであるとしても、それはそれでよいと考えているが、それに対し掛け手の方は、そのような電話を掛けてしまったことを不適当なこととみなす場合がある。接触をとることが不適当と認識されることと、受け手に〔助ける〕気がないということとは、まったく別のことである。ある人あるいはある種の人びとは、RのうちのRiに属しているかぎり、たとえ救いの手を差し延べる意志をもっているとしても、あるいは実際にそうしたとしても、またあるいは自分にはそうする権利があると主張したとしても、だからといって頼られるのにふさわしい者となるわけではない（付録の引用4・13・23を見よ）。

五・二　Rは標準化されており、また、Rに含まれるカテゴリーは成員の配置をあらかじめ指定するものである。この二つの事実のゆえに、成員たちは、「たとえ」はじめて会話を交わす者どうしである「としても」、そのカテゴリーとその担い手について語り合うことができる。成員の配置をあらかじめ指定するような諸カテゴリーの集合により、一連の話題が与えられる。たとえば、このようなカテゴリーの担い手が実在するかどうかということが吟味されることもあろう。その場合、（a）このような吟味は問題なくふさわしいものとみなされるし、また（b）担い手が実在するという事実の取り扱いも、〔まず「第一位」の地位について、ついで「第二位」の地位について、……というように〕一定の順序に従ってなされる。

五・二・一　そういうわけで、たとえば、下位集合Rpについて問うために用いている質問――「誰か頼れる人はいないのですか」――が組み立てられることもある。それに対応して、その返答が言い表されるさいにも、同様にRpの要素を文成分とする主張――「夫がいます」――が組み立てられることもある。そしてそのような場合には、その応答はいかにも正しそうなものとして認知されよう（三・六を想起せよ）。付録に収められたデータのほとんどに、このような質問―返答から成るやりとりがみられることに、読者は気づくかもしれない。

五・三　さらに二・二・二・一を想起すればわかるように、付録に収められたほとんどすべての会話が現にあるとおりの体裁をとっているのは、まさにRの標準化のゆえなのである。繰り返して言おう。ある二人の成員が会話をしているとしよう。彼らが互いの位置をどのような対関係内の位置として確定していようとも、またしたがって、互いに初めて会話を交わす者どうしであるとしても、彼らは次のことを予測する。すなわち、（1）彼らのうちの一人が自殺志願者であり、かつある第三者がその自殺志願の成員に対してどのような対関係内の位置にあるかだけがとりあえず決まっているならば、その第三者は、自殺志願の成員をどのように取り扱うと期待できるかということ、また、（2）自殺志願者が先の二人以外の者であり、かつその第三の〔自殺志願の〕成員とまた別の〔第四以降の〕成員（たち）とがどういう対関係にあるかが決まっているとき、第三の成員がその〔第四以降〕の成員からどのような取り扱いを受けると期待できるかということ、この二つを予測するのである（付録の5・8・10・16・17・24を見よ）。

五・三・一　データのなかに繰り返し観察できることだが、ある成員について、その成員がどのような行動をとると期待できるかという予測は、その成員がRに含まれるどのような対関係内の位置を占めている者として確定されるかにかかっている。

（1）このような〔どう行動すると期待できるかについての〕議論は、もし〔どう行動するかを予測されるべき〕当の成員が単に「誰か」としてしか表現されないならば、うまくいくことはない。またその成員がR以外のカテゴリー集合にもとづいて表現されるならば、やはり、うまくいかない。

（2）会話を行なっている者たちのいずれもが、そこで話題となっている人物と面識がないこともあるかもしれないけれども、それでも対関係についての情報があれば、彼らは、その人物についてどのような行動が期待できるか予測することができる。

（3）いま会話を行なっている者たちに、対関係内の位置についての情報が与えられているとしよう。そのとき、その対関係の位置についての知識にもとづく推論に矛盾するような別の情報が、その位置を実際に担っている人物について与えられることもあろう。しかし、その会話者たちは、その「特別の知識」が正しいと思われる時でも、対関係内の位置についての推論が簡単に廃棄されてしまうことはないと、考えている。反対に、〔その

「特別の情報」を受け入れるためには」特別の議論がなされなければならない。それどころか、対関係内の位置についての知識が明らかに誤りでないかぎり、その特別の知識のほうが誤っていると主張されることすらある。さらに対関係内の位置についての情報にもとづく推論は、たとえそれが明らかに正しくないと判明した時でも、それでも必ず真剣な取り扱いを受けることになろう。面識があるなどということが、〔対関係内の位置についての情報にもとづく推論に〕とってかわる知識を与えるものでないことは明らかである（五・三に挙げた引用参照）。[16]

五・三・二　いま行なわれている会話に対する第三者（つまり非参与者）が自殺志願者であるとしよう。そのとき、その会話の参与者たちが、〔その自殺志願の第三者から〕助けを求められた時それにどう対応するか予測することができる。このような予測のさいにも、Rによる統制が利用されるのである。電話の掛け手は繰り返し次のように主張する。つまり、〔その電話の受け手のような〕部外者の差し出す助けが〔自殺を望んでいる当人に〕受け入れられることなど期待できないということ、さらに、その自殺を望んでいる当人は、もしその掛け手が自分のことで部外者に相談したことを知るなら、非常に動揺するであろうということ、このことをその電話の掛け手は繰り返し主張するのである。実際、自殺を望む当人に対しては、「友だち」に相談したということにしておけば、ここで接触をもったことも当然なんだということにできるだろうと、掛け手が受け手にもちかけるという場合もあった。このような場合受け手の方はどうかと言えば、自殺を望んでいる当人が自ら電話を掛けてきながら、自分が「赤の他人」と接触をもっているのは不適当だと考えているときに、その自殺を望む当人に対して話すこと（これについては以下で考察する。付録の引用4を見よ）と同じことを、自殺を望む当人ではない掛け手に話すのである。

五・四　Rは標準化されているということ、および諸カテゴリーは一定の規則に従ってRの二つの下位集合に分配されるということ、このことから、本稿で取り上げられている問い（「誰か助けてくれる人はいないのか」）に対する一つの返答の意味がわかる。つまり、「頼れる人は誰もいない」という（右の問いへの）返答の意味を次のように述べることができるのである。すなわち、下位集合Rpが与えられている時、ある成員にとってRpカテゴリーの担い手が誰もいない、というのがその意味である。

五・四・一　標準化によってはっきりするのは、右の返答に含まれる意味だけである。ある成員に対してそのような状況が実際に生じうるかどうかは、まったく別の事柄である。だから、そのような状況が実際に生じる可能性は別の道具立てによって示されなければならない。次のような社会もある。その社会では、もしあるカテゴリーの担い手がいなくなる——たとえば夫が死ぬ——ことがあれば、その社会の機構により、ある別の成員が——もしそのための適切な人が実際にいればのことではあるが——その地位を受け継ぐことになる。たとえばベンバの人びとでは次のとおりである。(34)

もしある男が死んだならば、その名・親族内での義務・遺された弓は、その人の姉妹の息子か、あるいはその姉妹の娘の息子に継承される。その相続人は社会的に、その死んだ当人になってしまう。そしてその相続人は自分の親族を呼ぶ時、その死んだ男の用いていた呼び名を用いるようになる。つまり、いままで「兄」と呼んでいた人物のことを、こんどは「母方の甥」と呼ぶようになる、といった具合である。

また、シュテットル〔東欧のユダヤ人コミュニティ〕では、(35)

もしある男が子供のいないまま死んだなら、その未婚の弟が、家系を維持するためにその夫を亡くした女性と結婚する義務をおう。その夫を亡くした女性も弟も、もし他の人と結婚しようと思うなら、まず形式的に離婚しなければならない。

このような機構はわれわれの社会にはまずあるまい。この機構がないという事実自体は、きわめて重要である。一まとまりをなす二つの位置が〔具体的な成員によって双方とも〕満たされているとき、そこに成立する様々な関係は、〔通常のばあい〕その一まとまりの二つの要素間の関係としてではなく、それによって名指されている本人たちの人格間の関係として成員たち自身には扱われる。しかし、対関係が一度不完全なものとなるとそのとたんに、様々な諸関係は実は、一まとまりの二要素間の関係であったということが明らかになる。あるいは、いまや要素間関係にすぎないということが明らかになるのである。夫を亡くしたある女性の場合は、夫を失ってしまったいま、友達はもはや自分の友達ではないということを知り、そして夫の死により〔離婚の場合だったら、その離婚により〕夫以外のもの〔さえも〕失ってしまったことに気づくのである。

次のようなやりとりが、われわれの集めた会話のなかにある。

S1：今のような気持ちはいつごろからお持ちになられているのですか。クリスマスからですか。〔クリスマスに、彼女の夫は、彼女のもとから別の女のもとへ去っていった。——原著者の注〕

C1：ええ。

S2：もっと以前からですか。

C2：いいえ、クリスマスの前にはまだ望みがありました。私の愛は何にも負けないと思っていたんです。すべてを賭けて愛していたの。だけど、いまそのことは裏目に出たんです。私には、もう何もないような気がする。誰も、私のことなんか気にかけてくれないんです。

S3：誰も、何ですって。

C3：誰も気にかけてくれない。私なんか何にも値しないのね。

S4：友達はどうですか、友達はいないんですか。

C4：友達はいるわ、いわゆる友達はね。一応いると言えるわ。

S5：それでもあなたのお気持ちとしては、彼がいってしまってからは、すべてのものが……。

C5：沈没船の鼠みたいなものよ。私のようになってしまった者に声をかけようなんていう人はいませんもの。彼らには、自分の家族というものもあるし、みんなそれなりに悩みをもっている。そしてみんなには自分の夫がいるのよ。

また別の人（夫を亡くした女性）は次のように言う。

C1：もうどうしようもないんです。私は、もう生きていても仕様がないって言ったんです。エレジー〔娘〕が私に言いました。私に話してちょうだいって。睡眠薬でも呑んでみたらって。そうしたら楽しい夢が見れるかもしれないって言うんです。だから、私は、もう生きていても仕様がないって言ったんです。私には友達がいませんーーいるにはいましたが、みんなそんなに親しくはありません。要するにみんな夫がいるんです。彼らのところへ行ってでしゃばるわけにはいかないでしょう。だから、私はここにずっと坐っているだけなんです。

VI

六・〇　前節の考察から次のことが主張できよう。つまり、成員たちは、装置Rにより、ーー変わった言い方であるがーーいわば〔どのようにして助けを求めていけばよいのかという〕探索手続き（search procedure）ともいうべきものをもつことになるのである。成員たちが一つあるいはおそらく二つ以上の探索手続きをもっていることがはっきりするならば、このことは、言うまでもなく、きわめて重大なことである。まず第一に、このことは、科学という事実がとりたてて特別のことではないというわれわれの想定に、強固な支持を与える。しかしそれだけではない。それどころか、科学者たち自身しばしば自分たちには探索手続きがないと自ら語ることからわかるように、〔科学以外の〕他の諸活動は、いまのところ科学が同様の状態にあるとは到底思えないような流儀で、それ自体秩序立ったものだと言えるかもしれない。さらに、成員たちには探索手続きがあり、かつその一つは装置Rによって与えられていると言えるならば、以下考察していく扱いにくい事態もきっと解明されるであろう。

六・一　しかしながら、成員が探索手続きをもっているということを真摯に主張していくためには、まずはじめに一つの問題が提起されねばなるまい。五以下の分析では、実際に助けはどのように求められたのか、またどのようには求められなかったのか、ということについて〔会話のなかで〕報告され（え）たことが取り扱われてきた。こうして、会話のなかで語られたことは、実際に助けを求めていくこととどのように関係しているかが問われるかもしれない。その時には、〔一方で〕助けを求めることについて語られたこと――あるいは、このように会話のなかで語られたこと自体助けを求めることの一部だったのだから、精確に言えば、助けを求めるなかで語られたこと――と、〔他方で〕このように助けを求めていくという実際の探索の過程として記述されたこととの間には、いかなる写像関係があるのかが考察されなければならない。ところで、〔一方で〕ある行為について語ることと、〔他方で〕語られた行為の実際の過程との間には、一対一対応が成立しうることをわれわれは知っている。科学者の方法的な〔組織立った〕報告はこうなるようにできており、だからわれわれもそのことを知っているのである。科学者は、どのようにしてあることが繰り返し帰結することになるのか、どうしてこの帰結がそのようにして導かれるのかということを方法的に〔組織立ったしかたで〕記述しながら報告していくのである。われわれは、〔会話のなかで〕報告されうることをいろいろ扱っているわけだが、その報告に関して右のような対応関係があるということは、単純に想定することはできないのである。

六・二　それにもかかわらず、われわれの課題は、次のようなものでは決してない。つまり、まず、ある会話で報告されていることを取り上げ、次いで、その報告者本人になりかわって、その人が助けを求めていく実際の過程を記述し、その後で、この二つが対応しているか吟味する、というようなことは決してしない。われわれは決して、次のようなことをほのめかしたりはしなかった。つまり、ある活動が方法的に〔組織立ったしかたで〕行なわれていると言いうるためには、その活動が行なわれるなかでその活動自体について語られる時そこにおいてその活動の実際の経過が記述されていなければならない、などと示唆したことはない。今しなければならないことは〔このような一回的な会話内で、そこで語られることとその実際の経過との対応関係を調べることではなく〕、ある会話のなかで語られたことに符合するように構成された手続きが、その会話とは別のところで同じく探索手続きに従って行なわれている他の諸活動を記述するのにも適用できるかどうかを調べること

である。(36)

六・三　会話データの体系的研究は、まだ始められたとすら言い難い。しかしここに集められたデータは、このデータと別個に展開された分析とも符合する。司法官吏が自殺の可能性ありとみなすような死亡事件があった場合にも、それが実際に自殺であったのかどうかを決定しようとすれば、まず、適切な情報を提供できると思われる成員を確定し、そして、その成員に質問することを試みなければならないのである。

六・四　司法官吏がこのような捜査（search）をやるにはどうすればよいかは、Rとその使用規則によって指定されよう。官吏らはRを用いるならば、たとえ死亡した人の名前しかわかっていなくても、その死が自殺と言えるかどうかを決定するためにはどの人を探し出して接触をはかればよいか――すなわち、〔実際に接触をもてば〕いろいろ役に立つであろうはずの人はどの人か――ということは確信できるのである。司法官吏は次のように想定していると考えられる。つまり、ある死亡事件が自殺であるかもしれない時、自殺をしたと目される当人のRpの成員たちから実際に事情聴取ができるとすれば、その死んだ当人はその成員たちに――その成員たちのうちの誰かに――（Rpの規則にもとづいて）、もし本当に自殺をしたいと思っていたというようなことがあったなら、そのことをきっと話しているにちがいない、という具合である。このようにして、Rpは警察官や検死官もふだん利用しているのである。

(1)(警察の調書より)

病院での事情聴取を終えて、現場に行き、死亡者の夫と二人の子供に会った。彼らがわれわれの質問に答えて繰り返し言ったことは、死亡者はおそらく自然死したのだろうと自分たちは考えているということ、彼女はそれまで一度も自殺したいなどと言ったこともないしまた実際に試みたこともないということ、遺体のわきにあった薬物は彼女の死と無関係だと思うということ、以上であった。

(2)(検死官の調書より)

R氏の妻とはぜひとも接触をとりたいが、彼女は今メキシコに行っており、おそらくずっと戻ってこないと思われる。

(3)(検死官の調書より)

死亡者がどういうようであったかということについては、結局あまりよく解明できそうもない。なぜなら、両親が、死亡者に関する重要な情報源と考えられる人物を断固としてあかしてくれなかったからである。つまり、両親は、その前夜に死亡者とともに外出していた恋人の名を教えてくれなかったのである。彼女はもうひじょうに動揺しており、これ以上事件に巻き込みたくないということだった。

六・五　最初の引用の後半部で、Rpの成員が確定された時、その成員は、死んだ当人が自殺したいということを自分に告げなかったという事実に（これが事実であるかぎり、あるいは事実だと言いうるかぎり）準拠して、死んだ当人は自殺したのではないと主張している。このような主張が――もちろん個々の場合にそれが正しい主張であるかどうかは別として――とにかく適切になされているということ、それ自体、さらに一つのデータとなろう。これも、Rが探索手続きとして利用されることを顧みることで、最もよく解明できよう。

六・六　六・四の後半の引用が五以下の議論と密接に関係していることは明らかである。前節で考察した会話のなかでは、その参与者の一方――あるいは双方のばあいもあるが――とまったく面識のない人びとがどう行動すると期待できるかについて、その予測が試みられていた。それと同様司法官吏の場合もまた、先の引用からもわかるように、自分たちのまったく知らない人であっても――最初は実在しているかどうかも知らないのだが――その人の〔死亡者との対関係における〕位置が確定できるなら、その死んだ当人が自殺したがっていたかどうかについて、情報を期待できる人物として特定することができると考えているのである。どちらの場合もRpの諸規則が中心的な役割を果たしている。

VII

七・〇　本節では、「頼れる人が誰もいない」という結論が適切なものとして導き出される〔五・四とは別の〕もう一つの別のしかたを綿密に考えてみよう。ここでの基本的な道具立ては前節までと同様に、二から四で構築されたものである。

七・一　まず最初に注意すべきことは、「自殺したい」という訴えがあった場合、その理由の説明や釈明が同時になされて当然だということである。その理由説明は、それが行なわれたということも、あるいは、それが行なわれなかったということも、はっきりそれとして目につくのである。そして、理由説明のない場合には、それを求めることができる。このことは確かである。もし実際に理由説明が求められたならば、その最初に訴えかけをした当人は、求められるがままにその理由を説明するか、さもなければ、説明すべきことなど何もないというように――どういうわけでかは知らないが――主張するかのいずれかであろう。後者の場合も、その当人およびその会話の相手は、このような主張がなされたという事実を利用可能とみなすのであり、それは、前者の場合に提出された理由説明が利用できるとみなされるのと同様である。

七・二　四以下で看破問題が定式化されているからには、助けを求めるとき同時にその理由も説明するよう要求されるということの一つの基盤が定式化できよう。この基盤は、誰かが自殺を望んでいるというような場合にだけ関連しているわけではない。

七・二・一　ある成員が何らかの行為（救いの手を差し延べるというような）をなしうるためには、ある事態が現にあることを知っていなければならないが、それにもかかわらず、（a）そのような事態が現にあるかどうかを、その成員が独力で決定できない場合、あるいはまた（b）そもそも訴え自体の正しさが一義的に決定できない場合――つまり、不適切に、冗談としてまたは嘘言としてなされたおそれがある場合――、その時その成員は、そもそも助けを求める訴え自体が、実のところ適切な基盤なしになされていたのではないかと考える。このような状況において成員たちは、助けを求める訴え自体が誤った仕方でなされているおそれを考慮に入れる。このことについては、「狼が来た」の寓話がよい例となっている。

七・二・二　自殺したいと誰かが言う時、成員たちは、その訴えが誤った仕方でなされているおそれがあると考える。

（1）（自殺をしたいと言い出した男について、前の恋人が）

S1：以前、彼が同じような気持ちになったのに気づいたことはないですか。

C1：ありません。だけどさきほどお話ししようとも思ったんですが、最初思ったのは、これは彼の一連の行為の一部なのではないかということなんです。いいえ、行為なんていえるものではなく、ただいろいろ何やらやってみるといったことなんですけど……。

自殺をしたいと主張することでいわば人を困惑させようとしているのではないかという、このようなおそれには、それなりのわけがある。たとえば、病院に行くよう言われているある男性と自殺防止センターの職員との間での次の会話を見よ。

（1）

S1：あなたは何をしたのですか。

C1：妻が私を捨てようとしたんで、頭にきたんだ。だけど、彼女が家庭裁判所に行くというはめになっただけさ。何が言いたいかわかるでしょう。

S2：ええ、で、あなたは何をしたのですか。
C2：自分を撃とうとしたのさ。
S3：どうやって。
C3：銃をとって、たまをつめて、発砲しようとしたのさ。
S4：で、どうなったのですか。
C4：たまが飛び出したけど、本当は自分を撃つ気なんてなかったんだ。要するにただ、自分は本当にやる気なんだということを、彼女にわからせてやりたかったんだ。
S5：ところで、あなたは、自分がしたことについて、どう考えておられるのですか。
C5：そのために、彼女が家庭裁判所に行くことになったということさ。

七・二・三　助けを求めることで人を困惑させようとしているおそれがあるとき、それにどう対応するかについては、様々なやり方がある。次に述べることもその一つである。成員たちは以下のように考えている。つまり、自殺したいと思うことの理由には、適切なものもあれば不適切なものもある。そして、自分たちが救いの手を差し延べるべきかどうかまたどう助けてやればよいのかは、自殺志願の適切な理由がはっきりわかる形で存在しているかどうかによって決まると、成員たちは考えている。（これも一般的なこととして言えるのだが）主張されたとおりの事実があるかどうかを決めようとするとき、その主張と同時に提出された釈明の根拠〔となっている事実〕が実在しかつそれが適切なものであるかどうかを決定すればよいと、成員たちは考えているのである。

（1）以下の引用は、まったく別の領域、すなわち仲裁裁定からの引用であるが、右の手続きのよい例となっている。フォード社と全米自動車工組合の仲裁、A―70号、裁定官ハリー・シュルマン。

他の解雇された雇用者たちの話は、この問題事項に言及している。十二人の者が私の前で証言した。みんな、自分らは何の関係もないただの傍観者で、どうして解雇されるはめになったのかまったくわからないと主張する。誰も、一切デモに参加したことを認めず、たとえ傍観者であっても普通なら示すような好奇心すらなかったとみんな言う。電気が消えて、ベルトコンベアが動かなくなった時、上司にどうしたらいいか聞いたら、ここにいるなり帰るなり好きにしろと言われたものの、どちらにせよその分は支払われないというので家に帰ったというわけだ。彼らのうちの一人で、元気な若いボクサーなどは、みんな集まって興奮しているなかで、ひとり冷静に、あたたかで気持ちのよい場所に行き眠ってしまったというのである。彼が言うには、三日のうち二日はそうしており（三日目は休んだ）、ちょうど他の人たちの興奮が完全に収まるまで安眠していたそうである。みんな、まるで、工場にまんえんしていた興奮に感染することのない天使たちのようであったのだろう。

ところで十一月五、六、八日に、第八十四部で本格的なストライキがあったことは確かである。興奮した人びとがそこらじゅうに集まり闘争を挑んでいた。それに、激憤して参加したのはいったい誰なのか。仕事に再び就かせることが困難なまでに激憤し、そして組合自身が述べているように、自分らの組合幹部にも反抗し、さらにはそのうちの二人に暴行を加えるに至った者はいったい誰なのか。

どうやってこの十四人が選び出されたのか。組合は何の説明もしていない。この十四人がくじで選び出されたわけでもあるまい。このようなやり方でも、罪ある者の何人かに当たることもあろうが、またその十四人が選び出されたのが、彼らに対する個人的な敵意からだとも考えられない。——ただし一名についてはありえなくもないが。また彼らは、会社が常々放逐したいと思っていた「問題工員」というわけでもなかった。

他方会社側の説明は明快で、解雇された当人たち自身によって語られた右の信用し難い話を別とすれば、他に矛盾するようなことは何もない。労働関係調整人は、助手の手をかりて、自分の事務所でデモをした群衆のなかでも最も過激だった者の名前と記章番号を控えておいた。ここからも、十四人のうち十二人については、根拠があるということがわかる。……こういう事情であるから、自分たちは無関係だなどという抗告を信じるわけにはいかない。

要するに、事実として主張されていることが複数あって互いに競合しあっているとき、そのうちのどれかを選ぶためには、次のように考えていればよいと、成員たちは思っている。つまり、適切に説明がなされるなら、その事実は本当にそのとおりのものであろうが、もし適切に説明がなされないならば、そのような事実は本当はないものなのだと考えていればよいというわけである。救いの手を差し延べるという行為は、ある事態〔つまり、訴えかけてきた人が本当に自殺をしたがっているという事態〕が現にある時にしか実行しえない。しかし今、その救いの手を差し延べる義務を負う人には、その事態が本当にあるのかどうか独力で確定できないとしよう。それでも、助けを求める者は助けを求めるのと同時に、そこで事実として主張された〔自殺志願という〕事態についての説明をもなさなければならないということがあるので、その救いの手を差し延べる義務を負う人は、その事態が本当にあるかどうかについて何らかの決定ができるわけである。

七・二・四　助けてもらうためにRをどう用いるかについてよくよく考えてみるならば、自分が自殺したいという事実だけでなく、どうして自殺をしたいのかということも表明しなければならないだろう。その場合、自殺したいと思う根拠を表明するならば――つまりその理由を説明するならばどういう取り扱いを受けることになるのか、ということも考慮しなければならないだろう。つまり、自殺をしたいという事実が表明されても、それだけなら、Rpの成員が何をなすべきかは決まらない。だから、自殺志願者は、自分が自殺したいと思う理由の説明をも行なうのである。そのことにより、その人が探し出す相手の人も、自分の応答に対する理由をもつことになる。つまり、自殺を望む成員のその自殺したいと思う理由は、もし助けてくれる人がいたときその人自身どう応答するかの理由をも決定するのである。このとおりであるなら、もし助けてくれる人がいるならその人がどう応答すると期待できるかを予測するために、次の手続きが適切となり、また利用可能となる。つまり、自殺志願者は、自分を助けてくれる人ならきっとこうするだろうと期待できる様々な行為を考慮する、というのがそれである。その場合、その自殺を望む当人自身の理由が、その助け手自身がその行為を行なう理由となると考えられているのである。自殺志願者は、このような手続きを限定された仕方で用いる。すなわち、助け手としてふさわしい人が何らかの理由をもって行なうと思われる行為のうち、どの行為が適切なものとして標準化されているのか、ということをいつも顧慮しながら、その手続きを用いるのである。

七・三　もしRpの第一成員が身近にいるならば、自殺志願者はその成員に助けを求めるべきである、ということを想起しよう。そういうわけで、自殺を望む成員はこの第一成員に関して、先の七・二・四の手続きを用いることになろう。ある既婚の女性が自殺を望んでいるものとしよう。彼女にとってRpの第一成員は夫であろう。さて、彼女の自殺志願の理由が、他の男性と関係をもってしまったということであるとしたら、——しかも、本当の自殺の遺書によくあるように、たとえば、その男性というのが夫の知人であったとしたらどうであろうか。その場合、彼女の〔自殺したいと言って助けを求める〕行為の根拠が姦通であると知ったとき夫がどのような対応に出るか、彼女はあれこれ考えてみることだろう。夫は、彼女の自殺したい理由が適切に説明されたとみなして、救いの手を差し延べるかもしれないが、場合によっては、彼女の姦通は、夫婦の関係に破局をもたらすことの、つまり離婚のための適切な理由とみなされるかもしれない。

彼女はそこで次のようなディレンマに直面する。つまり、一方で、彼女は結婚しているので、もし自殺したいなどと思ったとき彼女がまず頼るべき人は夫のはずである。他方では、夫たる者は、彼女がまず頼るべき者の占めているはずの位置にいるものであるが、彼は、もし彼女の言うことを聞いたなら、その最初の位置から退いてしまうことにもなりかねない。彼女が黙っているなら彼はその位置にとどまっているかもしれないが、彼女が口を開いたとたん、彼は、その位置から退いてしまうかもしれないのである。このようなディレンマに直面した時、彼女は誰も頼れる人がいないということに気づく。しかもそれでいて、彼女は、夫に助けを求めて頼らなければならないという義務を負い、かつ彼は身近にいるのである。

七・四　この範例は容易に一般化しうる。自殺を望む成員のその自殺したいと思う理由が、Rpの第一成員との関係における破局の（たとえば、離婚や勘当や絶交やあるいは死の）適切な根拠となるようなことをしてしまったから、というものであった場合には、その自殺志願の成員は、もしわれわれがこれまで再構成してきた使用規則に従って諸カテゴリーを用いるならば、右のディレンマに陥ることになる。そして「誰も頼れる人がいない」ことに気づき、そう表明することになろう。（付録の引用5[37]を見よ。これは、Rpの成員の死が、破局として招来されかねないような場合である。また引用24も見よ[17]）

七・五　以上のようにして、「頼れる人が誰もいない」という結論は正しく表出されるに至るわけだが、それでも次のような疑問が湧いてくるかもしれない。つまりその疑問とは、その結論が訴えられたとしても、われわれにとってそのことは、ただ、その訴えが本当に正しいものだということはどうすればはっきりするのか、という問題を提起することにしかならないのではないか〔つまり、本当に正しいかは、訴えられる側にはやはりわからないのではないか〕、というものである。この種の訴えには正しくないものが、たしかにある。成員たちは、訴えが正しくないということを認識することもある。われわれの分析によれば、このような訴えをも位置づけることができるのである。

（1）

S1：あなたは自殺を考えているというわけですね。

C1：そうです。私は三カ月間そのことを考え続けてきました。でも、考えるのもここまでだという気がしているのです。

S2：あなたにとって圧迫となっているのは経済上のことだけですか。

C2：そうですとも、私は気が違っているわけではないですよ。自殺を考えるなんて気が違ったんだと思っているんでしょう。

S3：そんなことはありません。ただ、あなたのそのときの経済状態をお聞きしているんです。

C3：泥沼でした。といっても、別に横領みたいなことまでしたというわけではないんですが、借金をたくさんしていて、負債が耐えきれないほど膨れてしまったんです。そのなかには個人的なもの、つまり、親友から借りたものもたくさんあるのですが、ほとんどは銀行から借りたものです。支払いをしなければならない、そのことが私にとって圧迫となっているんです。どうしようもない。もうどこにも頼れない。たしかにまだ頼れるところがあるかもしれない。友人のところへ行けばいいと思われるかもしれない。だけど、私にもプライドがあるのです。そんなことは金輪際御免です。

七・六　自殺したい理由が説明されたなら破局がおきても当然だという時でも、成員たちにとっては、だからといって必ずそのとおりになるというわけではない。そのとき、自殺を望む当人にしてみれば、〔自分が自殺志願の理由を説明したなら〕実際に相手が破局を選ぶかどうかははっきりさせたいと思うのであるが、しかし、この試みはひじょうに困難なものである。

七・六・一　問題は次のとおりである。（1）周知のように、破局をまねくおそれのある行為でもものによっては、その破局が実現しないよう何らかの格率にまもられていることもある。たとえば未婚の娘が妊娠してしまったとき、その娘を擁護すべしという格率がある。もし娘がそんなことになったら、普通の親ならば、未婚の女子が妊娠するなどということは非常におそろしいことで、「そんなふしだらな」娘にはおもいきったこと、つまり勘当がふさわしいと主張するかもしれない。しかしこのようなときにもち出される格率は、たとえば、実際の会話で用いられたとおりを引用すれば、「親たるものは、娘の両脇をしっかり守り、娘の必要とするだけの気配りをする」よう命じるのである。破局をもたらすおそれのある多くの行為についてこのような格率がある。しかし、(2)何らかの格率を引き合いに出すことがふさわしい場合に、Rp成員が、実際にその格率に従って行為するのと、あるいは破局をまねくような行為をするのと、そのいずれがその場に適切かを決定するための手続きは、このような格率には等しく欠けている。

七・六・二 Rp成員がどう振る舞うかによって、自分が引き続きどう行為していくかの決定は大きく左右されるのであるが、しかし、それは容易には見定められないように思える。これが困難である場面で、その成員がどうするかを見定めようといろいろなことが試みられるかもしれないが、結局は駄目であろう。たとえば、〔今自分が置かれている状況を〕一般論として語ってみたり、あるいは自分たち固有の関係そのものとは無関係の流行現象として語ってみたりすることもあるかもしれない。このような一般論的な話のなかでは、破局を選ぶ方が、その会話における応答として適切となろう。しかし、いま直面している当の状況が話題として提出された場合にも、破局の方が選ばれるとはかぎらないのである(付録の引用8・20を見よ)。[18]

Ⅷ

八・〇　先の可能性（七以下）にとって中心的なことは、あきらかに、Rpおよびその相補物が順序立って使用されるための規則である。その規則とは、つまり、もしRpの第一位の担い手が実在しているならばそのかぎり、自殺志願者は、その第一成員に頼ることのできない確固たる理由があるとしても、第二成員に頼ってもよいということには決してならない、というものである。

Rpが順序立って使用されるということは一連の帰結を伴う。この諸帰結は以下本節にまとめられている。しかしそのなかには、前に言及あるいは示唆されたりしたものもある。そこで、まず前に示唆したものから始めよう。

八・一　六以下の考察において示されたことは、単に、警察の捜査手続きがRを参照しているということだけではない。さらに警察は、自殺志願者と他の者たちの間での相互行為自体もRにもとづいていると想定していること、すなわち警察は、もしある人が自殺を望んでいたならその人も、Rを用いることで、自殺したいということを第一位の成員に告げていたことであろうと想定していることも示されたのである。

八・一・一 どの要素が第一位のものであるかが標準化されているという事実は、司法官吏にとってあきらかに重要である。この標準化の特徴は、次のような期待が可能だということである。つまり、死亡者の名前がわかっていればその人の第一位の成員が実在しているかどうかもわかるから、もし実在しているなら〔その第一位の成員である〕両親なり配偶者なりの捜査を行なえばよいという期待、そしてしかもその場合、このような第一位の成員が実在しているなら、もっぱらその成員だけが唯一適切な人材であるという期待、言い換えれば、もしこのような成員が実在しているなら、捜査の成功・不成功はなによりもこの成員に近づくことができるかどうかにかかっているという期待、こういった期待が可能なのである。すでに見たように、もしこの成員に近づくことができないならば、捜査は、もはやそれ以上Rを用いることはない。つまりその場合、たとえ自殺したいという表明があったことを何らかのしかたで知るに至った〔第二位以下のRの〕成員がいたとしても、その成員の特定は行なわれないのである。

八・一・二 第一位の成員たちは、この点について司法官吏に同意するように思える。つまり、いくつかのデータですぐ後に示すように、第一位の成員は、自殺したとも考えられる人が、生前、自分が自殺したいということをその成員に告げていなかったなら、その死は自殺とみなすことはできないと考えているのである。その第一位の成員が、そのように〔自殺志願の気持ち〕を告げられなかったと言い張ることができるなら、このことはいつでも、その死が自殺だなどという決定は下されるべきでないこと、あるいはそのような決定は覆されるべきことを、その成員が要求する基盤となる。

（1）（自殺だったという検死結果の修正を検死官に依頼している手紙）

こんなことを申し上げれば、さぞかし不愉快な思いをなさることと存じますが、すでに申しましたように、母の死に疑いをもつことで母の思い出を台無しにしたくないというわたくしの思いは、はかりしれないものなのでございます。また母の孫は十三人ほどおりますが、この子たちが、祖母の死に疑いをおぼえたりなど決してしてほしくないのです。と申しますのも、そのような疑うべきことなどだんじてないと考えるからでございます。

わたくしの夫がその晩母と幾時かを共にしたのですが、母はとても上機嫌だったそうです。母は、一九六二年二月六日土曜日の朝、仕事に出て、午後四時半まで働いていました。あるご婦人と一緒にコーヒーを飲むなどしておりましたが、やはりとても上機嫌でした。その晩おそく、母は離れでそのご婦人とお話ししておりました。母はその方に身体の具合があまりよくないということで、それでわたくしと一緒に暮らしたいと申しておりましたそうです。その晩おそく、わたくしの義理の妹が母をたずねましたら、母はせき込んでとてもつかれた様子だったそうですが、精神的にはしっかりしており、具合が悪いからもう寝たい、日曜日も朝早いのでちょっと休もうなどと言っていたそうです。……

（2）（検死官の調書より）

一九六三年四月四日に予約を取り付けるためにD夫人に電話した。彼女は、夫は自殺のことなど話したこともなく、彼が自殺するなどとても考えられないことだと語った。

八・二　第一位の担い手でない者が頼られたりあるいは、自殺したいと打ち明けられたりした場合、その者は、次のことこそ自分のなすべき適切な行為であると考える。すなわち、たとえその人自身が（自分を頼ってきた者の）第一位の担い手と知り合いでないとしても、まずその第一位の担い手を確定して、次いでその人に、その人こそが関わり合うべき事態のあることを告げること、あるいはさもなければ、自殺を望んでいる当人に第一位の担い手を探し出すよう勧めること、これが自分のなすべきことと考えるのである（付録の引用10・11を見よ）。

八・三　Rにおいて何が第一位でありうるか、あるいは何が第二位以降であるかは、それぞれに多様であるが、それでも両者の間には差異がある。そのひとつとして、第一位の位置は、たとえそれが「両親」・「配偶者」・「恋人」等のいずれであろうとも、かならず担い手の数が決まっているということである。第二位以降のRpカテゴリー――たとえば、「友人」――には、担い手の数の決まってないものもあるのである。八・二で示したように、第二位以降のカテゴリーの担い手たちは、自分たちよりも第一位の担い手の方が頼られるにふさわしいと考えている。さらに彼らはそれに加えて、「友人」というカテゴリーもRpに含まれる要素であること、かつそのカテゴリーの担い手たちの間でも誰がまず頼られるかという順番があること、このことをも想定している。

八・三・一　「友人」というカテゴリーが内的に順序づけられたものとして扱われるということから、いろいろな帰結が生じる。

（1）助けを求められた友人は、もし自分で自分が第一の友人でないと思っているなら、次のように考えるであろう。（a）自分が頼られたということは、自分よりももっと親しいと思われるような人に対して侮辱となるということ、（b）自分より親しいと確定できるような人たち自身も自分と同じように考えており、自分が頼られ〔て、その人たちが頼られなかっ〕たという事実をその人たちも、不適切として、特別な釈明を要することとしてみなし、それどころか、その人たちはその事実を、彼ら自身自分で占めていると思っていた位置になど本当はいなかったのだということの証拠としてみなすということ、このように考えるであろう。

（2）右の（1）が示唆していることは、「助けが必要なときにこそ真の友は誰かがわかる」という格言に相当するものが効力をもっているということである。つまり、助けの必要な時に友人たちがどういう順番で頼られるかということから、他の点でも誰が誰より親しいと思われているかという順番がわかるのである。

八・四　Rpは順序に従って用いられるのが適切であるということから、重要なことが帰結するように思える。つまり、第一位の成員には助けてやることができないからといって、第二位以降の成員も同様だと期待されるわけではない。

Ⅸ

九・〇　われわれは二・〇でRとKは両方とも任意のN人母集団がカテゴリー化されうるということを見てきた。自殺志願の気持ちから逃れられるよう助けを求めてよいのはどういう時か、またそのさいどういう手続きがとられるべきかということは、Rにもとづいて組織された諸規則によって指定される。しかしKからみれば「専門家」であるような人は、Rからみれば「赤の他人」（われわれのデータにおいてはこう呼ばれている）、すなわちRiの成員である。したがって、次のような問いがたてられなくてはならない。自殺志願者自身、あるいはその者がRpにもとづいて頼る人は、どのようにして、専門家に助けを求めて頼ってもよいと考えるにいたるのか。

九・一　自殺志願者は、Rpしか使用してはならないという義務を負っているので、（Riである「専門家」に頼る時に）義務違反とならないようにするためのいくつかの手続きが見出されることになろう。

（1）Rpの成員自身が、自殺志願者に対し専門家に頼むよう言う場合がある（五・一・二の（1）、（2）を見よ）。

（2）Rpの成員が助けを求められた時、その人自身が専門家に頼る場合がある（たとえば付録の引用14・15を見よ）。

（3）Rpの成員がいない時に「赤の他人」に頼っても、その人が必ず助けてくれるとはかぎらないが、だからといって、少なくとも、そうすることが不適切であるということにはならない（付録の引用22を見よ）。この場合、RのかわりにKが用いられているのではない。やはり、Rが用いられているのであるが、このRの成員に対しては、もはや助けてくれるよう要求する権利はないのである。[19]

（4）Rpの成員がいるにもかかわらずRp成員以外の人に助けを求めようとする時でも、次のように行なうならば、Rp成員に対する義務違反にはならない。つまり、匿名を用いるというのがそれである。言い換えれば、自分が誰であるかを明かさず、したがって自分のRpが誰であるかも明かさなければよいのである。自殺志願者が、自殺防止センターに電話をかけてくるとき、名を名乗らないことがよくある。このことは、赤の他人と接触する時自分の名を明かしてしまうことはRの規則に反することになるということが想定されるなら、ある程度説明がつく。このような制限のもとで接触がとられるなら、その電話の受け手は、あきらかに、その接触を治療上の関係へと広げようとするとき、そのために特別の課題を抱え込まざるをえなくなろう。専門家がこのような状況でどうやっていこうとするかは、ここで詳細に考察することはできない。しかし、おおまかな素描はできよう。

Rが適切であるときにはKは必ず不適切でなければならないのと同様に、Kが適切であるときにはRは必ず不適切でなければならない。RのうちRpに属する成員は、KのうちKiに属する成員なのである。その場合、Kpとは、Kが問題となるようなある難題に対する「専門家」のことであり、Kiとは「素人」のことである。

専門家は最初は赤の他人として接触を求められる。しかし、専門家は、自分が頼られて当然の者であることを示し、さらに自分の立場を唯一適切なカテゴリーに転化していくために、自殺志願者に対し、その人のかかえている困難は自分の職業の専門領域に属するものであり、自分たちがそれを解決することができるのだということをわからせなければならない。そのようにして、自分たちに頼ることは不適切ではないということばかりか、さらに、Rpの成員には助けてもらうことができないということまで言うのである（付録の引用4を見よ）。

九・二　「頼れる〔頼るべき（to turn to）〕人が誰もいない」という結論が導き出されるときRpが参照されているはずだから、もしRがKに置き換えられるならば、原理的には、この結論は導き出せないことになると考えることもできよう。しかしながら、（1）Rが適切でなくなってしまえば、助けを求めなければならないという義務もなくなってしまう。（2）「代表性」(14)（representativeness）という特性はKに関してもあてはまる。つまり、最初に頼った専門家が求めに応じて救いの手を差し延べることができなかったならば、その頼った当人は、さらに別の専門家に助けを求めてみても同じ応答しか返ってこないと考えるであろう。（3）自殺を望む者は、Kを使用することの条件として、自分が助けを必要としていることと、さらにそれに加えて、自分に支払い能力があることとが不可欠と考えている。だから、支払い能力のない者たちは、Kしか利用できないようなときには、自分たちは弱い立場にあると考えるであろう。

（1）（他人の妻が自殺を望んでいるという場合）

C1：彼がこのことを気にしているので、ぼくは、どうして以前に精神医の助けを求めなかったのか聞いたんです。彼は、一対一でやる精神治療など認めるわけにはいかないって言うんです。彼を説きふせればよいと思われるかもしれませんが、彼は、あきらかに、精神医に診せても彼女は逃げ出すにちがいないと考えているんです。

（2）

S1：医者に診てもらったことはありますか。

C1：かかりつけの医者はいるんですが、診療所の内科のお医者なんです。つまり、内科を受けもっていてとても忙しいんです。どこか痛かったりして長い時間かけて行っても、先生はただどこも悪くないと言うんです。

S2：そのお医者さんは、あなたの悩みを知っているのですか。

C2：いいえ、知らせた方がいいのかもしれませんが、まだ言ってないんです。まだ未払い分があって、その支払いを済ますまでそこに行くわけにいかないし、この前行ったときも、どこも悪くないと言うだけで、本当に苦痛で仕様がなかったのに、そのお医者さんは何もみつけることができなかったんです。

（3）（以前に受けた精神医療について）

S1：その治療を受けているあいだは、気分はよかったのですか。それとも何とも言えませんか。

C1：どちらとも言えます。気分のよい時も、よくない時もありました。実のところ、私は恐縮してしまっていたんです。なぜなら、先生は只で私を診てくれたからです。大きな借りができたようにも思うわけですが、もし先生にむかって悲鳴なんかあげでもしたら、「もう診てやらない」などと言われるのではないかと思っていたんです。

（4）

S1：それでも、精神科のお医者さんに診てもらうことはしなかったのですね。

C1：ええ、お金がかかりますから。

付録

（2）

S1：あなたは結婚されていますか。Gさん。

C1：いいえ。

S2：じゃあ、こちらでは、ずっとお独りでやってこられているわけですが、何か具合の悪いことでもあるのですか？
C2：そうなんです。
S3：こちらの方には誰かいらっしゃらないんですか？
C3：ええ、いとこがいます。でも、いとこですよ。しかも皆、遠縁の者たちなんです。
（3）
S1：教えてほしいんですが、そちらには誰かあなたと近しい人はいらっしゃいませんか？ お友だちでもご家族の方でも誰でも。今晩にでもあなたと会って、あなたを危機から救い出してくれるような人はいませんか？
C1：そんな人がいるくらいなら、きっと――こんなにはならなかったでしょうに。
（4）
C1：たぶん電話をしたのは間違いだったんです。わかりませんけど。つまり……
S1：なんで間違いだなんて思われるんですか？
C2：ええと、つまり、わからないんですけど、他人に助けを求めようなんて、しちゃいけないことのように思えるんです。家族や友だちが助けてくれないからって、どうして他人に助けを求めなければならないんでしょう。
S2：専門家の助けが必要なことだってあるでしょう。
C3：じゃあ、お話しします。私は、何年も何年ものあいだ家族に助けを求めてきました。彼らを理解しようともしましたし、また彼らに理解してもらおうともしました。私という者がどういう者であるのか、私が何をしようとしているのか、彼らにきちんと解ってもらおうとしたんですけど、彼らはいっこうに耳をかそうともしませんでした。もうなにもかも無茶苦茶でした。結局いまは祖母のところにやられてしまいました。もちろん、私は——ああ、わからない。

S3：ご両親は町にいらっしゃるのですか？

C4：いいえ。テキサスにいます。祖母しかいないんです。

S4：そう、ご承知のように、身近な人たちが、必要な時に自分のところに助けに来てくれないならば、何か絶望的になったり、もう誰も助けに来てくれないいんじゃないか、なんていうふうに感じることがありますよね？

C5：そうなんです。私は、まさにそう感じているんです。外へ出て、たとえば、あらゆるものを使い果たして、そのまま消えてしまいたい、独りでどこかに行ってしまいたい、って、そんなふうに今日感じるんです。まさに、こんなふうに——やっぱりそもそも電話をすべきじゃなかった。でも、したかったです。本当に電話をしたかったんです。たぶんいくつか答えを得ることができました。でも電話すべきじゃなかった。だってこれは欺瞞です。本当です。

S5：何がですか？　助けを求めることがですか？

C6：ええ、本当にそう思います。だって、私が助け、助けを求めた時、誰かが言うかもしれない。彼は精神的に――そう、彼には助けか何かが必要なんだ、なんてね。よくあることでしょ？

S6：じゃあ、もっと直接的にいきましょう。誰だって、自分独りでは這い出すことのできないような場所に追いつめられることがあります。その時、その人は、外に出してもらうために助けを必要とするでしょう？

C7：そうでしょう。だからといって、他人に助けてくれるよう電話しなければならないわけですか？

S7：そうです。もしあなたが足の骨を折ったら、お医者さんに助けてくれるよう電話しませんか？

C8：ええ、でもそれとこれとでは話が違います。でも、その時でも、その人の家族がその人を助けるんじゃありませんか？

S8：たぶん、そうでしょう。でも実際には助けなかったら？

C9：いや、きっと助けてくれるでしょう。つまり――

S9：足の骨を折ったなんていう時に、家族が実際に助けてくれるなんてことはありえないでしょう。これは、あなたご自身でどうにか抜け出そうと格闘されていることと同じことのように思います。つまり、専門家の助けが必要なのです。このことが、あなたの気がどうかしているということになるとお思いですか？

C10：いや。私の気はたしかです。

（5）（同性愛の自殺志願者からの電話）

S1：ああ、あなたがどんなことを重圧と感じているかわかりました。誰か信頼できる人はいますか？　誰か、あなたの世話をしてくれるような人が。とにかく、あなたはすぐにでも世話をしてくれる人が必要です。あなたのところに来て世話をやいてくれる人が必要です。

C1：私が知っている人といえば、みんな私のような人たちです。私には、普段から付き合いのあるような友人は一人もいないんです。

S2：で、いったい、あなたのような人たちっていうのは、どうですか？

C2：彼らは、どんなことでもしてくれますけど、彼らは——

S3：かかりつけのお医者さんはどうですか？

C3：かかりつけのお医者さんなんていません。

S4：だけど、さっきおっしゃった薬を処方した人がいるのでしょう？

C4：ええ、それはただの医者です。ただちょっと電話しただけです。

S5：会ったことはないいんですか？

C5：ずっと前に、ちょっとしたことで、だから、彼のことはそんなによくは知らないんです。
S6：彼は面倒を見てくれそうですか？
C6：わかりません。
S7：あなたのご両親はどうですか？
C7：両親には言えません。両親に言うくらいなら自殺した方がましです。
S8：両親に言えないって、何がですか？
C8：何もです。
S9：あなたが苦しんでいて入院した方がよいということもですか？
C9：はい。
S10：でも、ご両親だっていつもちゃんとご覧になっていますよ。きっとずっと長いあいだ心配しながらじっと見守っていらっしゃるのですよ。
C10：いいえ。そんなことはありません。
S11：私の方から、ご両親に電話してお話ししたいと思いますが。
C11：彼らには知られたくないです。
S12：あなたがお話しになったことは一切ご両親には申し上げません。ただ、あなたが苦しんでおられるということだけ、あなたが悪い状態にあって、自殺を考えているということだけお話ししたいんですが。それから、あなたが入院する必要があるということも、私は、ご両親に、あなたが入院できるよう取り計らってほしいと思っているんです。あなたは、このことをご両親に知ってほしくないですか？

C12：私は両親に何も知られたくないんです。父は心臓を患っていますし、母もあまりよくないんです。

S13：で、お母様はどういう具合なのですか？

C13：母も健康状態がよくないんです。もしあなたが両親に電話して何か話しでもしたら——

S14：どうしたものでしょうねえ。私は大勢の人と話したことがあります。ご両親にもきっと上手にお話しできると思います。ご両親が、そのことで倒れるなどということはないと思うのですが。あなたは、すぐに、誰か世話をしてくれる人が必要なのです。あなたは誰ともお付き合いがないということが、つまり、誰も頼ってもたれかかるような人がいないということが、あなたの大きな問題の一部になっているのでしょう。違いますか？

C14：ええ、私が今もたれかかれるものといったら、床だけです。

S15：私の経験から言えば、たとえ他人であっても、もしあなたが、私は病気だ、入院しなければならない、って言ったなら、案外みんなよくしてくれるものだと思いますよ。でもとにかく、私はこのことでご両親とお話ししたいんです。あなたの性的な問題についてはご両親に何も言いません。ご両親は、あなたが毎晩遅く酔っぱらって帰ってくるのを、心配していることと思いますよ。

C15：両親は知りません。いつも寝ていますから。

S16：ご両親は頭ははっきりしていらっしゃるんでしょう？

C16：もちろんです。本当に両親は私によくしてくれます。

（8）

S1：誰か頼れる人はいないんですか？

C1：こんな状況では誰もいないです。

S2：あなたが今どういう状態にあるか知っている人は誰かいますか？

C2：いいえ、誰もいません。ちょっと説明しておきたいと思いますが、私は、たしかに、親しい友人と同居しているんです。でも、このことでは、彼と関わり合いたくないんです。

S3：どうして？

C3：ええ、この友だちは、いわば独断的に物事を考えるタイプの人だからです。

S4：人のことなど構わない――

C4：まったく人のことなどどうでもいい人です。なによりも、このことは、彼の気持ちを薄めるにちがいない。彼はいつでも大きな信頼を寄せてくれました。つまりそう、何はともあれ、彼だって、いままでも何度も私に助けを求めたことがありました。今は、私が彼の方を振り向いて、そして私の心のなかに何が起こっているのかを言わなければならない、ってわけなんです。

S5：あなたのことを、彼は理解するかもしれない。彼は理解できない、って思うんですね？

C5：彼は理解するかもしれない。でも、彼はただ、私のことを、今までのようには頼りにしたり信頼することはもはやできないんだ、なんていうふうに思うだけでしょう。

S6：あなたの議論には飛躍があるようで、ちょっとついていけないんですが。もし彼があなたの弱みをみつけたり、あなたが動転しているのを、あるいは落胆しているのを知ったりするなら、あなたに対する彼の信頼がゆらぐことになる、と、こう考えるわけですか？

C6：はい。そう思います。

S7：ところで、私たちは、周りの人のことをちゃんと評価できないこともありますよね。私たちが想像する以上に、その人は的確に状況に対応できたりすることがありますね。でもこれは推測にすぎません。私は彼のことを知らないのですから。

C7：ええ、私だって、彼がどういうふうなものか、いろいろ試してみました。たとえば、ほんのりほのめかすとか、他の人たちのことを言ってみたりするとかして。

その結果わかったことが、さっき言ったことです。

S8：彼は、人がこんな気持ちでいることなど、大したことでないと思っているんですか。

C8：いいえ。彼は、こういう人は弱い人だとみなすだけで、何の問題解決もできないんです。だから、私は、自分にこんなことが起こっているということを、彼に悟られたくないんです。

S9：死んだほうがましだと？

C9：はっきり言って、そうです。

(11)（自殺志願者の友人が掛け手）

C1：すこしでも助言をいただけるかと思ってお電話したんですけど、この前の土曜日に、ご近所のお友だちが来たんです。彼女はご家族のことでとても絶望的になっていて、もうこれ以上生きていたくない、って言ったんです。私は本気にしなかったんですけど、でも彼女、うちにいるあいだに十八錠も睡眠薬を飲んだもので。

S1：あなたの家でですか？

C2：はい。土曜日に——だいたい五時頃だったと思います。何か言わなくてはと思って、彼女に薦めたんです。そりゃあ、何分私が部屋を出たあとのことなので、本当に彼女が飲んだのか、はっきりと言い切れませんよ。でもとにかく、親戚に会いに行くように薦めたんです。その方が、私が何かするより彼女のためになるって思ったんです。一緒にいた方が、何でも――

⒅

C1：つまり、私にとって事態が深刻なのは、私が家族の者か何かに、故意にではなく、ついうっかりと一度か二度しゃべってしまったことがあるんですが、家族の者たちはそれを本気にしようとしなかったんです。当然ですけど。

S1：いや。わかってほしいのですが、私たちは、あなたのおっしゃることを全部本気で受け取ります。

C2：信じてください、冗談で言っているんじゃないんです。さっきも言いましたように、人生なんて、何の意味もないって、そんな気がするんです。

S2：ええ。私たちは、あなたのおっしゃることを本気で受けとめています。誰かがそんな気持ちになった時には、いつも、私たちはできるかぎりのことをして、その人がそんなふうな気持ちをもたずにすむように、その人を助けようとしているんです。だから、あなたも助けてあげたいんです。

C3：わかりました。Cさん――

㉑

C1：もしもし。すぐに先生にお会いしたいんですが。州立精神衛生病院は、今日の午後誰もいらっしゃらないそうで、そこでここの電話番号を教えていただきました。私は、どなたか助けてくださる方が必要なんです。

S1：どんなお悩みがあるのかお教えいただけますか？

C2：ええ。私、気が変になりそうなんです。もう頭が破裂しそうです。誰か私を助けてくれるって言ってくれる人が必要なんです。ずっと長い間私は戦ってきましたけど、もう自分ではどうすることもできないのです。そして、誰も私を助けてくれる人がいないんです。私には専門家の助けが必要なんです。もう何の解答も見つからなくて。

S2：わかりました。今日の午後いらしてください。

(22)

S1：また別のことを聞かせてください。私たちにとって、たいへん興味深いことなんですが、電話を掛けてくる人のなかに、よく名前を言いたがらない人がいるんです。結局名乗らない人もいます。どうしてなんでしょう？　何であなた方は名乗るのに躊躇されるのですか？

C1：ええ。みんな自分が愚か者だと思っているんですよ。

S2：なぜ？

C2：私だってもう二十一ですよ。普通だったら、もし誰かきょうだいがいたり連れ合いがいたりするならば、もちろんそういう者に話すべきでしょう。だけど、他人に電話して話を聞いてくれなんて言わなければならないなんて、なんと愚かなことかと思いますよ。

原注

(1) この術語の意味については、一・一・一を見よ。

(2) 付録の引用1・5・22を見よ。

(3) 実際にどのような「救いの手」が差し延べられるかという問いは、ここでは扱われない。

(4) 〔訳注* ここの原注は、memberということばについて、それが"Member"と大文字で使われるばあいは、カテゴリー装置の使用者を指し、"member"と小文字で使われるばあいは、カテゴリー集合の要素を指す、というものである。訳出にあたっては、前者を「成員」、後者を「要素」と訳し分けた。これはあくまでも読み易さを第一に考えてのことである。〕

(5) このカテゴリー集合の集合(collection)ということばは、けっして弱い意味で用いられてはいない。つまり、弱い意味での〔数字的な〕集合(set)と同義ではない。このカテゴリー集合の集合は、もっぱら、使用者共同体の成員たち自身がじっさい諸カテゴリーをひとつの集合として集めたものを、指すことばなのである。だから、ある何らかのカテゴリーが一定のカテゴリー集合の要素であるかどうかということは、あくまでも経験的な問題である。したがって、われわれ〔研究者〕がそれについて何か主張するとき、その主張が誤ることもありうるのである。

（6） 制限（b）は、だいたいにおいて議論を単純にするために導入されたものである。後で見るように（二・二・四以下）、Pnに適合的な装置どうしのあいだで要素が重複しているばあいもある。とりあえずのところは、要素の重複していない装置が二つ必要なだけである。

（7） ここで「年齢」の集合を例に選んだわけは、これをはじめとしたいくつかの集合に具わっている次のような特徴に、注意を促したかったからである。つまり、「年齢」のようなカテゴリー化装置においては、その要素であるカテゴリーに対し様々なしかたで表現を与えることができ、しかもいずれの場合もその装置がPnに適合的であることには変わりないのである。そのカテゴリー集合からいくつかカテゴリーを取り去っても、それが、任意のN人母集団をカテゴリー化できることが損なわれるわけではない。もちろんだからといって、任意のカテゴリー群について、そのいずれのカテゴリーをも勝手に取り除くことができ、それでいてPnに適合的でもあり続けることができるなどということにはならない。つまり、いくつかのカテゴリー群どうしは、相互に代替可能だということなのだ。言い換えれば、あるカテゴリー群が〔他のカテゴリー群によって〕置き換え可能なものであったり、あるいはそのうちのある特定のカテゴリーが、さらに一群のる。

諸カテゴリーに分解でき下位集合を構成するようなこともありうるということなのである。

（8）ある装置がPnに適合的であるなら、その装置は同時にPaに適合的でもあることになる。この場合、aは、ある特定の自然数を表すものとする。Pnに適合的な装置は、成員数の不定な母集団〔＝Pn〕をカテゴリー化できるだけでなく、成員数の決まっている母集団〔＝Pa〕もカテゴリー化できる。もし母集団の成員数があらかじめはっきりしているなら、当然、Pnに適合的な装置以外の装置により、その母集団を適切にカテゴリー化することができよう。

（9）二・二・五を見よ。

（10）最初の選択肢〔社会学者は成員自身がすでに行なっているカテゴリー化を利用することができる〕は、第二の選択肢〔社会学者自身、そのようなカテゴリー化を研究の第一段階として行なうことができる〕に含まれると考えることもできるし、反対に、第二の選択肢が最初の選択肢に含まれると考えることもできる。前者の場合は、〔最初の選択肢について〕研究の一部分が専門家でない研究者に担われたと考えればよいわけだし、後者の場合は、〔第二の選択肢について〕専門の研究者自身、カテゴリー化装置の使用者母集団の成員のひとりだと考えるか、あるいはその母集団成員の代表者としてふるまえるような気持ちになっている者だと考えればよいわけである。

（11）この規則の適切な使用可能性については、二・二・四～五を見よ。

（12）一貫性規則は、一般に、Pnに適合的な装置にしか当てはまらないよう定式化されている。しかしながら、母集団があらかじめある程度特定化されている時、たとえば、成員数があらかじめ決まっていたりする時、Pnに適合的な装置以外の装置についても、一貫性規則は適用される。

(13) 二人以上の者が同時にカテゴリー化を行なっているということの重要性については、一・一・六・一および四・二以下で触れる。

(14) 二・二・三を見よ。適切に指示できるということと適切に推論できるということは、きわめて密接に関係し合っている。この関係については別のところで論じることにして、いまは、例の調査でえられたとくに次の知見がここに関連がある。つまり、ここで論じられているような装置に含まれる任意のカテゴリーについて、それが当てはまる成員は誰であれ、そのカテゴリーの「仮想的代表」(presumptive representative) となる、というのがそれである。手短に言えば、もしある成員がPnに適合的な装置に含まれるカテゴリーの担い手であるとの決定がすでになされているなら、そのカテゴリーにもとづいてなんらかの知識が組織されているとき、その知識はその成員にも当てはまるはずだと想定されていることになるのである。

(15) この節のデータは、Evelyn H. Pitcher と Ernst Prelinger の編集による *Children Tell Stories* (New York, 1963, p. 35, 31) に逐語的に採録されたものの引用である。

(16) 彼らは、代名詞の集合からなる装置をも知っている。このかなり重要な装置については、別のところで考察される予定である。

(17) 前掲書、三一ページより。強調は引用者による。

(18) 同じPnに適合的な装置であっても、なかには、個々の母集団成員について諸カテゴリーが相互排除的に用いられるよう構成されているものもあれば、そうでないものもある。しかし、たとえそのように構成されていなくても、単一のカテゴリー化が繰り返し行なわれることは可能である。というのも、諸カテゴリーが相互排除的でない場合には、どのカテゴリーが適用可能かを一定順序にしたがって順々に検討していくという手続きがあり、そしてもし今カテゴリー化されるべき当の成員に、あるカテゴリーが当てはまることがわかれば、その時点ですぐにその検討を停止するよう指示する規則もあるからである。

(19) ある装置については、もともと、それに含まれるカテゴリーは繰り返して使用できない。たとえば、野球のチーム〔一塁手、二塁手、捕手〕〔という装置〕を用いて、選手として登録されている九人(もしくは十八人)より多くの母集団から、それぞれの〔一塁手、二塁手、捕手といった〕選手を選び出そうとする場合を想定してみよ。

(20) 対応説的な基準は、他にもあろう。

(21) この新たなカテゴリー集合の導入にあたって、とくに、この集合がどういうとき適切に使用可能になるかは示されていない。だからといって、このようなことはどうでもいいことだなどというわけではない。まずこの適切な使用可能性について知りたいと思われる読者は、三以下を参照されたい。

(22) 一・一・六・一を想起せよ。

(23) この「部分的に」ということばの含意は次のとおりである。つまり、適切なやりとりが慣習的なしかたで連鎖していく時どのような規則が働いているか、といったことについては、何も示されていない、というのがそれである。〔訳注＊　慣習的に類型化された「連鎖」の例としては、「会話はどのように終了されるか」（とくに本書二七一頁以下）を参照されたい。〕

（24）注（14）および一・一・五を想起せよ。

（25）一・一・六以下を想起せよ。KとRがPnに適合的であるとしても、相互排除の可能性と一致の可能性はいずれも維持されるように思われる。

（26）このような問題の定式化は、Kについては正しいように思われる。

（27）以下に示される諸特徴は、本論ならびに付録に掲げられた自殺関係のデータ以外の、さまざまなデータを検討した結果見出されたものである。

（28）筆者の調査ノートより。

（28 a）J. C. C. McKinsey and Patrick Suppes: review of P. Destouches-Février, "La structure des théories physiques," in *Journal of Symbolic Logic*, v. 19, no. 1, March 1954, p. 54.

（29）グレゴリー・ベイトソンの *Group Processes*（1955, ed. Schaffner, p. 172）。

（30）*The Witnesses*（p. 46），A・ザプリューダの証言（Bantam Books, 1964）。

（31）ロサンジェルス・タイムズ（4-16-65）。

（32）『創世記』十九章〔日本聖書協会　口語訳版　二二ページ〕。

（33）フランツ・カフカ『審判』〔辻瑆訳　岩波文庫　九ページ以下〕。

（34）A. I. Richards, *Chisungu*（pp. 38-9, Faber, 1956）.

〔35〕 Mark Zborowski & Elizabeth Herzog, *Life is with People* (p. 289, Schocken edition, 1962).

〔36〕 さらに八以下を見よ。

〔37〕 本論で提出された分析から、次のことが期待できよう。つまり、そこで記述されたような束縛状況に身をおくと自ら感じている人は、きっと、自分は誰にも頼ることができないと考えて、自殺してしまうにちがいない、というのがそれである。われわれが実際に集めたりあるいは見せてもらったりした自殺者の遺書のうち若干のものから、自殺志願者はまさしくこのような状況にあるということが、はっきりわかる。さらに、このような状況にある人は、自分がこのような厄介事をかかえ込んでしまったということを明らかにしてしまうような遺書などを、きっと残したがらないにちがいない、とも期待できよう。クレッシーのデータは、本稿で分析されたものとよく似ている。それは、大部分、正当な出口をみつけ出すことのできなかった人たちに、つまり獄に繋がれた者たちに関するものであるが、それでも右の期待に確証をあたえるものである。このデータについては、Donald R. Cressey, *Other People's Money* (Free Press, 1953) のとくに第二章を見よ。

訳注

〔1〕 紙幅の都合上、付録の引用は部分的にしか訳出しなかった。

〔2〕 「記述」は本論において重要な術語の一つである。一・三以下ならびに六・一以下

にその意味が詳述されている。また、サーサス氏の序論(二九―三〇頁)も参照。

〔3〕 Pnは、Population(母集団)の頭文字Pと、任意の数を表すnを組みあわせたものと思われる。母集団のすべての成員ではなく、母集団内の特定の成員の集合にしか当てはまらないような装置は、Pa適合的と呼ばれる。原注(8)も参考のこと。

〔4〕 観察等をとおして命題と現実の対応が確認されれば、その命題は真であるとする立場を、一般に「真理の対応説」と呼ぶ。

〔5〕 たとえば、ある同じ人をカテゴリー化するのに、太郎はその人を「若者」として、花子は「男性」としてカテゴリー化してしまうことがある。このとき、コミュニケーションは阻害されかねない。「若者」・「男性」は、一・一・三にあるように、それぞれ異なるカテゴリー化装置の要素である。

〔6〕 RとKは、それぞれRelational pairsとKnowledgeの頭文字に由来すると思われる。

〔7〕 (1)については、自殺防止センターの職員と自殺志願者とのやりとりのなかで、その職員が、自殺志願者の親や配偶者や友人によるその自殺志願者当人への対処をあれこれ予期することを、また(2)については、自殺防止センターの職員と自殺志願者の(たとえば)友人とのやりとりのなかで、この両者が、自殺志願者の親や配偶者によるその自殺志願者当人への対処をあれこれ予期することを、それぞれ念頭における読み易い。

〔8〕 たとえば付録の引用5で、Sは、C(=自殺志願者)の両親について、それがCの「両親」だということ以上は知らない。しかしSは、Cに対するかれらの対関係上の位

置を知っているから、かれらが、Cにたいしどうふるまうかを予期することができる。引用11のC（＝自殺志願者の友人）も同様に、自殺志願者の「親戚」の行動を予期できる。

〔9〕原文で「一・一・七」となっているのは、「二・一・二」の誤りと思われる。

〔10〕たとえば、ある野球のチームについて、「このチームは、内野手は規定どおり四人いるが、外野手が二人しかいない」などと言うことができる。

〔11〕自殺という厄介事について、自殺防止センターの職員は「専門家」である。ちなみに、Rについて言えば「赤の他人」である。

〔12〕RpとRiのpとiは、それぞれproperとimproperの頭文字であろう。

〔13〕付録の引用4・22はいずれも、Rpがいないために、Ri（＝「他人」）に電話をしてきた例。Cは自殺志願者本人。

〔14〕付録引用4・22はいずれもRのカテゴリー（＝「他人」）が用いられているのにたいし、引用21は、いきなりKのカテゴリー（＝「専門家」）が用いられている。

〔15〕SはC（＝自殺志願者）が結婚をしていないということを推測している。

〔16〕本論でいう「特別の知識」とは、引用で、Cの友人（＝Rp）が「独善的に物事を考えるタイプの人」と言われていることに相当する。しかも、この点について、SとCの間で長々と議論されている。

〔17〕付録の引用5で、Cは、一方で、まず頼るべきは当然両親であるのに、他方で、その自殺志願の理由（かれが同性愛者であることに関係がある）を両親に告げるなら両親

は病気にでもなりかねない、というディレンマに陥っている。

〔18〕付録の引用8のC7参照。

〔19〕付録の引用22にあるように、Rpがいないならば、「他人〔＝Ri〕に電話して話を聞いてくれなんて言わなければならない」ような状況もありうる。もちろん、Riが用いられるかぎり、その人に助けを求める権利はない。だからCは自分を「愚か」だと言う。

会話はどのように終了されるのか

エマニュエル・シェグロフ
ハーヴィー・サックス

Emanuel Schegloff
Harvey Sacks
Opening up Closings

in: *Semiotica*, Vol. 8, Issue 4,
Berlin: De Gruyter Mouton, 1973, pp. 289–327.

この論文の目的は、会話はどのようにして終了されるかについて、われわれが今まで繰り広げてきた分析をとりあえず報告することにある。構成単位としての「単一の会話」（a single conversation）は、単純に終結するのではなく、終了にもち込まれるのだということを直観的に感じ取ることはできるだろう。しかし、ここでのそもそもの課題は、この終了の問題に対処するための技術的な土台を明らかにすることなのである。これをまず、周知の会話の最も基本的な連鎖組織（sequential organization）――つまり、話し手の順番組織（organization of speaker turns）〔1〕――についてのいくつかの特徴を考察することにより導きだそうと思う。会話を終了するといった問題は、とりあえずその会話における順番組織の水準から引きだされる手段を用いるならば、部分的に解決される。しかしながら、このような手段では不十分であり、会話終了の問題をさらに検討する方向に進まねばならない。そのためには、多種多様な連鎖組織の水準――とくに、ある話題にもとづく談話はどのように組み立てられるのか、および単位としての「単一の会話」は全体としてどのように構造的に組み立てられるのか――に触れることが必要となる。このようにして問題を新たに捉え直すことにより、終了の問題に関連しているさまざまなデータを捜しだして、そのデータをいくつか詳細に検討してみることにする。そして最後に、右で再定式された終了の問題に関連していると考えられる〔行為の〕領域を特定してみようと思う。

この研究計画は、数年前から企てられてきた作業プログラムの一部をなしている。その作業は、できるかぎり自然主義的な観察にもとづいた研究を押し進めることで、社会的な（諸）行為の細部を、厳密に、しかも経験的にかつ明確に取り扱おうとしたものである。[1]そこでは、さまざまな理由で、会話を集めた資料に関心を絞ってきた。その理由については、ここではいちいち指摘する必要はないけれども、ただ、言語に関して特別な関心があるからとか、会話を扱うことが何か理論的に優位であると考えるからではないとだけ言っておこう。それにもかかわらず、会話という資料の性格上、ここでの関心は、会話をそれ自体一つの固有の活動として研究することに引き付けられてきたのである。しかもそれゆえに、会話の参与者と専門的な研究者の両者が会話のなかで行なわれているあらゆる行為を理解し分析するためには、どのような方法で会話の諸特質や組織を取り上げなければならないかにも、また関心が引き付けられてきたのである。この「会話の参与者と専門的な研究者の両者」という言い方は強調し説明する必要がある。[2]

ここでは、次のような仮説（われわれの調査により生みだされた仮説であるが）にもとづいて研究を押し進めてきた。すなわち、ここで取り扱われる会話資料が秩序立っているのであるならば、それらは、われわれ研究者にとってのみ秩序立っているばかりでなく、会話を生みだしてきた参与者どうしにとっても秩序立っているのだということである。それどころか、まず第一にわれわれ研究者にとって秩序立っているというわけではない。つまり、もし、この資料（自然に行なわれている会話の録音）が秩序立っているのであるならば、それは、社会の成員がお互いにこれを方法的に生みだしているからに他ならないのである。さらに、まさにデータとしてわれわれが扱っている会話の特徴となっているのは、その会話を次のように参与者が生みだしているということである。つまり、会話が秩序立っていることを参与者が互いに〔会話のなかで〕表示し合えるように、しかも、そのように秩序立っているという事実が分析・評価・使用されていることを互いにそこで表示し合えるように、その会話が生みだされているといったことなのである。したがって、ここでの分析は、いかに秩序正しい方法でこの資料を成員たちが生みだしているのか、といったことを明らかにするためになされてきたのである。その秩序正しい方法とは、それ自体秩序立ったものであり、またこの秩序正しさが評価・使用され、さらには引き続いて行なわれる行為の基礎としてその評価が表示され取り扱われるといったものである。それゆえに、以下での議論でわれわれが論ずる「終了の問題」は、会話を交わしている者たち自身の問題として提起されているのである。つまり、われわれが分析者としてこの問題に関心を抱くのは、これが参与者たちの問題となっている場合のみであり、しかも、いかにして参与者たちの問題となっているのかについてだけであるということをはっきりと理解しておいてもらう必要がある。〔もっとも、「問題」という言葉により、何も、参与者が、いかにして会話を終了させたらよいのかと思い悩まねばならないような、複雑で入り組んだ問題を考えているわけではない。ただ、会話の終了は、〔成り行きにまかせるのではなく〕明確に成し遂げるべきものとして、つまり会話組織でのある問題を解決すべきものとしてみなさねばならないということである。たしかに、多くの成員にとって、自らがたずさわっている会話をなかなか切り上げることができない場合もあるので、会話を終了することが、実際に厄介な事柄となることがあるかもしれない。しかし、この〔厄介な事柄としての〕問題は、ここで関心を抱いている終了の問題とは異なっている。本稿で関心を抱いている問題は、会話の終了が、実際に厄介な事柄になることもありはするけれども、実際に厄介な事柄となっていなければならないというわけではない。もっとも、ここでの議論は、会話を終了するといったことが実際に厄介な事柄として存在するような場合でも、これに〔解決の〕基準を与えることができなければならないのである）。

　われわれが従来扱ってきた資料は、自然に行なわれている相互行為の録音テープやそれを書き写したものである（つまり、実験やインタビューのような調査を介して生みだされたものではない）。参与者は数もまちまちで、しかもさまざまな属性をもった者たちからなっている[3]。また、ここでの資料をこのように特徴づけるならば、ある危険をともなうことになる。つまり、研究者もしくは参与者自らがこのデータを生みだしたり解釈したりあるいは分析する方法には、参与者たちの数や属性などが強力にかかわってくるという見解を述べていることにはなりはしないだろうか。このような見解はいかにもありそうである。だが、そうであるからこそ、細心の注意を払ってこの見解は扱わなければならない。そして、データの右のような特徴づけがさまざまな点に関連しているということが、このデータそれ自体から正当化できる場合にのみ、この見解は考慮されればよい(4)。この論文の最後で、このような形で正当化が行なわれている資料をいくつか示してみようと思う。しかし、いま述べたことゆえに、さしあたりは資料をこのように特徴づけていくことは差し控えることにしたい。

　終了の問題に着手するさい、本稿では単一の会話の全域的な（overall）構造的組織といえるようなものの一つの部分〔つまり終了の部分〕を取り扱うことになる。明らかに、その他の終了や完了点、すなわち発話の完了とか、話題の終了などにも取り組むことができるけれども、本稿で取り扱う終了はあくまで「単一の会話」の終了である〔2〕。したがって、ここでは、一方で、終了の問題を取り扱うわけではあるが、他方では同時に、「単一の会話」という単位の一局面を取り扱うことにもなるのである。この「単一の会話」という単位の他の局面としては、会話の「開始」とか、話題の構造といったものがある。それゆえ、会話の全域的な構造的組織の一局面を取り扱うことは、後で見るように、会話組織の別の水準にも触れなければならなくなるだろう。また、「全域的な構造的組織」という会話の組織水準に適切な説明を与えるためには、ここで利用できる以上の紙面や、（「話題」という単位の組織のような、いまだに十分に知られていない別の組織水準に言及しなければならないばかりか）手持ち以外の知識が要求されることにもなろう。したがって、本稿での全域的な構造的組織についての説明は完全なものではなく、むしろその内容は、多くの点で暗示的なものにとどまらざるをえない。その意味で、ここでの全域的な構造についての説明は、「終了」をいかに扱うかのためだけの予備的な説明でしかなく、また、全域的な構造一般についてのまったく基本的な説明にすぎない。

あらゆる会話活動(conversational activity)が、すべて単位としての「単一の会話」の事例であり、すべてそれに回収されるというわけではない。したがって、会話活動が生起する場合には、この単位とか、これを特徴づけまたそれを構成している構造とかが、いつもかならず関連しているとはかぎらないのである。一方、他の組織水準、とりわけ、発話を組織する水準とか、この発話が行なわれる話し手の順番を組織する水準は、会話活動と同一の広がりをもっており、それどころか、これを規定しているものと考えることもできる(いま述べたように、あらゆる発言がこうした水準を満たしているというわけではない。たとえば、講演などは違う)。それゆえに、これらは会話の基本的な水準としてみなすことができよう[5]。この論文の最後の節で、単位としての「単一の会話」の事例となっているとは考えられないような会話活動といった主題に立ち返ろうと思う。しかし、先に論じた視点から、会話終了の問題を、会話組織の最も基本的な水準、すなわち話し手の順番という水準を用いて、技巧的に明らかにすることから議論を開始するのが得策だろう。

I

別の論文で[6]、会話の二つの基本的な特徴を示しておいた。その特徴とは、（1）単一の会話においては、少なくとも一人の、かつ一人の話し手だけが一時に話すこと、および（2）話し手の交替が繰り返されることの二つである。また、ともに会話を交わしている者どうしは、会話をしながら話し手の順番を継続的に秩序づける「装置」を用いて、この特徴をそれぞれ、あるいは、むしろ、二つの特徴を同時に確保するのである。この順番取得装置（turn-taking machinery）は、一方で、「次の話し手」の選択を組織する一組の手続きと、他方で、どのようなきっかけで次の話し手への移行が起きるのか、もしくは起きなければならないのかを指定する一組の手続きを構成成分として含んでいる。また、順番取得装置は一発話ごとにそのつど（局域的に）作用する。このことは、この順番取得装置とは別に考えることができる他の組織の場合と対照的である（この別の組織とは、たとえば、話し手の移行のきっかけや、次の話し手の選択の様式とその結果は、会話全体を通じて、初めから順番取得とは無関係に当事者たちの属性に割り当てられることにより、前もって決定されてしまっているような組織である[7]）。すなわち、次の話し手が選択されうるのは、まさに現在行なわれているそれぞれの発話の内部においてであり、また、このような選択が効果を得て、次の話し手への移行が適切になされるのは、まさに現在行なわれているそれぞれの発話が完了しうる場所においてなのである。これを、発話が完了しうる場所での「移行適切性」(transition relevance)と呼ぶことにする。発話が完了してもよいそれぞれの地点で、そのつど繰り返して、次の話し手への移行が適切となるのは(この適切性を修正するための特別な手法が採用された場合を除いて)、ある意味では、当事者たちが「話し手の交替は繰り返される」という特徴を考慮に入れているからに他ならない。

これゆえ、右のような会話の基本的な二つの特徴とこれをいかに同時に確保するのかといった問題、およびこの問題を解決するために用いられる順番取得装置は、分析者の構成物というわけではない。むしろ、会話を交わしている者たち自身が適切な会話を構成するさいに考慮に入れていることを、そのまま記述したものなのである。つまり、会話の当事者たちは、自分たち自身の活動のなかで会話を構成するわけであるが、その場合に、彼らは右で示した二つの特徴を同時に確保するように心がけ、しかもこれを確保するために順番取得装置を使用するというわけである。ここでは、いま述べたことを詳細には論証できないけれども(8)、この論証がどの方向で行なわれるのかを一つだけ示しておくことにしよう。もし、先の特徴が規範的であるならば、すなわち会話を行なっている者たちが目指している特徴であるならば、その時、この特徴を同時に確保するための順番取得装置は、さまざまな違反を処理する手続きを含んでいることになろう。実際、この特徴の一方もしくは両方が確保されなかった場合、この装置は、それを「違反」として、つまり修復する必要があるものとして、位置づけるはずである。また、このためには少なくとも、先の特徴が確保されていない場合、この装置がそれをなんらかの「出来事」として位置づけなければならない。さらに、順番取得装置がそのような位置づけを行なうということは、次のような事例を考えればわかる。つまり、ある場面で、誰一人語る者がいない時、この「誰かの沈黙」は会話者たちによって見てとられるといったような場合がそれである。沈黙が沈黙として気づかれうるのは、先の「少なくとも一人の、かつ一人だけの話し手が一時に話す」という特徴を、会話を交わしている者たちが考慮することの現れなのである。つまり、もし会話者たちがまさにこの沈黙に気づき、しかも、気づいていることを明確に表示しているならば、この特徴は、単に分析的に構成されたものではなく、会話者たち自身により考慮されている特徴だということにならざるをえない。この沈黙が誰の責任かは、順番取得装置の構成成分のうちで、次の話し手の選択にかかわる成分が当事者たち自身により考慮されることを反映している。つまり、「ある話し手の順番」は、次の話し手の選択にかかわる構成成分により、会話の過程内である一時点において生成されえたと考えられるので、その時点で沈黙が生じるならば、その沈黙はこの次に選択される「話し手」の責任とされるのである。たとえば、次の会話をみよ。

E：彼はサン・フランシスコにやって来なければならなかったんだって、だから、やつは向こうからフフゥ　こっちの教授のところへ電話してきて、時間を打ち合わせて、そしてフゥ　自分のために予約をしてくれるようにフゥー　頼んだんだって。部屋代なんか払ってそれはそうしてやったそうだ。でも、それだけじゃなく、彼は、自分の親たちのための予約もしてくれるように：頼んだんだって。で、彼女が言うには、電話の反対側で長い沈黙があったものだから、彼は「いや、やはり、親たちは自分たちの分を払うでしょう。えーと」——フフゥ——「部屋代や宿泊費は」と言ったんだってさ。

（ここでの沈黙は次のことを示していると考えられる。すなわち、注目されている沈黙は、自分の依頼に釈明を与えることによって処理されている。また、この話し手はその沈黙は自らの沈黙ではないと聞き取り、しかもその時、話し手は相手〔教授〕が適切に答えられるようにうまく言い足すことで、沈黙を自分の話の間合いに変えてしまった。つまり、この沈黙が相手の沈黙として聞き取られているにもかかわらず、話をしている者が意図的に自ら沈黙したものとして扱われていることが、〔順番取得装置による違反の修復という観点から〕それなりに関心を引く事柄なのである。）

同様に、「二人以上の者が一時に話す」場合を出来事として位置づけ、それを違反であるとし、また違反として確実に扱うためにある有効な手段が実際に用いられている。再び、このような手段が会話を交わしている者たちにとり有効で、しかも彼らにより用いられているのであるならば、「一時に話すのは一人だけである」との特徴を、規範的な事柄として、つまり、会話者たちが考慮に入れている事柄として取り扱わねばならない。これを、理論家たちが会話資料に秩序を与えるための手段として扱ってはならない。

ところで、われわれが検討を加えてきた以上の基本的特徴（とくに、話し手の交替が繰返されるとの特徴）や、会話の特徴を生みだす基礎としての順番取得装置の発話ごとの作用は、会話の秩序立った進行と関係している。だがしかし、これらは会話の終了を準備するものではないことに注意したい。というのも、発話が完了しうる場所での移行適切性は、会話内でそれぞれの発話ごとに繰り返して起こるので、次の話し手への移行を規定している右の装置は、談話の順番の連鎖を無限に拡大することができるからである。したがって、この時、会話の終了についての最初の問題は、次のように言い表すことができるだろう。すなわち、ともに会話を行なっている者どうしが全員一緒に、ある話し手の発話が完了しても他の話し手の談話を引き起こさず、しかも、この発話の完了がある話し手の沈黙としても聞き取られることがないような〔完了〕点に、到達するといったことは、いかにして組織立てられているのであろうかということである。会話の終了と、会話内での他の場所とを区別するためには、右で指摘した発話の完了が、単なる沈黙としては聞き取られてはならないということが必要なのである。もし会話内のいずれかの場所で、ある話し手の発話が完了したのにもかかわらず、起こりうる次の話し手の談話が実際には起こらないならば、会話の基本的な特徴や順番取得装置の適切性が継続していることにより、それが会話の終了として聞き取られることはなく、何か理由があって沈黙しているのだと聞き取られよう。たとえば、いままで話していた話し手が談話のなかで取る間合いとして聞き取られるはずである。このことは、なぜ、単に談話を止めることでは会話の終了の問題を解決できないのかを暗示している。というのも、発話を初めに止めようとする話し手は、誰であろうと順番取得装置の移行適切性を停止したというよりも、むしろ順番取得装置にもとづいて「沈黙している」のだと聞き取られるからに他ならない。ただ止めるといった方法で会話を「終了」させようとすることは、その会話の境界外の出来事としてよりも、あるいは会話の境界を確定する出来事としてよりも、〈会話内での出来事〉として解釈されてしまうし、さらには会話において生じた行為、たとえば、怒り・無愛想・不機嫌などとして分析されてしまうだろう。したがって、改めて、会話終了の問題とは、発話が完了しうる場所での移行適切性の停止をいかに調整するかであり、依然として移行が適切であるにもかかわらず、移行が実際に生じない状態〔沈黙など〕をいかに処理するかではないということになるのである。

II

それでは、発話が完了しうる場所での移行適切性はいかにして解除〔停止〕されるのであろうか。手っ取り早い解決は、「さようなら」のやりとりのような慣習的な成分から形成されている「最終交換」(terminal exchange)を使用する解除方法である。この最終交換が、発話が完了しうる場所での移行適切性を解除するためにどのように役立っているのかを考えてみると、まず最初に、最終交換は、われわれが数年間研究を続けてきたさまざまな発話連鎖の種類の一事例、すなわち、発話対偶(utterance pair)を形成していることに気づく。これを以下では隣接対偶(adjacency pair)と呼ぶことにしよう。(9)

この隣接対偶という発話連鎖は、会話のなかで多方面にわたって作用しているが、ここではわれわれの関心を、この発話連鎖が会話の完結にどのような作用をはたしているのかに向け、議論も会話の完結作用に対して隣接対偶が適したものになるのはどの点でかというところに限定しよう。端的に言って、隣接対偶は以下のような特徴を本来的にそなえた連鎖から構成されている。つまり、(1)二つの発話からなり、(2)この構成成分としての二つの発話は隣接した位置に置かれ、(3)各々の発話をそれぞれ別々の話し手が生成するといった特徴である。

このような連鎖の構成成分をなしているそれぞれの発話は、隣接した発話間に、別の場合ではありえないような親密な関係を形成することになる。この関係は部分的には、話し手が会話上の連鎖を生成するさいに、ある類型化が作用している結果である。この類型化は二通りの方法で作用する。まず、発話類型を「第一対偶成分」(first pair part)(つまり対偶の最初の成分)と「第二対偶成分」(second pair part)とに分割する。しかも次に、第一対偶成分と第二対偶成分とを密接に関連づけることにより、一つの「対偶類型」(pair type)を形成する。たとえば、「質問—返答」、「挨拶—挨拶」、「提案—受諾/拒否」などがこの対偶類型の事例である。したがって、ある種の連鎖は、ある話し手により生成された第一対偶成分をなす発話が、別の話し手による所産としての発話を直接従えることにより構成されることになろう。しかもこの時、後者の発話は(a)第二対偶成分となり、さらに(b)この連鎖での最初の発話がその一構成要素となっている同一の対偶類型から選択されるのである。そのさい、隣接対偶は、先の(1)から(3)の特徴に加えさらに、(4)各対偶成分に相対的な順序が存在し(すなわち、第一対偶成分が第二対偶成分に先行する)、(5)ある対偶成分はもう一つの成分を特定化する関係にある(すなわち、ある第一対偶成分を構成要素としている対偶様式は、どのような第二対偶成分を選択したらよいのかに影響を与える)といった特徴を示すことになる。

隣接対偶連鎖がこのように秩序立ったものであるためには、ある発話が第一対偶成分の地位にあることを認識することができなければならない。この問題はさまざまな方法で処理されているが、二つだけ事例を挙げておこう。たとえば、構文的に発話文の統語法を使用して質問が行なわれていることが認識される場合とか、構文的には不完成ではあるが、「こんにちは」とか「やあ」を使用して挨拶が行なわれていることを示す時のように、慣習的な構成成分が用いられる場合がある。

要するに、隣接対偶の作用に関する基本的な規則は、もし、第一対偶成分が認識可能なものとして生成されたならば、この第一対偶成分が完了しうる最初の時点で、第一対偶成分の話し手は話を止め、次の話し手が話を開始せねばならず、その場合、次の話し手はその第一対偶成分を一構成要素としていると認識できる同じ対偶類型から、第二対偶成分を選びださねばならないということである。

さて、隣接対偶に関しては二種類の用途が考えられる。ここではそのうちの一方だけに関心を払い、もう一方については要点だけに触れておくことにする。まず、後者について。ある会話で一方の話し手は、発話の直接的な配列を通して連鎖上の意味合いを生みだす機会をもっている。その場合、この話し手が連鎖上の意味合いを生みだそうとするなら、いつでも、方法的にそうするための一つの手段として第一対偶成分が使用される。[10] したがって、その話し手が自分で話したいと思っているなんらかのことについて直接新たに話をしようとする場合には、その話し手は自らの発話を質問〔第一対偶成分〕として形成し、そのことによって、次の話し手に発言の機会を与え、この話し手が答え〔第二対偶成分〕とみなされる発話を生成するように仕向けることもできるだろう。隣接対偶はこのように、会話の途中で絶えず用いられている。第二に、〔会話の〕ある組織類型が作用するためにも、発話の直接的な配列が役に立ったり、これが要求されることがある。この場合にはいつでも、隣接対偶が発話を直接的に配列していくのに使用される。つまり、先に示した会話の「全域的な構造的組織」と呼ばれるような組織類型の場合には、少なくとも初期連鎖〔挨拶の交換〕と終了連鎖〔最終交換〕とは、隣接対偶の形態をとっているのである。このような組織の問題に隣接対偶が繰り返して用いられ、またその用法が制度化されているといったことは、まさに次のことを示している。すなわち、これらの問題は部分的に共通した性格をもち、しかも、こうした性格をもった問題の解決には、とりわけ隣接対偶組織が適しているというのがそれである。〔この問題が、発話が完了しうる場所での移行適切性を解除する問題であるならば、わけても隣接対偶組織が、最終交換の形態をとることで、この移行適切性の解除問題を解決するために使用されるだろう。〕

隣接対偶がどのような問題にとくにふさわしいのか、また隣接対偶がいかにその解決にとりわけ適しているのかを、以下のようにごく簡単に言い表すことができる。発話ごとに順番取得が組織されるので、もし直接的な配列が試みられないとするならば、そのつど後続するようにいくらかでも意図された発話や発話類型が、そもそも生成されるなどという体系的な保証などありはしない。もしも、次の話し手が意図された発話もしくは発話類型を行なわないのならば、そのさらに次の話し手もそれを行なうことはないだろう（あるいは、何か意図したこととは別のことを行なうことになるだろう）。また、その次の次の話し手が何をするかも特別「決まっておらず」、つまり、その発話が最初の話し手により意図されていた発話でないのならば、これ（そこに位置する発話）ゆえに、そのまたさらに次の話し手の発話は、やはり最初の話し手の意図したものとは異なったものになろう。このことが順次引き継がれて行くことになる。したがって、この時、直接的に配列することは、なんらかの望まれている出来事が、ともかく起こるといったことを保証する基本的に一般化された手段となっているのである。この望まれている出来事が次に生起しないのならば、単にそれは遅れたのではなく、もう決して起こりはしないだろう。隣接対偶の手法こそ、この直接的な配列の問題を操作する手段を与えてくれるのである。それは、望まれている出来事が「いつ」生起するのかを、つまり、それが起こるのは「次」なのだということを確定するのである。直接的な配列の問題は、適切な出来事が引き起こされる確実性がそれしだいなので、それ自体重要な意味をもっているのである。

ところで、なぜ会話の開始とその終了には、二つの発話が必要とされるのであろうか。質問に対してはつねに答えが与えられるということに隣接対偶が関連している理由はわかりやすいだろう。というのも、〈質問―返答〉対偶の各成分は、まったく別々のものだからである。ところが一方、会話の終了の問題はまさに一つの発話だけで処理できるように思われる。少なくとも終了に二つの発話がかならず必要とされるのであるならば、その時、それらは対形態として理解することができるはずなのだが、しかし、そもそもなぜ二つの発話が必要なのであろうか。

その理由は、別々の話し手によって生成される二つの発話は、一つの発話だけでは行なえないことをなしえるからである。つまり、話し手は隣接して配置されている第二対偶成分を構成することにより、第一対偶成分の話し手が意図していた内容を理解したことや、この第二対偶成分の話し手が第一対偶成分の話し手の話に進んで同調していることを示すことができるのである。さらに、第一対偶成分に隣接して第二対偶成分が生成されるならば、第一対偶成分を生成した人は、自らが意図していた内容が実際に理解され、それが受け入れられたか否かを、その第二対偶成分の生成から知ることができるのである。また指摘するまでもなく、第二対偶成分を用いて、相手の言うことが十分に理解できなかったとか、相手の発話には同意できないと訴えることもできる。あるいは、第一対偶成分に隣接した第二対偶成分を検討することで、第一対偶成分の話し手は、第二対偶成分の話し手が自らは理解していたと思ってはいるが、実際には誤解していたのだといったことを知ることができる。つまり、自らの発話が了解・誤解・訂正されたことなどが、それとして理解できるのは、隣接した発話の位置関係を利用することによってなのである。要するに、発話のもつ一定の意味合いが正しく読み取られねばならない場合にはいつでも、「次の発話」がそのためにふさわしい場所となっている。また、二つの発話からなる連鎖は、ただ一つずつの発話だけの継続ではなしえない方法で、連鎖上の意味合いを帯びるように意図された発話を生起させ、かつこれを検討する手段として用いられるのである。

（いままで論じてきたことはこれで十分なものではあるが、かならずしも徹底したものだとはいえない。たとえば、初期連鎖の場合、とくに電話の場合には、この連鎖は対化《ペアリング》された状態にあるので、この連鎖〔〈ベル音―「もしもし」〉の連鎖〕が、誰が電話に出ているのかを推測するために、あるいは電話に出て話をしているのが誰なのかを、まさにその人の受け答えから認識することができるかどうかを調べるために、利用されるのである。）

そこで次のように提案してみようと思う。もし移行適切性はどこで、解除することができるかという問題が系統立ったものであるならば、隣接対偶がこの問題を解決することになるだろうというのがそれである。というのも、移行適切性が解除されるのは、第二対偶成分が生起した後でだからである。つまり次のとおりである。最終交換〔〈「さよなら」―「さよなら」〉〕の第一対偶成分が生起するならば、そのことにより、その成分の話し手がいま会話を終了したいと提案していることが明らかになる。それに対し、第二対偶成分が生起するならば、その会話の終了の意図が読み取られ同意されたことが明らかになる、というわけである。ところで、このような解決法は制度化されたものである。そこでいまや、この解決法が用いられているとはっきり言える場合が、どの範囲にわたっているのかが明らかとなる。たとえば、相手に返答する余地を与えないような仕方で「さよなら」を言う場合と、相手が返答をする余地を残すような仕方で「さよなら」を言う場合とでは、ぜんぜん違う。最初の場合は、後者の場合と対照的に、その振る舞いは際立ったものとなる。つまり、怒りを表していたり、無愛想を示していたりすることになる。また、怒りを表したり、無愛想に振る舞うために、あえて前者のようにすることもできよう。このようにどちらの場合を選ぶかによって異なる結果が生じるということこそ、右の解決法が制度化されていることの証拠である。最終交換は決して個人的な選択にかかわる問題ではない。だがしかし、〔「さようなら」を一方的に吐き捨てるような〕単一の発話による終了は違反であるといっただけでは、なぜ二つの発話からなる連鎖が用いられているのかを説明できない。なぜならば、単一の発話だけによる終了がなぜ違反とされるのかについての問題は、依然として明確にはされていないからである。

　右で最終交換の構成成分について述べたさい、「さようなら」を唯一の事例として用いてきた。しかし、明らかにただこの言葉だけが、最終交換のために用いられているわけではない。つまり「わかりました」・「それじゃまた」・「ありがとうございました」・「どういたしまして」などのような他の構成成分もまた使用されているのである。これらは最終交換のためばかりではなく別の用途ももっている。したがって、それが用いられているといった単純な事実だけで、それをたしかに最終交換の成分であるとみなすことはできない。最終交換が用いられているということは、冒頭で提起した本稿の問題についての単なる近似値的な解決にすぎない。というのも、一つには、最終交換であるかもしれないような交換が、右で述べたように、かならずしも本当に最終交換であるとは、その構成成分からだけではわからないからである。以下では次の問題に目を転ずることにするが、この問題を検討することにより、いくつかの必要な補足的説明が与えられることになろう。

Ⅲ

前節では、〔発話が〕どのように配置されることにより会話が終了されると考えられているのかということについて、そのうちの一点だけに焦点を当ててきた。その一点とは、最終交換の直接的配列の組織ということである。一連の発話列におけるどの場所でなら、ある発話が完了したと同時に発話完了の移行適切性も解除されることになるのか、ということをはっきりさせようとするならば、ある隣接対偶の体裁に合わせて発話を配置すればよかったのである。最終交換での第二対偶成分が、このような場所であることを提起しておいた。最終交換の第二対偶成分は、この交換での第一対偶成分の生起により指定された位置で生起する。しかし、最終交換での第一対偶成分がどのように配置されるのかについては検討を加えなかった。そこで、この節では、この第一対偶成分の配置を取り上げ、第一対偶成分がどのように用いられるのかという問題を検討することから始めることにしよう。

最終交換の第一対偶成分はどこでも自由に生起するものではないといったことは経験的に明らかではあるが、以下では、第一対偶成分を用いるさいに生ずるさまざまな配置問題を考察してみることにする。まず、予備的な見解を二つ示しておこう。(1)いままで携わってきた研究で、発話者が発話の配置を考慮に入れるということは、発話についての一般的な事実であることが明らかとなっている。すなわち、「なぜいま」この発話がなされるのかということは、会話内の発話について(参与者たちにとり)いつもみんなの問題となっていることなのである。次に、この問題を分析することは、(2)「この発話」は一体なんなのかをつきとめることに関連している。つまり、いくつかの発話は、おおむね、それがどこに配置されているかを考慮に入れることで、行為としてどのようなものなのかを推測することができるのである。たとえば、陳述・主張・宣言・提案という一発話の地位を、答えとしての発話の地位から十分峻別する基準は発話の配置といった(つまり、連鎖上の位置に関する)基準以外には考えられない。一定の発話を答えとして、あるいは答えを試みているものとして捉えることができるのは、ただその連鎖における位置によってである。たとえば、その発話が質問の後に位置していることを考慮に入れることによってであり、発話それ自体の音韻論的・構文論的・意味論的あるいは論理的な特徴を参照することによってではないのである。もし、最終交換が、(右で述べたように)その構成成分からでは最終交換としてかならずしも特徴づけることができないのならば、最終交換が最終交換としての地位を得るさいに、その配置が果たしている役割を考慮せざるを得なくなる。

発話の配置を本格的に考察する場合、次のような問題が浮かび上がってこよう。すなわち、会話組織のどの水準が、配置の考察に関連してくるのであろうかということである。すでに一つだけこの配置の問題に触れておいた。それは、最終交換の第二対偶成分の配置である。そこでは、隣接対偶という組織水準にもとづいて配置が実行されたり分析されたりしたのである。これは会話のそのつどの「局域的な」組織の一種、つまり発話ごとの組織なのである。ところが、いま論じている最終交換の第一対偶成分は、会話組織のこのような局域的な秩序にもとづいて位置づけられるとは考えられない。もちろん最終交換の第一対偶成分は、ある発話の後で生起する。しかしそれは、ただ単に「ある『直前の』発話や発話類型の後で起こる『次の』発話」として定式化される位置づけ方だけによっては配置されない。むしろ、この第一対偶成分の配置は、適切に開始された終了部門(closing *section*)により組織されているように思われる。また、最終交換での第一対偶成分が、一方的に突然現れても、それが終了問題の不完全な解決にしかならないのは、まさに適切に開始される終了部門が欠落しているからに他ならない。したがって、終了部門の適切な開始を取り扱わねばならなくなるだろう。これを十分やっていくために、そしてまた、会話のこの組織水準が成立するための基盤が同時に会話を終了するための基盤でもあることを理解するために、そのつどの局域的な組織にとどまらず、全域的な会話組織の諸局面を究明することになろう。というのも、この諸局面は、配置問題について引き続き考察していくための背景となっているからである。ただし、これはわれわれの目的にとってあくまで背景にすぎないから、議論は必要最小限のものとなり、また多分に概括的な内容に留まらざるをえまい。

現在の問題と直接関連した全域的な会話組織の局面として、話題にもとづく談話がどう組織されるのかということがある。(この話題にもとづく談話がどう組織されるかという言い方は両義的である。一つには単位としての「一つの話題」がどう組織されるのかということが考えられるし、もう一つとしては、もっと大きな単位である「単一の会話」内で複数の話題がどう組み合わされ組織されていくかということが考えられる。前者も終了と関連してはいるが、ここではさしあたり後者だけを扱うことにする。)さて、会話のなかで語られることになる事柄を「言いたいこと」(mentionable) と呼ぶことにしよう。会話者たちは、単一の会話のなかでいろいろな言いたいことについて秩序立った仕方で談話し、自分たちの発言を配分していく。その時、会話者たちは明らかに、いろいろな考察を行なっているのである。たとえば、単一の会話のなかで「最初の話題」はどの位置にくるのかという問題がある。この最初の話題という言い方は、ある話題が時間的に他の話題に先行して語られるというような、単純な先後関係の事実を指しているわけではない。なぜならば、時間的には先行した話題でありながら、当事者たちにより、「最初の話題」としては聞き取られも取り扱われもしないものがあるからである。たとえば、「最初にちょっと言っておきたいんだけど」と前置きされた話題が、そうである。また、「ご機嫌いかが」という問いで開始された時、その受け手が、ごくわずかであれその話題を展開してしまう場合もあるが、これも「最初の話題」とは言えない。だから、話題が「最初の話題」となるためには、むしろ、その話題が会話のなかである特定の地位を当てがわれなければならないことに注意したい。したがって、たとえば、ある話題が「最初の話題」とされるならば、その話題は、（会話の参与者たちにより）その会話の「理由」として分析できるものとなる。さらに、このように「最初の話題」となるということは、その会話の特徴として維持することができ報告することができたことなのである。[11] 加えて、ある話題が「最初の話題」となるならば、この話題は、それを最初にもちだした側の当事者にとっても、すこぶる重要なものとなるであろう。（この特徴はかならずというわけではないが、その話題が「会話の理由」となることと結びついていることもあるだろう。）

会話者たちが、自分の「言いたいこと」に特別の重要性を与えられることを望んでいない時、また、最初の話題が「その会話の理由」として維持されることも望んでいない時には、右のような「最初の話題」の特徴は、一つの問題を引き起こすことになる。最初の話題がくるべき位置で何を語るか、ということが〔会話者たちにより〕問題とされることを考えるならば、次の事例にあるような発話のやりとりが会話の開始時点で交わされることも理解できよう。この事例では、ニュースの報告が後回しにされている。

A：どうしてる。
B：別に、そっちはどう？
A：あいかわらずさ。

この場合、会話を行なっている者たちは、言いたいことがあるにはあるのだが、それを最初の話題のくるべき位置に置きたくないと思っている。そして、最初の話題の位置でそれを語らなくとも、その後でそれを語る方法がちゃんとあるのだ。

話題にもとづく談話をどう組織するのかということについて、さらに「一致作用」（fitting）というものがある。これは優先的に好んで用いられる手続きである。言いたいことを話題にのぼらせるのにどういうやり方が優先的に用いられるのか。おそらく、それは、会話が進行していくなかで、発話を局域的に組織するという手立てを用いることにちがいない。つまり、言いたいことを話題にすることを、「自然にそうなる」まで差し控えようというわけである。言い換えれば、言いたいことを話題にすることが、他の会話者が先立って発話したことにうまく一致して、自分の言いたいことが切り出せるようになるまで、そして他者の発話が、自分の言いたいことを話題にするための十分な理由として利用できるようになるまで（それゆえにまた、「なぜいま」この話題が導入されるのかという配置問題――配置問題自体が遍在的であることはすでに述べた――を解決できるようになるまで）、待とうというわけである。

(1)（会話を開始してから五六分後）

（一五・〇）

ケ　ン：イースターの前に、ン　どうしてみんな通りでカー・レースなんかするの
かって話し　ン　してて、結局結論でなかったよな？

（三・〇）

ケ　ン：なあ、おまえ、おぼえているだろう？

ロジャー：↓そうそう、そういえば、おれ、夕べひどい事故を起こしちまったんだ。足
が切り傷だらけになっちゃったよ。通りでレースしようなんていう　ン－
話をしていたら、たまたま相手がいたもんだから。ミルオルランドの直線
コースでまたやったんだ。そしたら、どいつだかが、馬鹿なミスをしてさ、

おれたち、丘の反対が（フゥ）わに-　につっこんじまったんだ、へへへ、
シート・ベルトはしてたけど、膝なんかをさんざんぶつけちまったよ。

（2）（会話を開始してから一時間十三分後）

《やりたいことはあるが、なかなか実行するのが大変な人たちのことについて、ケンは話している。》

ケ　ン：アルは、ヨットと-　とか何かに　ン　のっ-　のるのが好きなんだよな
//（　）

ロジャー：もう、ヨットはないぜ、ハァ、ハハハハ

ケ　ン：どうして？　どうしたんだい？

ロジャー：ヨットを売っちゃったのさ、へへへ-

ア　ル：売っちまうんだ、もうすぐなくなっちゃうのさ。

ケ　ン：エエー、そうか。よく乗ってたのに。

ア　ル：［フフゥン

ケ　ン：［でも、まだ、か-　彼は心の中-　中じゃ、乗りたいと思っているさ。

ロジャー：今じゃ、アルは//オースチン・ハーレーをぶっとばすのが//すきなんだ。*

ケ　ン：でも-

ケン：でも、か－　彼は//彼は、

アル：↓**バイクも、もうないんだよ。**

ロジャー：どうしたんだよ？

アル：**ぶっこわれちまったのさ。**

ロジャー：嘘だろう⁉

（一・〇）

ロジャー：お前、何をしたんだ？

アル：ウーン　エンジンがいかれ－　ちまったんだ、——　よくわからないけど、

バルブやなにかがだめになったんだ　——　パーだよ！

（一・〇）

ロジャー：冗談だろう？

アル：エンジンには、三五〇ドル分の働きはしてもらったさ。

*ロジャーがアルにオースチン・ハーレーを売ったのである。

このことから次のことが指摘できる。つまり、言いたいことは、最初の話題がくるべき位置に置かれねばならないわけでも、そうする必要があるわけでもない。言いたいことは、会話が引き続き行なわれるなかで、それがその直前の発話にうまく一致するまで差し控え

られるかもしれないし、またそうしたほうがよいのである。しかしながら、個々の言いたいことが、すべての会話の過程において「自然に話題にのぼる」機会を与えられるとの保証はなにもない(12)。したがって、会話者によって言いたいことが会話に導入される場所は、その会話が展開して行くなかで、結局どこにも見出せないかも知れない。話題がどのような構成要素にもとづいて組織されるかについてすでに論じてきたことからも、このことはまったく可能である。そうなれば、結果は深刻となるかもしれない。なぜならば、言いたいことが「この会話」で言及されないのならば、それは言いたいこととしての地位、あるいはある種の言うべき価値のあることとしての地位を、たとえば「ニュース」としての地位を失うことになるからである。

B：書店の——組合の書類に ン 書き込んでいるのを見たわよ。あなた、そこに勤めるつもりなの？
A：あぁそうだよ、ごめん、話してなかったっけ。
B：えぇ、アーァ、あなたは私に何も話してくれないんだから。いつもそうよ〃
A：でも、何かあったら、すぐに話せばいいんだろう。
B：そうーね。
A：もっとも、僕が誰かに逢ったとしても、いつのことかそんなに覚えているわけじゃないぜ。

こうであるならば、終了構造の重要な利点として、終了構造は右のような話題構造に対処できるように工夫されるということが挙げられよう。つまり、それは、言いたかったけれどもいままで言えなかったことをどこで切り出せばよいかを指定することができるのである。最終交換は、それ自体だけでは、このようなことはできない。最終交換の場合、隣接対偶といった直接的な組織化のための手立てが利用されることにより、会話の直接的な（つまり、次の順番での）終了が可能になる。もし、この直接的配列の手法によって、言いたかったが言えなかったことを挿入する可能性が排除されることがないようにしようとすれば、最終交換の第一対偶成分の配置に対し、なんらかの制限を加えればよいはずである。たとえば、「事前の予告」をしておくとか、あるいはなんらかの仕方であらかじめほのめかしておくとかすればよかろう。

話題構造についてのこれらの考察を進めれば、すでに触れた、終了のために配置をどうするかということにおける一構成要素、すなわち、適切に開始される終了部門の概念が再び取り上げられることになる。この終了部門を適切に開始するための一つの本質的な特徴は、言いたかったが言えなかったこと（の挿入）に対するそれの関係である。また終了を開始するためのいくつかの方法が、すでに論じてきたような問題に対処するために明らかに工夫されていると思われる。

Ⅳ

終了部門そのものについては後で述べるとして、それを開始するために最初になすべきことは、「先終了句」（pre-closing）（という呼び名を使いたいと思うわけだが）といったものを用いることである。われわれが先終了句として念頭に置いているのは、（降下音調曲線をともなった）「うん……」・「わかった……」・「そうだね……」などのいずれかの形態をとるものである。その場合、これらはそれぞれそれだけで一つの完全な発話を形作っている。この先終了句は、正確には「先終了となる可能性のある句」（*possible* pre-closing）と呼ばれるべきものである。なぜなら、たしかに、この句によって終了部門を適切に開始することができるようになるのだが、しかし、これは、この句がもつさまざまな用法の一つにすぎないからである。この句は一つには次のように作用する。つまり、ある話し手の順番にそなわっている発言権をそれは独占してしまうのである。この句が用いられるならば、その順番での発言権は、それまでの話題について引き続き発言したり、あるいは新しい話題を開始したりするために行使されることはないのである。話し手はこの句を用いることにより、自らの順番を取得するが、しかしこの順番では、その話し手は〔発言を〕「パス」するというわけである。すなわち、その話し手は、もはやこれ以上もしくは新たに話す事柄が何もないことを示すのである。言い換えれば、この句を発話することは、先行したすべての話題を断ち切るものとして取り扱われることにもなるのである。したがってこの場合、「自由な」順番を次なる話し手に与えることになり、この次の話し手は、話題の一貫性をおかすことなく、新たな話題、たとえば、以前に言いたかったが言えなかったことを導入する機会を手にすることができるようになるだろう。つまり、こうした先終了となる可能性のある句の後で、新たな話題が開始される場所が適切に与えられることになるのである。

さて、先終了となる可能性のある句について論じてきたが、この句によって与えられる機会が利用される時、言い換えれば、この句によって与えられた機会を利用して、他者が言いたかったがいままで言えなかったことを話題にする時、局域的な組織がここでもふたたび作動することになる。たとえば、話題にもとづく談話における一致作用なども局域的組織の一つである。つまり、先終了句が用いられていない場合には、もともと局域的な組織がなされているわけだが、右のような時にも、やはり局域的な組織により、話題にもとづく談話の最中におけると同様の可能性が与えられることになるのである。そこで、先終了となる可能性のある句の後に、言いたかったのに言えないままできたことが導入される時には、言いたかったことが初めのうちに話題になった場合よりも、談話はずっと長いあいだ持続することになろう。なぜなら、先終了となる可能性のある句が用いられた時には、さらに誰か話し手の言いたいことが、すんなり一致した仕方で「自然に話題にのぼる」ことになりうるからである。それゆえ、「わかった」などの発話の後に、長い会話が展開されたとしても、このことが、その発話が先終了となる可能性のある句であることを否定する証拠にはならない。(たとえば、われわれが八五頁にわたって録音の書き写しを行なった二者間の会話では、最初の先終了となる可能性のある句は、二〇頁目で起こっているのである。)先終了となる可能性のある句を越えてさらに会話が引き伸ばされうるとしても、そこから、先終了句は実際には終了を導けない欠陥物だ、ということにはならない。それどころか、それは、会話の話題構造に適した仕方で、話題にもとづく談話をさらに続けて行く機会を準備するわけだから、その意味で利点となるのである。

話題にもとづく談話がさらに続けられる機会を先終了句が与えるということ、このことがどう活用されるのかについて以上考察してきた。しかし、別の可能性もある。つまり、会話を交わしている者たちどうしが、言いたかったが言えなかったことの導入機会を見送る場合もある、というのがそれである。この場合には、先終了句に対する返答は承認であろう。つまり「パス」が返されることにより、次のような連鎖が生じる。

A：わかった。
B：わかった。

これにより、ともに会話の当事者たちは、引き続いて終了部門を適切に形成することになる。先終了となる可能性のある句〔Aの「わかった」〕がこのやり方で処理された場合、それは終了部門の第一成分を構成することになろう。

以上、先終了となる可能性のある句として、「わかった」・「うん」などの形態をとる発話に触れてきた。この用語〔「先終了となる可能性のある句」〕を用いることで指摘したかったことは、そのような発話には、終了部門を開始するという用法があるということだけではない。言いたかったが言えなかったことの導入を誘うことで、話題にもとづく談話が再び始められることを準備する、という用法も指摘したかったのである。このような句が発話されたとしても、〔かならずしも終了部門が開始されるのではなく〕談話が再び始められることもあるわけだ。このような特定の代替肢をもつがゆえに、その句は、あくまでも先終了となる可能性のある句にとどまるのである。[13] しかしまた、こうした句が単に先終了となる可能性のある句にとどまるといったことには、別の意味が含まれている。明らかに「わかった」・「うん」などの発話（しかも、この形態だけから構成されているような発話）は、会話のなかで「先終了句」として以外の効力をもっている。したがって、たしかにいままで「先終了」という言い方をしてきたが、しかしその発話が先終了として扱われるのは、明らかに、それが特定の場合に用いられた時のみなのである。われわれは以下のことを提起してきた。すなわち、初めにかいつまんで説明した最終交換による終了問題の解決の仕方は、最終交換の配置の分析により補わなければならないこと、また、この配置は、適切に開始された終了部門という観点から捉えられること、さらに、終了部門は先終了となる可能性のある句により適切に開始されること、そして「わかった」といった形式の発話が、先終了句となることもありえるといったこと、以上である。しかし、このことは、次のいずれかが示されるまでは、あまり有効なものだとはいえない。つまり、まず（1）「わかった」といった形式の発話が、間違いなく先終了句となること。しかしこれは明らかに事実に反する。そこで、（2）「わかった」形式の発話が、先終了となる可能性のある句となるために、どのような分析が参与者によりなされるのかが示されねばならない。このような分析にかかわる考察（会話を行なっている参与者たちによる考察であり、われわれが記述しようとしているのは、彼ら参与者たちの手順である）の一つは、「わかった」という形式の発話が、会話のなかでどのような場所に配置されているかということに関連しているのである。

どのような機会にこうした発話が、先終了となる可能性のある句だと考えられるかは、話題にもとづき〔談話が〕組織されるなかで、この発話がどう配置されるかということをとおして明らかにすることができよう（この場合、話題にもとづく組織とは、いままでのように、会話の過程をとおしてさまざまな言いたいことを組織することではなく、「単一の話題にもとづく談話の組織」のことである)。要するに、「わかった」とか「うん」などの形式の発話は、(繰り返していえば、参与者たちが)話題の終局として分析することができる場所に位置づけられた時、先終了となる可能性のある句として作用するのである。

この配置について議論を正当に行なうためには、「一つの話題についての談話」がどのように組織されるかを分析する必要があることになるわけだが、ここではこれを展開することはできない(この分析作業を、現在、進めているところである)。しかし、少なくとも次のことは指摘できる。つまり、すべての話題が、終局として分析できる局面をともなっているわけではないということである。談話をある話題から切り離す手順の一つに、「話題退化」(topic shading)と呼ぶことのできるものがある。この場合、あえて話題を切り上げようという特別の関心が払われているわけではない。むしろ、一つの話題が展開していくなかで、いままでと異なった焦点をもちながらもそれでいてそれ以前のことと無関係ではないような発言を、その直前の発話に一致させることが試みられるのである。しかし他方、ともに会話を行なっている者どうしは、(単に話題を退化させるだけでなく)はっきりと話題を限定しようと試みることもある。しかも、そのためのさまざまな機構もまた備えられている。この機構にもとづいて、先に「終局として分析できる局面」と言った場所がどこなのかも明らかとなろう。当事者たちが話題の終局をまさにそれとして分析することができるということは、それ自体、その終局をもたらすために彼らが実際に行なう協同作業のなかにはっきり示されているのである。

たとえば、〔話題の退化ではなく話題を限定する手法として〕「話題打ち切り」（closing down a topic）という手法がある。これは、ある種の話題類型にとってはまったく形式的なもののように見える。というのも、もし話題がある一定の種類の類型として分類できるようなものであるかぎり、その手法は、その個々の話題がどのような内容をもっているのかに関係なく利用できるからである。つまり、この手法が、話題にもとづいた談話を終局に導くやり方は、進行中のその談話を、内容的に見てその話題にふさわしい一定の仕方で展開していくというものではない。そうではなく、それぞれの話題に特有な手法として他に何があるにせよ、それとは関係なく右の手法は〔あくまで形式的に〕使用できるのである。次のような発話のやりとりを想定してみよう。

A：　いいかい？

B：　いいよ。

こうしたやりとり〔＝話題終了交換〕は、もしこれで完了するなら、当事者が協同して話題を打ち切るために役立つであろう。またそれゆえに、このやりとりが会話のなかに印す次の発話箇所のなかで、「わかった」・「うん」などの形式の発話が生起するならば、その

発話は、先終了となる可能性のある句として聞き取られることになるだろう。(14)[3]
この他にも(ここでは簡単に触れるだけであるが)もう一つの「話題限定」(topic bounding)手法が存在する。これは、一方の話し手が、昔ながらの知恵を格言的あるいは警句的に表現したものを用いることからなっている。その表現は、「道徳的」もしくは「教訓的」な事柄として聞き取られ、話題がそれにより終了されることもあろう。このような表現は「合意を得やすい」ので、この表現が一方の者により与えられ、他方の者が合意を示した場合、話題は終了に持ち込まれたのだと(彼らに)受け止められるだろう。再び、これらの表現が、直接「わかった」・「うん」などを従えるならば、この句は、その配置からして、例の先終了となる可能性のある句がなしえる二つの作業のうちいずれかを果たしているといると分析できるのである。[4]

(1)
ドリーネ：　ウーンわかるでしょ、あなた、まったくもう、頭ー　にきちゃうじゃない。
テレサ：↓ええ、そうね、**物事は、ン、いつもうまく//いかないものよ。**
ドリーネ：↓あぁ、まったくそのとおりね。わかったわ//テス。
テレサ：　ウン。
テレサ：　わかったわ、

ドリーネ：　さよなら。
テレサ：　おやすみなさい。

(2)
ジョンソン：　……それで、えーと私たちの考えが一致しないものかどうか、ン引き続き検討していくことにしようじゃないか。
ボルディン：　ええ//そうしましょう。
ジョンソン：　↓いいかい？
ボルディン：　↓いいですよ。
ジョンソン：　わかった。
ボルディン：　わかりました。
ジョンソン：　さよな//ら。
ボルディン：　おやすみなさい。

全域的な会話組織のうちで（「話題を退化させる」よりも）むしろ話題限定をあえて用いるのが適しているような場合がある。その場合には、顕著なことにも、[〈「いいかい？」─「いいよ」〉といった] 話題終了交換のすぐ後に、先終了となる可能性のある句が続くことになる。このように組織される会話を「単一の話題からなる会話」(monotopical conversation)と呼ぶことにしよう。「単一の話題」といっても、この場合、事後的に見たら、一つの話題だけが語られていたことが発見されるというようなことを考えているわけではない。というのも、話題にもとづいた談話は非常に複雑な仕方でなされるので、その談話内でそのつど後続する発話はどれも、いままで「ずっと」維持されてきた話題を変更してしまっているとも考えられるからである。だから、ここでは、単一の話題からなる会話ということで、むしろ、単一の話題しかないことがあらかじめ予期され、このことを初めから考慮に入れることで生みだされた会話が考えられている[15]。こうした単一の話題からなる会話が実際に起きるという事実は、次のことを見れば明らかである。つまり、会話者たちは、そのような会話の構造に適応するために、あるいはその会話構造の効力を維持したままそれから巧みに逃れるために、ある特定の手法を用いているのである。たとえば、「二つ問題があります……」と前置きすることによって会話を開始する場合があるが(学生が教師の面接時間に訪れた場合のように)、この時には、まさしく次のような予期に対して対抗策が講じられているのである。すなわち、もしこうした前置きがなければ、一つの話題だけをめぐり、たとえばその会話の開始者(学生)がそこに来た「理由」だけをめぐり、会話が構成されるはずだという予期がそれである(このような予期にもとづいて会話が構成される場合、他者〔右の例では教師〕は、会話の開始者がいま会話のどの位置にいるのかを見極めるのに、あくまで最初の話題が展開していく上でのどの地点にその者がいるのかを見極めることになる〔つまり、話題自体が変わったという考えをもちえない〕)。別のやり方、たとえば、「本題に入る前に……」という前置きを用いる方は、単一の話題に終始従いながらも、その話題以外のことについて、発話を行う余地を残すというものである。もし、「単一の話題」という言い方により、手続き上、最初の話題の終局が終了部門を開始するきっかけとして使用されることを意味するならば、いま示したような前置きを会話の開始者が用いた場合には、それにより開始された話題を相手は最初の話題としては考えないだろう〔したがって、終了部門を開始するきっかけとはならない〕)。

単一の話題しかないという予期にもとづいて交わされる会話では、この話題(あるいは不可避的に最初に始まってしまった話題)の終了は、明らかに終了部門を開始するためのきっかけとして役立つ。このような状況においては、一つの話題は、退化して別の話題になり変わるのではなく、むしろ決まって限定を受けることになろう。このような話題の限定は、先に説明した格言による手法や「話題打ち切り」手法によってもなしえるだろう。また、会話の開始者が先終了となる可能性のある句を用い、かつまたその句がまさにそれとして分析することができる場合には、その句は、話題終了手法が配置されるべき場所にうまく置かれるかぎり、それ自体、この話題が(現にそう振る舞っている当人にとって)十分に解消されたことを示すことになるだろう。したがって、話題の解消(およびその終了)

は、別個に改めて成し遂げられなくともよいのである。反対に、話し掛けられた相手が終了を開始しようとする場合、会話の開始者からの協力を得られないならば、これは、その話題が無理矢理解消されようとしていることに対し、開始者が不満をもっている証拠となるだろう。

この節では、明らかに、先終了となる可能性のある句のうち、ただ一つの種類だけを論じてきた。しかも、ある発話が先終了となる可能性のある句として分析できるのは、その発話がどのように配置されている時なのかということについても提案をしてきたが、その提案も、この種のものだけと関係しているにすぎない。すぐ後〔第Ⅴ節〕で、簡単にこれ以外のものに触れることになろう。いままで取り上げてきた種類のものについては、次のことに注意しなければならない。つまり、これまで論じてきた話題限定手法は、複数の話題が連鎖的に順次組織されているなかで、そのどの位置にある話題についても適用することができるというのがそれである。この手法は、最初の話題についてしか適用されないというものでもないし、あるいは五番目の話題だけに、あるいは最後と思われているような話題だけに適用されるというものでもない。(16) それは、(話題が連鎖的に順次組織されているなかでの)どの話題にとっても適用するものなのである。そうであるがゆえに、それだけますます、先終了となる可能性のある句は、話題にもとづく談話の再開を誘発するものでなければならなくなる。その理由は次のとおりである。いま話題の終了の後に「うん」とか「わかった」といった言葉が使用されたとしよう。その時、会話のなかで相前後する話題のうちどの話題が終了されたかにかかわりなく、これを（会話の参与者たちは）先終了となる可能性のある句として分析できるであろう。そうである以上、もし話題にもとづく談話を再び始めるという選択肢が与えられていないならば、当事者たちの言いたかったが言えなかったことは、一切、その当の会話のなかでは語りえないものになる、ということになってしまう。〔しかし〕先終了となる可能性のある句は、エチケットとして相手に誘いをかけるために用いられる。つまり、他者に発言権を与えるために用いられる。この句のおかげで、話題にもとづく談話を開始したり、また、言いたかったが言えなかったことを切りだすための機会と責任が、会話のさまざまな当事者に配分されることも可能となるのである。そして、会話への参与者たちがこれらの機会や責任をもはや要求しない時に、先終了となる可能性のある句が終了部門を開始する可能性は、現実のものとなるのである。

V

以上の議論では、会話に加わっている相手が誰も会話を続けることに関心を示さなかったり、実際に会話を続けなかった時に、終了部門が開始されるということが、あるいは言い換えれば、その時、終了部門が開始されたのが明らかとなるということが、示唆されてきた。ところで、このことが会話を終了させるための正当な理由となる。いまや次のことが理解できるに至る。つまり、最終交換の場合と同様に、終了部門についても、これをどのように配置すべきかということが問題になるわけだが、このことはとりもなおさず、しかるべき言葉を、すなわち会話のいずれかの「いまここ」で終了を開始することになるような言葉をどのような正当な理由にもとづいて配置するかが問題となるということなのである。(17) すでに論じてきた種類の先終了となる可能性のある句――「うん」や「わかった」など――は、会話を終了しようとするための正当な理由となるものである。こうした句がどのように効果的に働くかは、先に述べたその特徴からわかるだろう。もし、〔「わかった」などによる〕発言権の申し出が辞退されたなら、つまり、他者が「わかった」とか「そう」とか言ってそれに答えたなら、この二つの発話は、終了部門の最初のやりとりとなる可能性があるだけでなく、まさに現実にそのものになるのである。したがって、先終了句は、もしそれが受け入れられるなら、もはや「先」ではなくなる。というのも、その時には、いずれかの「ここ」で会話が正当な理由のもとに終了されることになるからである。

さて、いままで見てきたように、この種の先終了句は、会話の終了を企てるためのある特定の正当性を与えるものであった。そこで次に、別の種類の先終了句を検討し、それによりどのような正当な理由のもとに、終了部門が開始されることになるのかを見ていくことにしよう。以下で論じようと思うことと比較をするために、いままで論じてきた種類の先終了句についていま一つ観察できることを確認しておこう。〔先に見てきたように「わかった」などの〕〈発言権を互いに申し出合うやりとり〉という方法は、それにより会話のどの当事者もが終了を開始することができるものなのである。ところがこれとは対照的に、特定の当事者だけしか使用できないようないくつかの先終了となる可能性のある手段が存在している。この場合、この特定の当事者がどのような人物とみなされるかは、会話の文脈によって変化する。[18] たとえば、電話のやりとりについての観察事例では、この当事者がどのような人物であるかは、電話に特有の会話から限定される。[19] つまり、電話のやりとりの場合、当事者は、電話の掛け手と受け手の二人である。電話のやりとりの観察から見て取れることは、終了部門の開始を導くための、いわゆる「掛け手の手法」と「受け手の手法」とが別々に存在するということである。これを詳細に取り扱うに先立ち、〔全域的な構造組織に対し終了がどのように関係しているかについて、この論文の冒頭で主張したこととの絡みで〕次のような一般的な指摘をしておこう。すなわち、興味深いことに、電話での会話が終了部門へ誘導される時、その会話の開始時における諸特徴〔とりわけ、誰がその会話を開始したのかということ〕が、関連のある事柄としてははっきりと利用されるといったこと、このことを指摘しておこう。このことは、会話の参与者たちが、会話を交わしているあいだ、終始、単位としての「単一の会話」を考慮に入れ続けているという提案を支持するものである。

会話の終了を開始するさい、電話の掛け手もしくは受け手のどちらかの当事者しか用いえない特定の要素が存在する。しかしまた、この当事者たちの多くが共通してもっている一つの特徴にも気づく。すなわち、それは、当事者が「ここ」で会話の終了を開始するための正当な理由として、他の当事者の関心を利用するという特徴である。この手法は、当事者の関心がどのようなものであるのかに応じて、いずれかの当事者に割り当てられることになる。次に示した会話終了への誘引において、掛け手〔B〕に特有の手法が用いられており、〔長話をしたくはないという〕受け手の関心が言及されている。

昼食についての議論が取り交わされてきた：

A：ウーン、レバーとか、ン、モツとか、ン、そんなような材料なんだけど、それがとっても、おいしいの。私には、ちょっと高すぎるけれど：おいしいのよ。

B：→わかったわ、お昼を食べに出掛けたらいいわ。あなたを電話に釘づけになんかしておきたくないもの。

一方、次の事例は、受け手に特有の手法が用いられている。ここでもやはり、相手〔掛け手〕の関心が言及されている。

A：電話代がずいぶんかかっちゃうんじゃない。

もちろん、掛け手と受け手の両当事者が用いることのできる方法もある。その場合には、相手の関心が言及されることはない。もっともよく用いられるのは、「もう行かなくちゃ」である。

以上で論じてきた先終了となる可能性のある句に共通している特徴の一つに、この句は会話のなかで生じた個々のこまかい内容とは無関係に用いられうるということがある。つまり、それは、たとえば誰が電話を掛けたのかというような、会話の開始時のなんらかの要素をもちだし利用することはあるとしても、他方、会話の終了を正当化するために、会話の過程のなかで展開された題材には決して言及することはないのである。しかしながら、会話のなかで展開された題材を、あえて用いる方法もまた存在している。次に引用した会話では、会話を開始してまもなく、電話をされた者（電話の受け手）はこう言った。

B：あなた、テレビのダクタ：リ見てる／

A：い：いえ。

B：↓まー、たいへん、ヘンリー隊長がライオンの、いー（〇・四）いる檻に、とー

とじ込められちゃったわ、アァ、

四、五分後、電話の掛け手は、次のように会話の終了を開始する。

A：わかったわ、じゃあ、ダクタリをゆっくり見てちょうだい。

このような手段があることから、単位としての「単一の会話」や、一事例としての「この、単一の会話」を、会話者たちがどのように考慮に入れているのかについて、より深く理解できるようになる。つまり、単一の会話においては、ある時点でのその会話の展開を手立てとして利用することにより、後にその会話をある特定の限定された仕方で展開していくことが（たとえば、会話を終了しようとしたりすることも）できるわけである。このための題材は、会話におけるあらゆる場所から拾いだされ、会話の終了において利用するためにももちだすことができるのである。しかしながら、このような題材が体系的に得られるのは、なんといっても会話の開始時においてである（電話での会話の開始だけでなく、対面的な相互行為の場合も同様である）。「何してるの？」・「どこかに出掛けるのかい？」・「どう元気？」など、会話の開始時に用いられる「ありきたりの」質問から、さまざまな題材を引き出すことができる。この題材がその会話の終局で用いられるならば、その会話の終了に正当な理由を与えることができる。たとえば、「わかった、また本を読んでいいよ」・「横になって一休みしたら」などといった具合である。[20]「うん」・「わかった」のような先終了となる可能性のある句が発話されれば、それは、先の議論では終了の正当化を端的に成し遂げ、そのような正当化をそのものとして実現するとした。それとは対照的に、右のような言い方を用いるならば、今度は、終了の正当な理由が宣言されることになるのである。このような言い方により終了の正当な理由が宣言されるということは、それがどういう場所で用いられることになるのかということに関係している。

先終了となる可能性のある句が、このように終了の正当な理由を宣言するという形で用いられるなら、その時には、その句がどのような形をとるのかは、それが用いられる当の会話における固有の題材に依存することになる。そうなれば、それがどのような時に優先的なものとして用いられるかということは、徹底的に解明することのできない事柄だということになる。しかし一方で、終了の正当な理由を宣言し、しかも、その会話から引き出されるそれ固有の題材には言及することなく一般的に使用可能な（つまり、特定の者だけに使用が制限されているわけではないような）手法もある。この手法については、「行かなくちゃ」といった事例に即して簡単に論ずることができよう。（「赤ちゃんが泣いているから、行かなくちゃ」・「お料理が焦げちゃう。もう行かなくちゃ」などは、その変形体もしくは拡張体である。）

先に、先終了となる可能性のある句が終了の正当な理由を宣言するのではなく、終了の正当化を端的に成し遂げる場合には、その句は、話題の終了後や話題が打ち切られた後に配置されると論じておいた（それどころか実際、この句が先終了となる可能性のある句として認知されるためには、こうした配置がおそらく必要とされるだろう）。それに対し、現在ここで考察を加えている明確な終了宣言は、話題に割り込むような形で用いられているのである。〈「わかった」—「わかった」〉のような発話のやりとりがどう配置されるかは、話題にもとづく談話の組織や隣接対偶組織といった、局域的な水準の会話組織に依存している（この発話のやりとりにおける最初の〔下降音調をともなった〕「わかった」は、隣接対偶の第一対偶成分の後に置かれることはないし、もし置かれたとすれば、先終了となる可能性のある句として考えることはできない）。しかし、「行かなくちゃ」のような明示的な宣言は、このような制限を受ける必要はない。それは、〈いまだに完結していない可能性のある発話〉に割り込むことさえもできるのである。もっともこのことは、何も「行かなくちゃ」のような発話は、局域的な組織を無視して配置されねばならないということにはならない。「行かなくちゃ」といった発話が、話題の終了後に位置されることもある。たしかに話題終了後の場所で「わかった」を用いることができるが、しかし「行かなくちゃ」が用いられるなら、その場合には、なぜ、「わかった」に代わってこれの方が優先的にその場所で用いられたのか、その理由を詮索することができる。「行かなくちゃ」は、引き続き談話がなされることを禁止することができないし、また他者が、この発話の後に、言いたかったが言えなかったことを導入することもあるものの、しかし明らかに、「わかった」がともなうのと同じ結果を招くことはない。「行かなくちゃ」が用いられた場合、話題にもとづく談話を再び始めるという特殊な代替肢は発動しない傾向がある。だから終了部門を開始することにおいては、この先終了句の方が、「わかった」よりも効果を発揮することになるのである。

現時点では暗示するにとどめるが、前述の議論は、次のことを含意している。つまり、さまざまな先終了となる可能性のある句という手段の貯えのなかからどれを選択するかに関する一つの基準は、そのそれぞれの言葉がどこに配置されるべきなのかということである。したがって、さまざまな代替的な選択機構が効果的に終了部門の導入やその開始を成し遂げるといったことは、(分析者としての)われわれに次のような興味深い問題を提起することになる。つまり、実際に用いられているある機構や成分は、いかにして選択されるのであろうかといった問題である。この問題を検討するためには、ただ単にこのように選択された句が、会話の終了を開始したり導入したりするということだけを示してみても、十分ではない(用いられている以外の他のあらゆる利用可能な成分もまた会話を終了する。だから、右のことは、なぜこの特定の成分が用いられているのかという理由を説明できないのである)。それに加え、相互行為のうえで関連のあるその他の諸活動をもその句が成し遂げている、ということも示さねばならないのである。以上で指摘してきたことは、終了部門を導入し、またこれを開始するためにどの成分を選択したらよいのかについては、局域的な組織（発話ごとの組織）や話題組織との関係で、終了部門がどのように配置されているかを考慮に入れなければならないということである。

さらに、もう一つの含意にも留意せねばならない。先に論じた事柄で重要なことは、会話に、終了を開始する「機が熟した」位置が存在する場合、その位置に挿入される発話は、それが会話を終了するのに適切であるかどうかが（たとえば、単なる質問ではないかどうかが）考慮されるということである。先に用いた例を引用するならば、適切に位置づけられた「横になって、一休みしたら？」（why don't you lie down and take a nap?）は、「なぜならば…」（Because...）をともなって答えられるべき（「どうして横になって休まないんだ」という）質問としてではなく、[5]終了部門の開始として聞き取られるだろう（もちろん、相手はそれを質問として扱うことで、終了の提起を先送りするように求めることはできる）。実際の資料を提示してみよう。

Bは C を誘おうとして話をしたが、C に夕食に出掛けるところだと言われた。

B：↓あぁ、それじゃ、さっさと替着え、外で何か適当な食べ物を食べておいで、一緒に食べるのはこんどにしようよ、それじゃ、ジュディー。

C：わかった、じゃーね、ジャック

B：バイバイ

C：バイバイ

この会話の抜粋で、たしかに統語論的に見て、この〔Bの〕発話は文法的には命令法もしくは命令として捉えることができるし、また、Cの「わかった」はそれに対する帰順もしくは同意として考えることができる。しかし、BとCの発話はそれぞれそのような型をとるからといって、奇妙な発話だとは言えない。Bの発話は言語形態として命令型的な面をもってはいるが、このことは考慮に値するものではない。そうではなく、彼の発話が終了の開始であり、Cの発話は、服を着させようとする命令に同意しているのではなく（つまり、もし彼女がこの会話の後で服を着なかったとしても、別におかしなことではない）、この会話を終了するための会話終了の導入に同意しているのだということが重要なのである。つまり、これらの発話をそれぞれ個別に取り扱い、発話の連鎖を無視してしまうような――文法的・意味論的・語用論的な――分析では、発話の実際の使用におけるその用法がいかに重要かを見出せず、参与者どうしが右の発話で何をなし、発話について何を行なっているかを示し得ないのである。すなわち、Bの発話がここで終了の開始を形成するといったこと、また、Cの発話はこの終了形態を受け入れているのであって、この発話の中で提案されていると思われる〔字義どおりの〕事柄を受け入れているのではないということ、このことはこの会話でのこれらの発話の配置からわかることなのである。このような考察を行なえない研究は、かならずや過ちを犯すことになる。

VI

いま、終了部門の開始がどう配置されるのかという問題を考察してきた。そしてこの配置問題と、どのような手法により終了を開始するかという手法選択とは、一つの会話の終了はどのようにして正当化されるうかという問題と関係していることを明らかにしてきた。繰り返して言えば、終了開始の問題とは、どのように調整すれば移行規則の適切性を停止できるかという問題を解決してくれるような手続きを、会話でのいずれかの「いまここ」で採用することを、どのように正当化するかという問題であった。その場合、その手続きは、同時に、会話のなかに言いたいことを導入しようという当事者たちの関心をも満たしてくれるものでもあったから、そのような正当化の一つは、終了に対する特定の代替肢――すなわち、話題にもとづく談話を再開すること――に、その会話のなかでその参与者たちがいかなる関心も示さない時に達成されるのであった。ただし注意しなければならないことは、「うん」とか「わかった」とかいう先終了となる可能性のある句が使用される時、その主たる可能性は「終了に向かうこと」であり、参与者が言いたかったが言えなかったことを導入するというのは、あくまで特定の代替肢としてだということである。つまり、右のような句の発話から生じる二つの選択肢は、対称的ではないのである。終了が主たる可能性なのであり、言いたいことについてのさらなる談話は、この代替肢にすぎず、逆は真ではない（つまり、「先終了となる可能性のある句」といった用語は適切にもその非対称性を表現している。すなわち、この句を「話題を再開しうる句」とは呼べないのである）。もし、特定の代替肢が採用されないのならば、主たる可能性がおのずと現実のものとなる。

ところで、いま述べた非対称性を逆転する正当化問題の別の形式が存在している。この場合には、配置も発話類型も右の場合とは正反対になる。これを「話題に先立った終了提案」（pre-topic closing offering）と呼ぶことにする。次のようなデータの中にこれを見出すことができる。

（1）

A：はい、もしもし、

B：起こしちゃったかしら／

A：誰だい。

B：ナンシーよ

A：あぁ、今日は
B：↓今日は、起こしちゃったんじゃない
A：ン、いいよ、いいよ、かまわないよ、ハハ//ハ
B：（ ）フゥ、電話が鳴ってからすぐ、切ったほうがいいかなとは考えたの、（でも、私）、ごめんなさい、フゥ
A：いや、いや、いいよ、いいんだよ//少し、ンーあわてただけだよ、フゥ
B：あぁー、よかった。
B：フゥ、えーと、ソーセージはもってこないでね、だって…

（2）
A：もしもし／
B：おはよう。
A：あぁ、おはよう//どう、元気、フフゥ
B：リサね
B：↓元気よ、起こしちゃったんじゃない／
A：いいえ、そうじゃないわ、新聞を読んでたの…

(3)

A：でも、誰も、ン、おれのようには、苦しんでないよ、フゥ。

（一・四）

A：ウーン、どうしてって、ウゥ、そー　彼女が　ン　死ぬ　フゥ　二週間ぐらい前になんだかわからないけれど、何かに取りつかれたんだ、おれには、何がなんだか、よくわからないよ。本当に、わからないんだよ。車に乗って彼女に会いに行こうとしていたんだ、一人で行こうとしたんだ。

（一・三）

A：それ、で、俺ア……ここで駐車するところを見つけるのに時間が、かー　かかったんだ、どのくらいだったかわからないけれど。

（〇・四）

B：ふーん

A：↓三〇分ぐらいかな。忙しいのかい＼

B：ウゥ、いや、そうでもないけど。孫娘がきてるんだ。

A：エェ。あそう、じゃー電話してられないね//ン、

B：いや、いいよ

A：はー　ン……、話なんか聞いている場合じゃないんじゃない。ン、孫娘と遊んでや

りなよ、フゥ
B：でも、もうすこししたら、家につれていかなくちゃいけないんだ、
A：えーと、俺、お前にン：：：エー　会いたいんだけど//あのー
B：そうだね、できれーば、それが//（いいよ）。
A：木曜日ー　はどう。

（4）
B：はい、もしもし。
A：ベラ／
B：そう：よ。
A：ねー、ちょとよく聞き取れないんだけど。《聞き取れなかったことについての短い話》
A：↓食事中に電話に呼び出しちゃたんじゃない／
B：いいえ：：、そうじゃないわ、まだ、始めてさえいないわ。
A：あら、（ま）まだだった//の。
B：ええ、
A：そうね、わたー　私も時間は、はっきりしていなくて、遅すぎるか、早すぎるか

よくわからなかったの〃それとも、なー

(5)

A：……(カーレン　スイートです)

B：や、げんき(い)

A：ええ、あなたは。

B：うん、おかげさまで。

A：↓お食事中？

(一．〇)

B：ちょっと、ぶどうをね、エへ〃へへ

A：ヘェ、私も、ちょうど、食事をしようと思っていたの。

「おこしちゃったかしら」・「忙しいかい」・「食事中に呼び出しちゃったんじゃない」などの質問、またはこれに類似した他の質問(たとえば、「これ、長距離電話じゃないのかい」・「何かしてたんじゃない」など)は、たとえば話題といった、なんらかの単位の終了点として分析できるような場所に配置されはしない。むしろ、それは、なんらかの単位の始まり、もしくはその近辺に配置されるのである。それゆえにこの場合には〔先程までの場合と違って」、本来ならばその質問の後に終了がくるのであって、話題にもとづく談話を行なうといったある活動を続けることは、それに対する特定の選択肢としてなされるにすぎない、などということにはならない。そうではなく逆に、そのような質問は、なんらかの単位を開始・継続することを主たる可能性としており、その単位の開始時点に置かれることになるのである（この場合、単位とは、「話題」であったり、「会話」であったり、あるいは電話上の会話で「電話を切らずにそのままにしておく」時の「沈黙」であったりする）。そして、終了の方が、その特定の代替肢となるわけである。このような、話題に先立つ終了提案が拒否される時には、この提案が、あるいはそれを拒否する発話のなんらかの成分が、それ自体話題となるかもしれない。あるいは、その提案は、その提案者が、自分自身の話題にもとづく談話を行なっていくための先行連鎖となろう。反対に、もし、話題に先立つ終了提案が受け入れられるならば、終了部門がこれに続き、終了部門の一構成成分が（右で示した（3）のデータに見られるように）、別の機会に会話を改めて行なうための打ち合わせを調えることもよくある。[21]

とりわけここで関心を引くものは、「最初の話題に先立つ終了提案」（pre-first-topic closing-offering）と呼ばれるものであり、右で引用したデータの一つを除けば、すべてこの事例を示している（例外は（3）のデータだけである）。これはただ単に、問題の話題を最初の話題としてさらに特定化することで、話題に先立つ終了提案の特殊な事例となっているというだけではない。むしろ、すでに論じた「最初の話題」の特殊な地位からして、最初の話題の前に配置された「忙しいの」とか「食事中」などの質問は、そもそも「会話」の前に配置されたものとみなされるということが重要なのである。「最初の話題」の前にこうした質問を挿入する正当な理由を、ここで詳細に論ずることはできないが、手短に二つだけ示しておこう。第一に、（会話の参与者たちは）こうした質問は、次のようにして正当化されていると（したがってまた、「なぜ、いまこの質問が行なわれるのか」が説明されていると）聞き取るのである。すなわち、まず、その時の接触の特徴（たとえば、右に示した（1）のデータに見られるような「返事があるまでなんども呼び出した」こと）により正当化されていると聞き取られている。あるいはまた、参与者どうしが当然考慮に入れていると想定されている相互行為の時間と場所に関する特徴[22]により[23]、つまり、右のデータでの「食事中に呼び出しちゃったかしら」により示されているように、日々の社会的な時間にもとづいて正当化されていると聞き取られている。第二に、この質問は、会話を開始する時に考慮すべき「優先順位の評価」への気配りとして聞き取られるだろう。会話の開始者が、ある場面に初めて登場したり（たとえば、ドアをノックする場合）、あるいは、電話を掛ける時のように、他者が行なっているかもしれない活動と、これから行なわれることになる会話とではどちらが優先順位が高いかを評価できない場合には[24]、おそらく相手が行なっているであろう優先的な活動に関する質問が、開始された会話を続行するべきか否かを知るための方法として採用されるだろう。したがって、質問の主題〔相手のどの行為について質問すべきかということ〕は、いままさに始めようとしている会話よりも優先権をもっているかもしれないものとして選択されるので、〔「食事中なんだ」といったような〕相手の肯定的な答えは、終了提案を受け入れることとなるにちがいない。

ここでは、最初の話題に先立つ終了提案なるものを、次のことを示すために導入した。すなわち、先終了となる可能性のある句が、現行の会話において話題にもとづく談話が引き続きなされる可能性を排除はしない（つまり、終了の可能性を提起はするとしても、終了を確実にもたらしはしない）のと同様に、会話の開始は、この会話を開始直後に終了させる可能性を排除はしないのである。後者の可能性が現実のものとなった時、たしかに本論文の冒頭で論じた基本的な特徴により、「会話」は引き起こされたのだと理論的には主張できるかもしれないが、会話の参与者たちは「いかなる会話も起こりはしなかった」と捉えるであろう。もし、適切な手法が採用されたならば、会話のそもそもの始まりからその終わりにいたるまで、どこでもそこには会話の継続とその終了の両方の可能性が存在しているのである。

Ⅶ

発話完了の移行適切性を停止するという観点から、会話終了の問題を初めに明確に示した後で、この問題を十分に処理するために一つの手法が用いられていることを論じてきた。この手法は最終交換である。しかし、この交換それ自体だけでは不十分だった。また、最終交換は、いつでもそれを生みだせるという無制限の特権をもっているわけではない以上、終了を適切に記述するためには、最終交換の適切な配置を確定しなければならなかった。この場合、最終交換は終了部門が適切に開始されることにより補完されねばならなかった。そして、終了部門を適切に開始するためのさまざまな手法・その手法をどこで用いるかというその配置・会話を終了することに対しそれが与える正当化、これらのことについて記述してきた。

終了部門が適切に開始されるならば、これは最終交換以外のいかなるものも含まずに、最終交換により適切な終了が行なわれることになるかもしれない。そして、適切な終了は次のようにして達成されるのである。

A： わかった。

B：わかった。
A：それじゃ、さようなら。
B：さようなら。

しかしながら、終了部門はさらに多くの事柄を含んでいる。紙面の都合上ここでは示すことはできないが、終了部門を形成するために利用することができるさまざまな構成成分の集合が存在しているのである。とりわけ、終了は、指図をしたり再会や招待などの手はずを調えるといったような多様な「打ち合わせ」を包摂している。あるいは、会話の先行部分で語られた題材の再提起、とくに、先に行なわれた打ち合わせの再提起（「じゃー、水曜日に」）、または、会話を開始するために用いた理由の再提起（「わかった、ボブがどうしているか知りたかったものだから」）などである。これらは、先終了となる可能性のある句を用いるために再提起されるのであり、会話の先行部分の題材について当初の議論をむしかえすためのものではない。また、その会話がどのような型の会話であるのかを区別する「印」を与える構成成分もある（たとえば、「ありがとうございました」）。この構成成分も、その会話がどのような形式の会話であるのかを認識するための場所として、終了部門を利用するのである。このような、あるいはその他のさまざまな構成成分は、一つの集合として結合されることで、拡大された終了部門を形成することができる。以下は、この拡大された終了部門を含んでいる簡単な事例である。

B：だから、『おれは何も言わないし、誰についても//どんなうわさもしてない』って言ったんだよ

C：ふーん

C：わかったよ

B：わかった

C：うん

B：↓よし、で、おれは、そっちに行くことが本決まりになる前に、電話するよ。いいかい？

C：わかった

B：よし

C：ああ

B：↓じゃー、その時に会おうよ

C：わかった

B：じゃ、さよなら

C：さよなら

だが、導入された構成成分の集合がいかに広範囲にわたろうとも、（適切な終了を達成するために）本質的なものは、次の二つである（他の成分も別の理由で重要性をもつが、終了それ自体にとって重要なわけではない）。一つは、最終交換であり、もう一つは、適切に開始された終了部門である。前者により、当事者たちは協同して移行規則を終了させる。後者の場合には、もし終了部門が適切に開始されるならば、次のようなありきたりの手順を用いることが正当化される。その手順とはそれを最終交換において終結させることが、とりもなおさず会話そのものを適切に終了することとなるようなものである。しかしここで今一度、次のことを確認しておこう。終了〔部門〕の適切な開始から最終交換に至るまでのあいだに、あるいは最終交換のさなかに、あるいは、最終交換の直後にさえも、さまざまな構成成分が生起しうる。このような構成成分の集合が展開していくなかで、そのいずれの時点においても、なんらかの手続きを利用することで、話題にもとづく談話に会話を再び開いていくことができるのである。このための手続きを必要最小限記述しさえすれば、なぜこの会話部分のことを終了部門と言ってきたのか、そしてそのことにより、終了部門が会話上の一つの単位として〔当事者たちにより〕考慮されるとしてきたのはなぜなのか、ということを明らかにすることができよう。

　どのような時点であれ、話題にもとづく談話は再開できるが、そのやり方の一つに関しては別の箇所で論じておいた。そこでは次のことを指摘しておいた。つまり、先終了となる可能性のある句のなかには、言いたかったが言えなかったことを導入するためのものもあるのである。もし、この導入が他の会話参与者に受け入れられるならば、話題にもとづく相当の談話が引き続き行なわれることもあろう。なぜならば、新たに導入された言いたいことについてのこの談話のうちに、相手方の話題が自然に一致していくためのきっかけがあるかもしれないからだ。この一致のための、つまり話題を「自然に」もちだすための同じような手続きは、終了部門のいずれの適切な構成成分からも引きだすことができる。もし、終了部門の一構成成分が、それ以前にすでに語られた題材を再び提起するものであるならば、これが提起された時にはいつでも、新たな話題をこれに一致させることができるだろう。同様のことは、終了のための他の構成成分についても言えるのである。つまり、いずれの構成成分も、他の適合的な話題が「自然にもちあがる」ことを「帰結しうる」のである。多くの終了構成成分は、会話それ自体の中にその根があるので、終了部門に「新たな」話題をもち込めるためには、単にその話題が「以前の」題材に一致するか、あるいは以前の題材から「自然に」もちあがるかのいずれかであればよいことになる。終了部門が「新たな事柄を開始する場所ではない」にもかかわらず、右のような特徴をもっているのは、その当の終了部門を開始するための手法、つまり先終了となる可能性のある句の場合と同じである。というのは、先終了となる可能性のある句も、(終了するという方の選択肢が採られた時）その正当化の根拠となるのは、いずれの当事者も、言いたいことを導入しようとしないということにあるからである。

以上、終了部門のあらゆる時点で、話題にもとづく談話を再開するための手続きが存在しているといったことを示してきた。しかしながらこの場合、まず以前の題材が適切に再び提起され、その以前の題材に「ひっかける」ことで新しい題材が導入されるという過程に言及することを第一の目的としていたわけではない。新しい題材がいわばそれ自体として導入されるやり方もまた存在し、そして、そのようなやり方も、終了の、それが部門として達成されるという性質を反映している。このような新しい題材が終了にさいして挿入されたなら、それは特別に「標示される」（＝有徴化される）ことになるのである。ここではこうした標示の二つの形式だけに触れておこう。

標示の一つの形式は、会話の終了においてだけでなく、会話のあらゆる箇所で用いられるものであり、「誤置標示」（misplacement marking）と呼ぶことができる。ある種の発話や活動は、会話のどの場所で使用されるのが適切かが決まっているのに、ある特定の会話においてはその固有の場所以外でなされる場合がある。あるいは、とくにそれ固有の場所が決まっていないような発話（類型）でも、それにもかかわらず、それがなされてもよい「場所以外」でなされる場合もある。この時、その発話や活動は、誤った位置でなされたという標識が与えられることになる。前者の例を示してみよう。たとえば、「紹介」は一般的には会話の開始時もしくはその近辺で行なわれるのが適切である。しかし、時として飛行機や列車で隣どうしに座った乗客の会話に見られるように、会話が十分に進んだ後で初めて互いの紹介が行なわれることがある。このような場合、紹介に先立って、「ところで、私の名前は……」といった誤置標識（misplacement marker）が前置きされるのである。また、後者の例としては、隣接対偶のような発話の組織上の単位への割り込みがなされる場合にも、同様の誤置標示が行なわれると考えることができる。たとえば、質問がなされたにもかかわらず、それに対する答えが与えられる前になんらかの発話が挿入されるならば、それも「ところで……」といった前置きをともなうであろう。[6]

したがって、誤置標識は次のことを示している。つまり、この標識を用いる者たちは、会話におけるある特定の場所がその前後関係について組織上ある固有の性質をもっていることを、考慮に入れているのだということ。また、その標識によって前置きされた発話は、それ以前の発話に一致しないかもしれず、その受け手はその発話を理解するのに、この配置を利用しようとしてもしようがないという、その標識を用いる者自身の認識があるのだということ。こういったことを誤置標識は標示するのである。また明らかに、このような考慮や認識の標示がなされるからこそ、誤置標識を用いれば、なんらかの言葉をそれ固有の場所以外で使用することもできるのである。ここで問題となっている終了の場合には、たとえ、新しい題材を導入する発話が、隣接対偶の各成分間でなされないような時にでも、また、その発話が、同一会話中の他の場所だったなら適切になされるはずだったのに、というような活動を行なったわけではない時でも、この発話は誤置を標示されることになるだろう。適切な終了構成成分を使用していないこの発話に誤置標識が与えられるということから、次のことがわかる。すなわち、「終了」は一つの組織上の単位——これこそ先に「部門」といったものに他ならないのだが——という地位をもっているということ、このことを会話者自身が考慮に入れているというのがそれである。この単位は、それ自体固有のものであり、誤置標識が与えられた当の発話とは相容れないと考えられているということがわかる。

掛け手：これ、どー　ン、どのくらいかかるかわからないだろう。
クランドル：たぶん、二五ドルといったところかな。
掛け手：なんだって、ハーハ　ハハハー
クランドル：うん。
掛け手：→ところで。ちょっと言いたいことがあるんだけど、ン新しい番組がえらく気に入っちゃって、ずーと聞いているんだ、そいつはン//
（　）

クランドル：すごい女だなあ！
クランドル：ちょっと、フェアーチャイルドさんに手紙を書いて、そして、かー 彼女のせいで彼の一日はだいなしになっちゃうぞって言ってやってくれよ。
掛け手：エヘヘ ハハハー
クランドル：わかったかい？
掛け手：わかった、
クランドル：［ありがとう。
掛け手：［バイバイ
クランドル：うん、じゃ（ア）、バイバイ。

一方、終了部門が「新たな題材をもち込むべき場所ではない」という考慮があることを標示する標識のうち、第二の形式は、「対照標示」（contrast marking）と呼ばれるべきものである。これについてはデータを示しながら論ずるのがよいだろう。

町を訪れようとしているAと、そこに住んでいるBが、会うためにいろいろと打ち合わせをしてきたところである。

A：ぼくー エェ 君も一二時半にこの会合に行くって言うし、ぼくも君に迷惑を掛

けたくないし、
B：それじゃあ、エェ　一〇時半か　一一時ン　ごろ　ンここへ来れば、まだ一時間半時間があるよ。
A：いいよ、わかった。
B：よし、それならばちょっと食べて、それから〃（話をして）、
A：あー、えーとー　いや！　なにも構わな〃いでくれ。
B：いやぁ、ウーン　なにもお構いはしないさ、ちょっと適当にあるものを〃それなりにっていうふうにさ（　）。
A：だめ！　いや、そうじゃないんだよ、そのー　つまり、ン　たぶん、ウーン　彼女とー一緒に過ごして、そう　ン……お昼でもと思っているんだよ。フゥ　だから、君と……コーヒー一杯ぐらいなら、それだったら喜んで　ン　御馳走になろうと〃思っているんだけど。でも〃ン
B：わかった。
B：そうしよう。
A：それだけにしておいて〃ン
B：そうしよう。
A：それ以外のことはほんとうにいいからね。じつは　僕ー　ン……

（一・二）

A：↓じつは僕ー　ン：：話したかったんだ、だけど、きのうの晩は君に　ン：：　話したくなかったんだ。君、みんなととても楽しー　そうだったからね。ぼー　ぼー　僕、いやなことー　で、話したいことがあったんだ。そう//ウーン

B：何だい、いやなことって。

A：あー、とてー　もこれ以上ないくらいいやなことだ。

（〇・八）

B：アダのことかー　い？

A：あぁ　そう、

B：彼女がどうしたんだ、亡くなったのか？

A：ウ：：ン。

ここでとくに関心を引くデータは、右の会話の断片でAが七番目に行なった「話したかったんだ」という発話である。このデータはさまざまな興味深い問題を提起しているけれども、その一つだけを、簡単に示しておこう。ここで行なわれているような強調（強調のために用いられているのは動詞の形態ばかりではない）[7]を施すことによって、対照対偶の残り半分が達成されることになる。この時、もう半分は明示されないのである（つまり、発話の

残りの部分にこれは現れない）。この対照対偶は、本来ならば「話したかったことが他にもあるんだ」とでもなるところであろう。この対照対偶の第一成分〔「話したかった」〕を強調するならば、たとえその第二成分〔「他にもある」〕が明示されていなくても、この第二成分もここに関連しているはずだということが、その強調により表示されるのである。ここで、もう一つ別の例を出してみよう。そこでは、「ある人の心のなかで起こっていること」が、言葉によっても身振りなどによっても伝えられていないにもかかわらず、きわめて明瞭に表示されているのである。ある人が降りてくるエレベーターを待っていたとしよう。その人は、エレベーターが到着した時、このエレベーターは上に行くのだと言われたので、ちょっと間をおいて「待つことにしましょう」と言った。この場合、その人は、さっきは「さて、乗ろうかな」といった決意をしたのだが、いまはその決意が放棄されているということ、このことが、アクセントによって対照的に際立たせられることで表示されるのである。先の「話したかったんだ」という発話に戻ろう、終了部門は、たしかに、「新たな題材を導入する場所ではない」という性質をもっていると仮定できる。ところが、ここでは、新しい題材が実際に導入され、この性質は無効にされてしまっている。しかしながら、この場合、この新しい題材に対しては、特別の標示〔対照標示〕がなされているのである。

新たな題材が、誤置標識を与えられることで終了部門に挿入される時には、その新たな題材そのものが、それとわかるよう仕方で標示される。たしかに、いま論じてきたデータの場合には、この題材は、明らかに「いいそびれた不快な知らせ」である。しかし、一般的には、終了部門に新しい題材を挿入することは、この題材が「後から思いついたもの」であるかのように見せるための一つの仕方なのである。

さて以上、終了が部門で一つの単位になっていることについて、いくつか提案をしてきた。そこで、以下では、先に終了問題として定式化しておいた問題に対し、部門にもとづく解決がどのような利点をもっているのかを示しておくのがよいだろう。

先に示しておいたように〔二六九頁〕、終了問題の一つの局面は、話し手の順番がどう組織されるかにもとづいて定式化できるが、それは次のようなものである。すなわち、その順番組織は順番の列を生成するが、その生成された列は無限に拡大することができ、しかも、それぞれの順番は相互に区別のできないものなのである。この場合、はじめの方で、次のことが重要であることを指摘しておいた。協同で順番の移行規則をどのように完結させるかということに焦点が置かれている〔会話者たち自らの〕問題は、そのための適当な場所が境界区分されているのである。また、隣接対偶の組織を利用する最終交換が、この問題を解決するということも、指摘しておいた。しかし、最終交換のこのような役割は、そもそもその最終交換をどのように配置するかという問題により制約を受けていた。すなわち、「いきなり発生した」最終交換によって終了がもたらされても、そのような終了は

〔無愛想などを表すことになるので〕不適切なのである。つまり、この配置の問題は、適切に開始される終了部門を利用することによって解決されるのである。ほかでもなくこの終了部門での最終交換に至るまでのあいだが、協同で移行規則を終了するのに適当な場所として境界区分されているのである。このようなわけで、最初に定式化された問題に対する解決を、会話全体にではなく、むしろ終了部門に位置づけること、このことが、終了問題の解決にとって重要な要素となっているのである。すなわち、会話を終了することをその本来の役目としているような部門を終了することで、会話全体を終了することができるというわけである。終了がひとたび開始されても、もし話題にもとづく談話が再開され、終了が完遂できなかったとしたら、会話を終了するために次になすべきことは、単純に最終交換を挿入することではない。むしろ、別の終了部門を開始し直さねばならない。この別の終了部門は、またもや、一つの単位となっており、そのなかで最終交換がなされることになるのである。

次に、部門にもとづく解決がもっている第二の利点について手短に触れておく。終了部門は「多孔的な」特徴をおびている。つまり、話題にもとづく談話を再開するための手続きが、部門内のあらゆる時点で利用可能なのである。もしそうであるならば、部門にもとづく解決は次のような利点をもっている。すなわち、解決が部門にもとづいて行なわれるがゆえに、言いたかったが言えなかったことを導入するための多種多様な機会を得ることができるという利点である。このような会話システムにおいて、この利点が、話題組織に対してどの程度重要であるかは、以前に述べたことから明らかであろう。

終了問題を部門にもとづいて解決することの最後の利点に触れてみよう。それは、会話〔単位としての「単一の会話」〕と、その会話を取り囲んでいる相互行為上のさまざまな経緯・機会・振る舞いの流れとのあいだに、区切りをつけることにかかわるものである。会話の完結が他のさまざまな事柄と関連しているのはどのような水準でか。また、最終交換が明確に行なわれることのある一つの根本的な重要性は何にもとづいているのか。このことは次の事実にみてとれよう。つまり、会話の完結は、参与者たちの〔会話以外の〕別の行為を引き起こしたり、その別の行為の適切なきっかけとなるという事実がそれである。電話での会話の場合、受話器を掛け電話を切るという行為は、会話が完結した後でなされるのが適切である。対面的な相互行為の場合はどうであろうか。〔相互行為がなされているあいだは〕その相互行為に注目し関心をもっていることを儀礼上示し続けなければならないので、さまざまな身体的な挙動や立ち居振る舞いが不可能となっている[25]。しかしながら、会話が完結したとたん、これらはすべて利用されるし、あるいはまた、必要とさえなるのである。たとえば、別れの挨拶に関連した動作がこのよい例である。ところで、会話の完結によって引き起こされる行為は、事前の準備を必要とする。そうである限り、直接的な配列として、会話の完結に続いてなんらかの行為がなされなければならないとしたら、その会話の内部に、その行為を準備するための場所が必要となる。[26] 終了部門がこのことを可能にする。というのも、終了部門は、目前に迫った会話の完結を予示しているからである。実際、このような準備をする時間かせぎのために、なんらかの話題が、終了のための連鎖のあいだに即興的に挿入されることもある。たとえば、来客がいとまごいをするに先立って、自らの所持品を集める時などに、このことが行なわれる（このことは、二次的な問題を引き起こすことになる。なぜなら、こうした即興的な話題が、なんらかの行為の準備を完了したにもかかわらず、この話題についつい「話がはずんで」しまい、簡単に会話を終了できなくなることもあるからである）。このようにして、終了が部門として組織されていることが、会話とこの会話を取り囲む相互行為上の機会とのあいだの区切りを制御する手立てを与えるのである。

この種の利点は、たいてい次のような可能性にもとづいている。つまり、終了部門のどの時点においても、話題にもとづく談話を再開できるという潜在的可能性がそれである。このことにより以下のことが理解できよう。終了という現象を捉えるためには、それを、ある特定の会話の自然な過程として取り扱ってはならないということ、すなわち、終了は、一度開始されると不可避的に進行していくといった、型にはまった過程としては扱うことができないということである。むしろ、終了も、会話全体と同じように、会話進行中のさまざまな時点で、そのつど次がどうなるのかについての諸可能性の集合としてみなさねばならない。たとえ「最後の」別れの挨拶の後であったとしても、終了が行なわれている間中、会話をまた再開する可能性は消えることはない。[27] それゆえ、会話の完結にいたるためには、会話および終了部門が経過するあいだのさまざまな時点で、それに向けての働きかけがなされねばならないのである。言い換えれば、会話の完結は達成されるべきものだということである。したがって、分析者は、以下のことに記述を与えなければならない。つまり、さまざまな時点でいろいろな見込みや可能性が利用されうること、またその見込みや可能性がどう作用するかということ、さらに、会話の参与者たちはどのような手立てを用いて、最終的に達成された終了であると認識できる事態を生みだすのかということ、これらに記述が与えられなければならないのである。

Ⅷ

結論として、ここで行なってきた分析がどの領域と関連しているのかについて、若干解説しておくのがよかろう。ここで実際に扱われてきたことは、会話を終了することにより談話状態を終わらせるという問題である。ところがここでは、家族の成員たちが居間に居合わせている場合や、事務員たちが一つのオフィスを共同使用している場合や、何人かの人たちが一台の自動車に乗り合わせている場合などは、対象とならない。というのも、この人たちは、「発端の談話がまだ持続している状態」に身を置いていると考えられるからである。このような状況においては、冒頭で会話の基本的特徴として示したことが、効力を失うのである。たとえば、この状況では、ある話し手の発話の後で沈黙が生じたとしても、この沈黙は例の責められるべき沈黙でもなければ、かといって会話の完結でもない。つまり、それは、あの会話の基本的な特徴の停止ともまたそれに対する違反ともみなされないのである。この場合の沈黙は、発話の延長であり、終了とは違ったふうになされていると考えることができる。この発端の談話がまだ持続している状態に置かれている限り、新たな会話片を開始するのに、改めて挨拶を交換する必要はないし、会話片を終了するのに、終了部門や最終交換を用いる必要もない。右のような会話状況は、ある会話がはっきり「開始される」状況と比較した場合、その他にも多くの点で異なっていると思われるが、ここではそれを詳細に論ずることはできない。

以上の考察は次のことを示している。つまり、会話がその過程のなかでどのように実行されているのかは、この会話が取り囲まれている相互行為上の経緯や機会のどこに配置されているのかに影響を受けやすいということ、さらに、参与者たちが会話の基本的な特徴はいずれ失効するといったことにどのように注目し、それにどう対処するのかは、この会話が相互行為上のどのような機会に配置されるかに影響を受け、あるいはまた、それを決定するのだということ、このことが示されるのである。会話をどのように終了するかという問題は、終了部門をどのように終えるかという問題に引き渡されると先に論じておいた。同様に、会話が位置づけられている機会（もしくは相互行為）をどう終了するかということは、会話上の経緯のうちで達成されるべきものとみなすこともできるのである。参与者たちは、自らの任務として、またはなすべきことの一端として、会話を終了にもち込もうと努力する。しかし、このことは、会話それ自体の性質・組織・構造などと関連があるというよりはむしろ、会話が位置づけられている機会や相互行為の性質・組織・構造と関連しているのである。あるいは、会話組織がその会話が位置づけられている機会や相互行為の一構成要素になっているという事実と関係しているのである。

本稿の場合のように、観察されている多くのデータが電話での会話から採られたものであるのならば、以上のような考察は見過ごされかねない。なぜならば、電話の場合はとくに、多かれ少なかれ、会話が位置づけられているこの機会は会話と同一の広がりをもつことになるからである。つまり、この場合、機会はもともと会話を包みもつものとして構成され、その会話次第でどうにでもなるものだからである。電話では多くの場合、会話が終結すると同時にこの機会も終結するので、〔実際は機会を終了することが試みられているのに〕あたかも会話を終了することが試みられているかのように考えられてしまう。しかし、電話での会話にあってでさえ、機会が単一の会話を越えた広がりをもっているような場合を見てみれば、次のことに気づくだろう（たとえば、掛け手がある家族の何人かに、順次話をするような状況を考えてみよ)。つまり、いままで述べてきた形式で終了にもち込まれるのは、機会そのものを終えてしまう会話だけなのである[28]。

この観察が正しく適切であるならば、先に、会話とこれに続いて行なわれる行為との区切りについて提示した観察、すなわち、会話の完結にうまく行為をかみ合わせるための準備について提示した観察は、見過ごすことのできないものとなる。会話の完結になんらかの行為がかみ合わせられなければならないということ、またその準備が必要なこともあるということ、こういったことは機会そのものの終結と関係しているのである。機会はまさに会話の一部として終了されることもあるからである。夜会やパーティを終了するために、ちょっとしたお菓子などを利用することは適切であると認められるのと同様に、会話を終了するために、ある部門〔つまり終了部門〕を利用することも適切だと認められるだろう。しかし、これが適切だとされるのは、会話を終了するということが、機会そのものを終えるために利用されるものだからに他ならない。

原注

＊ この論文は、一九六九年九月にサンフランシスコで開催されたアメリカ社会学会の年次大会で、もともと配布した報告書に加筆修正を加えたものである、この調査は、ア

メリカ国防総省の高等調査企画局の援助をえて、契約書第AF四九(六三九)—一七六一号、および第F四四六〇二—六八—〇〇四〇号にもとづき、アメリカ空軍科学調査研究所の審査を受けている。また、文中での録音された会話の書き起こしは、すべてゲール・ジェファソンの手によるものである。

(1) これについての成果としては、すでに刊行されたり、印刷中であったり、準備段階にあるものを含めれば、以下のものを挙げることができる。Sacks (1972a; 1972b; 近刊), Schegloff (1968; 1972; 近刊), Jefferson (1972), Schenkein (近刊), Moerman (1967; 1970).

(2) ここでの議論は部分的に、ハロルド・ガーフィンケルの研究に負うている。この他の箇所でも、さまざまな点でガーフィンケルに依拠しているが、それを逐一指摘することはできない。

(3) 紙面の都合上、本稿ではデータの詳細な引用を差し控える。しかしながら、ここでは分析を徹底して経験的なものであるように心がけている。つまり、終始、最近数年にわたり収集してきた会話資料がこの論文を特徴づけており、またこのような資料をわれわれは分析しているのである。さらに、読者は自ら収集できるような自然の会話資料について検討してみることをお勧めする。

データの引用を限定するもう一つの理由について触れておこう。というのもこれは、ここで扱っている問題がどういう性格のものであるかを明らかにするからである。会話を開始するさいの挨拶〈Sacks, 未発表原稿〉や〈呼び掛け―応答〉(Schegloff, 1968) の研究は、〈「今日は」―「今日は」〉といったような二・三の事例を示せば、それでデータ引用の必要は満たされるだろう。それゆえ、この会話開始時での交換や、あるいはその副次的な変形体の事例を多岐にわたって引用してもくどくなるだけである(もっとも、改めて取り上げねばならない変形体もいくつか存在する)。さまざまな事例を引用してはいないとはいえ、経験的な証拠が不足しているというわけではない。会話の開始では、挨拶などが共通の出発点として通常用いられており、そしてそこから個々の会話が枝分かれしてゆくのである。だが、他方で、会話の終了は〔逆に〕、〈いま現在行なわれている会話〉が一致して、「バイバイ」やその変形体をともなった共通の終点に通常収束していくことになる。「今日は」をたくさん引用するのと同様に、「バイバイ」をたくさん引用することは冗長なものとなろう。しかしながら、以下で示すように、挨拶の交換あるいは〈呼び掛け―応答〉の連鎖は、それだけで会話を開始するために十分であるのに対し、最終的な「バイバイ」の交換は、それを分析したとしても、それだけでは会話終了の分析としては不十分なのである。したがって、個々の会話で会話者たちがいとまごいの交換をする時、この交換にともに到達するために用いられているさまざまな手立てを、以下で取り扱わねばならないことになる。「今日は」の事例は、一つだけ引用しておけば、その用途が標準化されているために、それだけで一群の実際の出来事を代表させることができる。しかし、ある会話が進展しているなかで、会話者たちが、会話を終了するための処置を講じようとしている場合については、同様のことは当てはまらない。

この点、紙面が限られているために、説明をしようと思っている資料を全部収録できないのが悔やまれる。〔これらいくつかの点に注意を促してくれたのはジョアン・サックスである。〕

(4) たとえば、すべての会話が「アメリカ英語」でなされているといったことが、データをアメリカ英語でなされているものとして特徴づけるための正当な理由にはならない。なぜならば、同じように〔データをしかじかの会話として特徴づける〕その他の「正しい」特徴もまた多数存在しているからである。たとえば、会話が「大人」により、〔叫ばれたり、ささやかれたりしているのではなく〕「話されている」といった具合である。したがって、資料がすべて「アメリカ英語」であるとしても、有意義な仕方で「アメリカ英語」であるというわけではないし、また、資料を特徴づけるために引き合いに出されるなんらかの領域に、有意義な仕方で属するわけでもない。このように会話を特徴づけることはすべて正当な理由が与えられなければならないが、この論文の終節で行なわれている説明を除きこれをいま正当化することはできない。〔アメリカ的であるという民族的・国民的・言語的な同質性〔がデータを特徴づけることになるといったこと〕は、とくに人類学的な言語学の伝統に浸かっている人びとにとってしか、際立ったことにはならない。こうした立場の基盤は、Sacks (1972a) に見出せる。また、〔会話を何らかの形で特徴づけようとするとき、それは〕ただ単に会話資料やその調査結果の民族的な特徴だけを捉えることでは正当化できないという議論については Moerman (1967) を参照せよ。

（5）なぜこれを会話の基本的な水準として捉えるのかといった明確な理由については、Sacks（近刊）を参照せよ。
（6）Sacks（近刊）参照。
（7）Albert（1964）参照。
（8）Sacks（近刊）を参照のこと。
（9）アーヴィング・ゴッフマンは、多少異なった視点からではあるが、ごく最近刊行された *Relations in Public*（1971）のなかでの "Supportive Interchanges" と "Remedial Interchanges" の各章で、この種の一連の構成要素に注目している。
（10）「連鎖上の意味合い」とは、次のことを意味している。つまり、ある発話は、その後に連なる次の（諸）順番でどのようなことが生起するのか（ここには、発話の類型・諸活動・話し手の選択などが含まれている）ということの範囲を規定する、というのがそれである。つまり、そのような発話は連鎖上組織された意味合いをもっていることになる。
（11）「維持することができ報告することができた」とは、次のことを意味する。すなわち、［「最初の話題」であるという］この特徴は、すでになされた会話から分析され維持されてきており、その後になされる会話において、「彼は……と言うために私に電話をしてきた」と報告することができる特徴だ、というのがそれである。先行した会話をこのように指し示すことは、秩序立ったことであり、またそれを基準として用いることもできると思われる。しかし、この点についての議論はここでは展開できない。

(12) このようなことは、たとえ、当の会話が行なわれている機会がその話題についての関心に由来している場合でも起こる。たとえば、数年前、コロンビア大学工学部の学生新聞に、学生の不満を明らかにするために学部長が主催した集会についてのある報告があった。しかし、実際にはどのような不満も語られなかった。なぜこのようなことになったのかとレポーターが質問した時、その集会に出席していた一人の学生は次のように答えた。「話し合いではそこまで手が回らなかったんですよ」と。

(13) 「特定の代替肢」の概念については、第Ⅵ節で再度詳細に論ずる。

(14) 本文で論じたように、このような「話題の打ち切り」は、どのような話題にもとづいた談話が進展しているのかとは関係なく作用するものである。しかし、これがその話題にもとづいた談話のどのような場所で用いられたかによっては、かならず「問題を避ける」・「困惑」・「無愛想」などといった他のなんらかの活動をも同時に行なうことになろう。つまり、会話を終了するための配置の問題があるように、話題を終了するための配置の問題もあることになるはずである。しかし、この問題は、本来、話題組織の分析に属しているので、ここでは展開できない。

「話題の打ち切り」は、どのような話題が進展中かとは関係なく作用するものである。しかし他方で、それは、どんな話題をも談話から取り去ることができる唯一の「正常な」方法、つまり唯一の標示されない〔有徴化されない〕方法だというわけではない。というのも、すでに述べたように、話題を終えることに特別こだわらなくとも、その話題が談話から取り去られることもよくあるからである。本文で論じた交換〈〈いいかい」―「いいよ」〉）により、話題の打ち切りを試みることは、おそらくその話題を最後となる可能性のある話題として標示することになる。このような標示が与えられるならば、それ以降の会話上の各箇所は、先終了となる可能性のある句と明確に関連づけられることになるだろう。このような見解を支持するためには次のことを考えればよい。つまり、この話題を打ち切るといった手法は、ある特定の種類の話題類型についてだけ、形式的に用いることができる。この種のものとしては、「打ち合わせ」という話題類型や、「終了に関連しているもの」としてそれ自体独立に捉えられる話題類型がある（第Ⅶ節を参照）。この種の要素をなしているその他の話題類型には、「要求―充足話題」・「不平―なだめ話題」などがあるだろう。このような話題類型にとって、〈「いいかい」―「いいよ」〉の連鎖は話題打ち切り手法として形式的に作用する。両者とも以下で論ずるように、「単一の話題しかないと予期することができる会話」とある特殊な関係をもっている。

(15)　ここでは、単一の話題しかないということが、どのような根拠にもとづいて予期されるのかを十分に述べる余裕がない。単一の話題しかないことは、「単一の会話」という単位が、この単位に「外在的な」特徴とどう接合されているのかといったことに関連していよう。単一の会話という単位に外在的な特徴とは、たとえば次のようなことである。つまり、相互行為はどのように構成されているのかということ、および相互行為の参加者たちが、その相互行為において互いにどのような位置を占めていると分析されるか（たとえば、同程度の優先順位にある別の行為過程に巻き込まれているのかもしれない）ということ、また当事者たちが相互行為を行なってきたそのすべての経緯において、あるいは会話を取り囲んでいる相互行為上の機会において、その会話がどのように配置されているのかということ、これである。このうち最後の点については本文の末尾で簡単に触れることになろう。

(16) さまざまな「話題打ち切り」手法と話題類型の種類との関係についても同じことが言えよう。たしかに、「話題の打ち切り」はとりわけ「打ち合わせ」という話題類型に対してうまくいくかもしれないし、また「打ち合わせ」も話題を終わらせるために用いることができるかもしれない。しかしながら、「話題の打ち切り」というやり方が、とりわけ「打ち合わせ」を完結するために都合がよいとしても、それは、「打ち合わせ」が話題を終わらせるために用いられうるからというわけではない。

(17) 終了を開始しようとする時、連鎖的に組織された諸可能性がその正当な理由として利用できない場合には、先に論じたように無愛想・怒り・不機嫌などを〔行為者〕に帰属させることが、それに代わる正当な理由として用いることができる。

(18) これが暗示している問題の解決については、Sacks, 1972 および Schegloff, 1972 を見よ。

(19) この正当性については、Schegloff（近刊）第二章を参照せよ。

(20) 会話の初めの方に取り入れられているこのような用途を持つ題材を、他者の状況や関心についての題材のみに限定する必要はない。会話の開始者は、自らが会話を終了するために用いる題材を、自分で会話の開始時に挿入していることもある。たとえば、

「医者に診てもらいに行くところなんだけど、ちょっとお願いしてもいいかな」などがこれである。またちなみに電話の掛け手は、会話者たちが別の仕方では話題が一つしかないことを予期できない時に、こうした手法を用い、会話での話題を単一のものにしぼることができる。

(21) 話題に先立つ終了提案のこのような特徴は、次のような効力をもっているように思える。つまり、それは、この提案に反対する理由がない時には、なんらかの会話単位が組み立てられていくことになろうことを、予期させることができるだけではない。そればかりか、その会話単位がどのような輪郭をもつか、あるいはどのくらいの長さになるのかを、予示することもできるのである。たとえば、もし終了の提案が、この提案のなされた時点で受け入れられなかったならば、終了する機会はすぐには現れないことになろう。つまり、終了の機会は、単位としての会話がどう組織されていくかということと無関係には与えられないのである(それでも終了しようとすれば、割り込んで中断させなければなるまい)。

(22) 参与者たちが会話の時間と場所をどのように考慮に入れているのかについては、Schegloff (1972) を見よ。

(23) 接触の特徴か、それとも時間や場所なのかということは相互に混じり合っている。たとえば、相手が寝ているかもしれないような時間に電話を掛けたなら、「起こしちゃったかな?」と尋ねることは、話し手がこの会話が行なわれている時間を考慮に入れていることを示していると聞き取られる。つまり、このような質問をしてもよい時間であるならば、その質問は時間を指し示していると聞き取られる。一方、もし、そうすべき時間ではないのならば、この同じ質問は、電話を掛けたその時点での相互行為〔接触〕の特徴を考慮に入れていると聞き取られる。たとえば、返事があるまで何度も呼び出したとか、話をしている声が「気乗りのしないもの」であるなどの特徴がこれである。

(24) 会話の開始に関係しているこの問題についての詳細な議論については、Schegloff(近刊)第二章を参照せよ。

(25) Goffman, 1961; 1963; 1967 を参照のこと。

(26) 原稿の段階でこの論文に目を通したある読者は、次のように理解してしまった。つまり、この論文では、終了は「言葉による手段」を用いてのみ成し遂げられるのであり、「言葉によらないさまざまな付属物」はそのさい無関係である、と主張しているというようにである。たとえば、「いとまごい」の動作をしたり、対面的な状況から実際に離れていくといったことには、たしかに触れてはいない。けれども、ここで示してきたような連鎖がなされた後でも、当事者どうしが依然として対面的な状況に置かれたままならば、終了が結果として成し遂げられなかったことになろう。しかしながら、本稿では、「言葉によらない動作」を用いて、会話上の終了を行ないうるという可能性を否定するものではない。たとえば、対面的な相互行為において、姿勢を変えたり、視線を他所に移したり、また会話の参加者たちどうしが自分たちのあいだの距離を広げたり、あるいは出口に向かって徐々に進むことなどは、先終了となる可能性のある句の作用に取って代わることができよう。だが、これらの現象の研究にはまだ着手してはいないし、実際にこのようなことが起きているということ、しかもそれらがどのように作用するのかということを、はっきり述べることができるような経験的な資料も手にしていない。外見的な観察によれば、そのような現象はここでの分析と矛盾してはいない。いずれにせよ、次のことははっきりしている。「純粋に言葉による手段」は、少なくともある種の会話には通用する。つまり少なくとも電話での会話には通用する。そればかりか、これは他の種類の場合にも、全面的にであれ部分的にであれ通用するものである。もちろん、かならずしも他のすべての場合にというわけではない。つまり、「言葉によらない手段」によってのみ、終了が成し遂げられるような会話もいくつか存在するだろう（たとえば、当事者の一人が副次的に生じた別の会話に巻き込まれてしまい、それ以前の会話の相手が、その会話を妨げることなく、その場を立ち去ろうとするような時がこれである）。しかし、一定範囲の他の場合には、本稿で記述しようとしてきた会話上の手立てが、部分的に終了を支えている。またさらに、別の場合には、たしかに「言葉によらない付属物」や帰結をともないはするけれども、それでも、終了を成し遂げるうえでの効果および戦略上の要点は、本稿で取り上げられているようなやり方により押さえられている。本稿での分析は、たしかに、すべての可能な場合を扱っているわけではない。しかしだからといって、その分析の意義を限定しすぎてはなるまい。

右では「言葉による手段」と「言葉によらない手段」とを区別して用いてきた。しかし、ここではこの区別の経緯や用いられ方、あるいはその有効性について検討を加えている余裕はない。このような用語を用いたのは、この論文を読んだ当の読み手が、この用語を用いてコメントを行ない、それについてわれわれが反論を加えているからである。また、この用語が、こうした領域で、共通のいいまわしとしての地位をそなえているからでもある。しかし、だからといって、こうした区別を容認しているわけではない。

(27) このような可能性について、一つだけ例を挙げておこう。

B：そう、ン、時々電話してよ。
A：ああ、いいとも。
B：そのくらいできるわね。
A：うん。
B：チ！　いい？
A：いいよ。
B：わかった、バイバイ。
（一・〇）
A：↓えーと、もしもし？
B：何？
（一・〇）
A：ウン：：
（一・〇）
A：チ！　エへへへ　いや、とくに話すことはないんだけど、ちょっと　おーおれ受話器を置く気になれなかったんだ。

(28) 対面的な相互行為と電話での相互行為は、簡単には区別できないだろう。これらの概念については、いまだに理論的に適切な説明を行なえないが、もしこのような説明ができるならば、どのような二次元を分析的に区別するのがよいかが明らかとなろう。直観的で、いかにもありそうなさまざまな区別もなかなかうまくいかない。本稿の内容から、次のように考えてはならない。つまり、対面的な会話の場合には、絶え間なく維持されることもあれば、また発端の談話がただ単に持続している状態にあるにすぎないこともあろうが、それに対して、電話による会話は、いつも前者でしかありえないなどと考えてはならない。事実はそうではないのである。またかりにそうだとしても、その場合、問題となっているのは、〔絶え間なく維持されているか、単に持続しているにすぎないのかの〕二様式の区別であって、対面的か電話によるかということなのではない。

訳注

〔1〕 話し手の「順番取得」組織および「順番取得装置」についての詳細は、H. Sacks, E. A. Schegloff, and G. Jefferson, "A simplest systematics for the organization of turn-taking for conversation", in J. Schenkein (ed.), *Studies in the Organization of Conversational Interaction*, Academic Press, 1978（西阪仰訳「会話のための順番交替の組織」『会話分析基本論集』世界思想社　二〇一〇年　七―一五三頁）を参照。

〔2〕「単一の会話」とは電話での一会話にある程度相当し、それぞれの会話を開始したり終了したりするのにそのつどこれに必要な手続きがとられるような会話を意味する。

これに対し「発端の談話がまだ持続している状態」（三三九頁参照）で繰り返して会話が交わされる場合は、複数の会話と呼ばれるような会話を形成することになろう。また、会話の「全域的な構造的組織」とは会話の開始から終了までの全体としての会話組織を示し、会話の「局域的な構造的組織」とは、一発話ごとの順序や連鎖関係・前後関係を示す。さらに「会話活動」とは、順番取得装置（順番取得システム）の影響を受けない場合（たとえば講義や講演など）も含めた最上位の会話概念を意味する。

〔3〕以下の例文（2）を参照。

〔4〕以下の例文（1）を参照。

〔5〕例文の"Why"は、「どうして」といった理由を尋ねるものではなく、命令もしくは勧誘を示すものである。

〔6〕隣接対偶をなす発話、たとえば「質問―返答」の連鎖が別の隣接対偶連鎖に割り込まれた場合、この割り込んだ方の連鎖を「挿入連鎖」と呼ぶ。

〔7〕原文は"I *did* wanna, tell you..."となっており、did が wanna を補う形で強調がなされている。日本語でこのような「動詞の形態」による強調はない。

会話表記記号

/ ――上昇音調。

// ――次の行の発話が割り込まれた箇所。

(n. 0) ――n. 0 秒の間合い。

（　）――何か言われたが書き起こし不可能な発話。
（言葉）――推測にもとづいて書き起こされた不明瞭な発話。
、、、――アクセント。
ゴシック体――強いアクセント。
ゴ、シ、ッ、ク、体――非常に強いアクセント。
：：：――直前の音の引き伸ばし。挿入されたコロンの数に対比。
か-――不完全な言葉。
[[――同時重複発話。
↓――本文の説明に該当する発話箇所〔原文に記載されていない箇所にも付記した〕。

参考文献

Albert, E., 1964, "Rhetoric', 'logic', and 'poetics' in Burundi: culture patterning of speech behavior", *American Anthoropologist*, vol. 66: 6, Pt. 2, pp. 40–41.

Garfinkel, H. and H. Sacks, 1970, "On formal structures of practical actions", in J. C. McKinney and E. A. Tiryakian（eds.）, *Theoretical Sociology*, New York, Applenton-Century-Crofts.

Goffman, E., 1961, *Encounters*, Indianapolis, Bobbs-Merrill（佐藤毅・折橋徹彦訳『出会い』誠信書房　一九八〇年）。

――――, 1963, *Behavior in Public Places*, New York, Free Press（丸木恵祐・本名信行訳

『集まりの構造』誠信書房　一九八〇年）。
———, 1967, *Interaction Ritual*, Garden City, N. Y., Anchor Books（広瀬英彦・安江孝司訳『儀礼としての相互行為』法政大学出版局　一九八六年）。
———, 1971, *Relations in Public*, New York, Basic Books.
Jefferson, G., 1972, "Side sequences", in D. N. Sudnow (ed.), *Studies in Social Interaction*, New York, Free Press.
Moerman, M., 1967, "Being Lue: Uses and abuses of ethnic identification", American Ethnological Society, *Proceedings of 1967 Spring Meeting*.
———, 1970, "Analysis of Lue conversation", I and II, mimeo.
Sacks, H., 1972a, "An initial investigation of the usability of conversational data for doing sociology", in D. N. Sudnow (ed.), *Studies in Social Interaction*, New York, free Press.（本訳書一三九―二五五頁（「会話データの利用法――会話分析事始め」））。
———, 1972b, "On the analyzablity of stories by children", in J. J. Gumperz and D. H. Hymes (eds.), *Directions in Sociolinguistics*, New York, Rinehart and Winston.（小宮友根訳「子どもの物語の分析可能性」山崎敬一他編『エスノメソドロジー・会話分析ハンドブック』新曜社　二〇二三年　一一一―一三二頁）。
———, 近刊, *Aspects of the Sequential Organization of Conversation*, Englewood Cliffs, N. J., Prentice-Hall.
Schgloff, E. A, 1967, "The first five seconds: The order of conversational opening", Berkeley,

University of California, Ph.D dissertation, Sociology.

___________, 1968, "Sequencing in conversational openings", *American Anthropologist*, vol, 70: 6, pp. 1075–95.

___________, 1972, "Notes on a conversational practice: Formulating place", in D. N. Sudnow (ed.), *Studies In Social Interaction*, New York, Free Press.

___________, 近刊, *The Social Organization of Conversational Openings*, Philadelpia, University of Pennsylvania Press.

Schenkein, J., 1972 "Towards an analysis of natural conversation and the sense of *Heheh*", *Semiotica*, vol. 6, pp. 344–377.

Sudnow, D. N. (ed.), 1972, *Studies in Social Interaction*, New York, free Press.

訳者解説

本訳書では、いずれも「会話分析」(conversational analysis)とかかわりあいの深いエスノメソドロジーの論文を収録した。副題を「知と会話」としたのもこのためである。各論文の底本については冒頭の凡例で示してあるので、エスノメソドロジーの形成の経緯とそれぞれの著者の略歴を三人の関係に触れながら述べておこう。

ハロルド・ガーフィンケルは、一九四九年当時、ハーバード大学でT・パーソンズに師事し、自らの博士論文「他者の知覚　社会秩序の研究」の準備を進めていた。一九四〇年から一九四一年にかけて、『社会的行為の構造』をめぐる、パーソンズとA・シュッツの間での書簡のやりとりが絶えてから八年目にあたるこの年、ガーフィンケルは、博士論文の草稿をシュッツに送り評価を求め、彼との接触を取り始める。パーソンズとシュッツの間で私的に行なわれた論争について、ガーフィンケルが知っていたとは考えられない。しかし、一九四三年には、シュッツが『社会的行為の構造』に関連して、ハーバードで講演した「社会的世界での合理性の問題」が『エコノミカ』に掲載され、その後、一九四九年までには「多元的現実について」などシュッツの主要な論文が次々に刊行されていた。一方でまた、ガーフィンケルは、一九五一年になって刊行されたパーソンズの『社会体系論』および、E・シルズとパーソンズの『行為の総合理論をめざして』の内容についても、この時期にすでに部分的に知っていたと思われる。両者の理論の比較検討を通じ、次第にシュッツの影響がガーフィンケルのなかで大きな位置を占めるようになったことがこの接触の理由であろう。

一九五二年、ガーフィンケルはハーバード大学から博士号を与えられるが、この同じ年に、オハイオ州立大学に職を得るとともに、彼はプリンストンでの会議を主催し、そこでシュッツと直接出会っている。この会議では、シュッツの「人間行為の常識的解釈と科学的解釈」などについて検討が行なわれた。その翌年の一九五三年、ガーフィンケルはシュッツにあい次いで三本の原稿(いずれも未刊)を送り、シュッツはこのうちの二本については非常に好意的な評価を下したとされている。ただ、博士論文でも触れられているパーソンズとシュッツの理論を比較考察した最後の論文には、シュッツはあまりなじめなかったらしい。H・ワーグナーはこれを、まるで一九四一年にシュッツとパーソンズの往復書簡で交わされた議論についての第三者のコメントのようだと評している。

これ以降、ガーフィンケルとシュッツとの交渉は記録されていない。というのも、ガーフィンケルは一九五四年にオハイオを去り、シカゴ大学で約半年間、陪審員の調査プロジエクトに加わるが、この時期にエスノメソドロジーという用語を思いついたことが知られており、これに従い独自の研究方針を固めたからに他ならない。この年の秋の新学期から、彼はカリフォルニア大学ロサンジェルス校に赴任し、今日に至っている。〔一九八九年〕現在、当大学の社会学教授の職にある。彼は近年自らの門下にあるM・リンチ、E・リヴィングストンらと、数学や自然科学の領域での作業（work）についてのエスノメソドロジー的な分析を新たに開始している。

ガーフィンケルはカリフォルニアにあって、一九五六年、初めての論文「人を傷つけずに降格するための条件」（Conditions of successful degradation ceremonies）を著し、エスノメソドロジー研究の第一歩を踏み出すとともに、国立精神衛生研究所や米国空軍科学調査企画局などから調査助成金を得て、一九六七年に刊行される『エスノメソドロジーの研究』に収められた論文の多くを準備し始めた。さらに彼は、一九五七年以降、定期的に当時ロサンジェルス校の大学院生であったA・V・シクレルやE・ビットナー、P・マキューなど、エスノメソドロジーの第二世代を構成する人物たちと研究会をもつことになる。

六〇年代に入り、ガーフィンケルを取り巻く状況に変化が現れる。それは、彼の直接の弟子である二人の学生、D・H・ジンマーマンとR・ウィーダーがエスノメソドロジストとして巣立つ準備ができたこと、および彼らとほぼ同年であるハーヴィー・サックスの存在である。彼らならびに彼らの同期生たちがエスノメソドロジーの第三世代を形成することになる。

この当時、サックスは院生としてカリフォルニア大学バークレイ校に在学しており、一九五八年に当大学に転任してきたE・ゴッフマンの講義を受けていた。これと同時に、彼は研究会を組織し、ガーフィンケルの著作を徹底的に検討し始める。この研究会のメンバーには、サックスのバークレイの同僚であるエマニュエル・シェグロフおよびD・サドナウ、R・ターナーなど、後の会話分析を支えることになる主要な人物が含まれていた。サックスがガーフィンケルに興味を抱いたのは、地理的な事情とともに、ゴッフマンとガーフィンケルとの主張の表面的な類似性にあったと考えられる。というのは、両者とも、社会事象を一般的で包括的な理論の枠内で捉えるのではなく、日常生活での個々の出来事を、微細にわたって、自然主義的な観察により捉えてゆくという方針が見られるからである。ともあれ、サックスが開始した会話分析は、ガーフィンケルとゴッフマンという両者の考えが色濃く反映されているのである。

サックスは、ガーフィンケルとの交際を重ねながら、一九六三年、「社会学的な記述」(Sociological description) を最初の論文として雑誌に掲載し、エスノメソドロジストとしてのスタートを切ることになる。同時にこの年、ロサンジェルス校に移り、翌年の一九六四年にかけ、ガーフィンケルのロサンジェルス自殺防止センターでの研究にスタッフとして加わり、彼から財政上の援助を得て、センターでの職員と自殺志願者との間で交わされた電話の録音テープの分析を通じ、博士論文を準備し会話分析の基礎を固めていく。

一九六六年、サックスはバークレイで博士号を収得し、翌年カリフォルニア大学アーバイン校で一九七五年まで講義を続けることになる。この間に、サックスは多くの独創的な会話分析に関する講義を行ない、その一部を論文として発表し、また同僚のシェグロフ、あるいは彼の弟子であるG・ジェファソンらとともに共同で何本かの論文を著している。これらはいずれも自然に起こる実際の相互行為を分析し、常識的知識と会話としての相互行為の子細な秩序との関係を明らかにしようとしたものであり、会話分析のみならず社会学の相互行為そのものの分析のあり方に与えた影響は測り知れないものがある。しかしながら、当初、人類学や言語学の分野から非常に高い評価を受けたにもかかわらず、社会学の領域からの反応は鈍く、その評価は出遅れたと言わざるをえない。

一九七五年、アーバイン校の社会科学（社会学・人類学）教授であったサックスは、この年の十一月、母校近くで交通事故にあい死亡した。享年四〇という若さであった。

一方、シェグロフは、サックスに遅れること一年、同じくバークレイで博士号を取った後、コロンビア大学に赴任したが、一九七三年、カリフォルニア大学ロサンジェルス校に戻り、〔一九八九年〕現在ガーフィンケルと同じく当大学の社会学教授である。サックス亡き後、彼を会話分析での第一人者として位置づけることができ、ジェファソンならびにその後輩出したサックスの教え子であるJ・シェンケン、A・ポメランツ、J・デイヴィッドソン、および直接的、間接的にサックスらの影響を受けたJ・クルター、さらにイギリスで活躍しているJ・ヘリテジ、M・アトキンソン、D・ワトソンらとともに積極的に会話分析を展開している。彼らは先のガーフィンケルの愛弟子とともに、現在のエスノメソドロジーを代表する第四世代に属している人びとである。

明らかに、エスノメソドロジーは、伝統を重んずるイースト・コーストの大学ではなく、南カリフォルニアといったウエスト・コーストの新しい自由な雰囲気の中で育まれてきた学問である。だがこのことが却って災いし、六〇年代後半から七〇年代前半の離陸期に、社会学者のE・ゴッフマン、G・サーサス、E・テリアキアン、L・チャーチル、言語学者のJ・ガンパーズ、D・ハイムズ、U・エーコ、W・ラボフ、人類学者ではB・ジュール＝ロゼール、C・ギアーツらの著名な人びとの支持を得ながらも、既成の社会学に固執する多くの人びとから非難の集中砲火を浴びた。だが現在、これに耐えたエスノメソドロジーは確固たる基盤を形成し、アメリカ社会学を語る場合欠かすことのできない領域を占めており、主だった社会学理論のテキストにはかならずその一部が割かれるまでになってきている。今日、単なる紹介や引用を除き、エスノメソドロジーの研究に直接かかわる主要な論文や書物を著している社会学者は、少なく見積もっても五〇人は下らない。

以下では、エスノメソドロジー全般の特徴を踏まえながら、本書に収録した各論文について簡単な解説を加えておく。

「日常活動の基盤——当り前を見る」(Studies of the routine grounds of everyday activities)

エスノメソドロジーを擁護するにせよ批判するにせよ、頻繁に引用されるのがガーフィンケルのこの論文であり、また、シュッツとの関係が保たれていた当時の博士論文の一部が、ごく簡単にではあるが収録されている。この点から、彼の基本的な立場とエスノメソドロジーの真髄を知るうえで最も重要な論文として位置づけることができよう。

これまでの社会学にあって、社会それ自体の形成、つまり社会的相互行為や社会秩序がどのように確立・維持されているのかとの問題は、「共通文化」や「社会規範」との関係により説明されてきた。それによれば、社会の秩序は、文化、とくに社会規範の内面化とその遵守、あるいは規範・規則による行為の統制と拘束により保たれているのだとされる。だがしかし、ガーフィンケルは、このことだけが社会の秩序を維持するのに貢献しているのだと捉えるのは、きわめて短絡的で安易な発想だと異論を唱えるのである。実際、われわれが自らの日常生活を振り返って見た場合、自己の行為と文化的な社会規範との整合性に常に腐心しているわけではないし、また規範に拘束され束縛を受けているなどとかの強迫観念めいた衝動に駆り立てられているわけでもないことは、誰にでもわかる明々白々な事実ではなかろうか。

にもかかわらず、「規範至上主義理論」は、こうした事実を無視し、規範・規則による規制と拘束のみを社会の秩序的な構成の根拠として一方的に説明してきたのである。もしこのように社会の秩序の成り立ちを説明してしまうならば、それは社会に住まう成員を「判断力を奪われた人びと」として扱うはめになり、社会秩序そのもののあり方を歪めてしまうことになるのだというのが、ガーフィンケルの提唱するエスノメソドロジーの根底に一貫して見られる根本的な主張である。

ガーフィンケルにとっては、規範に一途に従いそれに拘束されているだけで、自らの判断を一切無視された実際には存在しえない人間モデルによる社会秩序の構成など仮想でしかない。重要なのは、日常茶飯事を支障なく処理できる通常の能力をもち、それを当然のこととして誠実に受けとめている普通の社会の成員(competent and bonafide member)が、日常生活世界の秩序をどのように実際に構成し維持しているのかというその「現実のありさま」なのである。このような観点が、結局、ガーフィンケルにパーソンズの秩序観を切り捨てさせ、シュッツの常識的知識観を積極的に受容する方向に導いたといえよう。

本文の内容と前後してしまったが、以上のことを論証するために、ガーフィンケルは初めに、常識的知識あるいはこの知識に従っている「背後期待」が日常生活世界で果たしている役割とその意義を検討することから開始している。このさいに用いられている実験的手順が、いわゆる「期待破棄実験」(breaching experiment)である。この実験手順については賛否両論があるけれども、普段は自明視されており気づかれることのない背後期待の役割を明確に示すことができるといった点では、この着想は評価されてもよいのではなかろうか。破棄実験により明らかにされた背後期待の役割と意義については、本文の各節でそれぞれ説かれているので省略することにし、結論的な要点だけを以下で手短に述べておく。まず、社会の成員は、実験の結果として得られた数々の特徴をもった常識的知識や背後期待を積極的に「使用」し、自らその場その場でさまざまな「判断」を自主的に下すことで、相互行為や社会の秩序をそのつど構成してゆく。彼らは、決して共通文化や社会規範に完全に拘束され、常にそれらの内容に縛られた画一的な反応を示し、決まり切った形で社会秩序を構成しているのではない。第二に、前もって規定されている規範・規則はどうにも手を加えることはできないというものではなく、これら規範・規則は、そのつど状況に応じて補足されたり変更されたりすることもありうるということである。その時々の付帯条件（contingency）に従い付加され修正されてゆく条項を、ガーフィンケルは「等々の条項」として、また、この条項を考慮することを「等々の考察」として示している。つまり、成員は常識的知識に基づいて等々の条項をそのつど考慮に入れることで、その時その場に見合った相互行為や社会秩序を、自らの主体的な「判断作業」もしくは「実践的推論」（practical reasoning）により適宜に構成してゆくということに他ならない。

したがって、この常識的知識による等々の考察からした判断作業の「あり方」、あるいは判断の「され方」やその「方法」を問うことが、社会秩序の問題を再構築することになるのであり、この論文と前後して発表されたガーフィンケルの他の論文——たとえば「社会構造についての常識的知識　素人と専門家の事実発見における例証による解釈方法」(Commonsense knowledge of social structures: the documentary method of interpretation in lay and professional fact finding, 1962)、「安定的な相互行為の条件としての『信頼』の概念とそれについての実験」(A conception of and experiments with 'trust' as a condition of stable concerted actions, 1963)、「『粗雑な』臨床記録が生み出されるための『もっともな』組織上の理由」('Good' organizational reasons for 'bad' clinic records, 1967)など——でも、主にこの点が取り扱われ、これを起点として、成員自らによる相互行為の方法や社会秩序の構成のされ方をめぐって、多彩なエスノメソドロジーの諸説が展開されていくことになるのである。

「会話データの利用法——会話分析事始め」(An initial investigation of the usability of conversational data for doing sociology)

この論文は、表題どおり「会話分析」の開始を画する記念碑的論文である。とはいえ、ご多分に漏れず難解を極めた作品である。要点を一言で言ってしまえば、カテゴリーは、それによって名指される人びと(つまり指示対象)からは独立のものであって、それだけで独自の宇宙を形づくっているのだ、ということにでもなろうか。たとえば、かりに世界中のこどもが一人っ子になろうとも、「きょうだい-きょうだい」というカテゴリー対偶自体のカテゴリー対偶としての効力は、たしかに維持されるかもしれない。

　さてこの論文が直接答えようとしている問題、それは、自殺志願者が「誰も頼れる人がいない」という文を繰り返し発話することになるのはどうしてか、ということである。しかも、自殺志願者はそう言いながら、自殺防止センターの職員に頼ってくる。これはいったいどうしたことか。この謎を解く鍵がカテゴリーどうしの連関（サックスの言葉で言えば「成員カテゴリー化装置」）にある。諸カテゴリーの関連が鮮やかな手つきで腑分けされ、「誰も……いない」・「頼れる人」という言葉がそのなかに位置づけられる。どういうふうにか、それは論文を読んでほしい。

　ところでサックスは会話分析を始めた張本人であるが、そこで扱われていることは、かならずしも一貫していない。初期のころは、このようなカテゴリーの分析を行なっていた。この手のものの代表作としては、本論文のほかに、「子どもの物語の分析可能性」（On the analysability of stories by children）というのがある。これは「あかちゃん、泣いちゃったの。ママがきてだっこしたの」という幼児の語った「物語」を分析したものだ。サックスによれば、この一言だけでも随分いろいろなことが観察できる。たとえば、「あかちゃん」と「ママ」の関係、最初の文と二番目の文との時間的関係、等々。最初の問題についてだけ、すこし考えてみることにしよう。「ママ」は「あかちゃん」のママだ、というふうに聞こえる。別に「そのあかちゃんのママ」と言っているわけではないのに、どうしてか。この問題は、じつは、「会話データの利用法」のなかで用意されている道具立てを用いれば、きれいに解くことができる。解法のさわりはおよそこんな具合だ――

まず本書一四七ページを開くと、そこに「一貫性規則」なるものが出ている。また一四九ページには、「経済規則」というのが出ている。この二つはいずれも、一組の諸カテゴリーからできている「カテゴリー集合」の用法にかかわる規則である。たとえば「家族」というカテゴリー集合がある（本書一六三ページ参照）。「あかちゃん」も「ママ」も「家族」の一員である。一員であるといっても、誰々ちゃんがどこどこさんちの一員だということではない。あくまでもカテゴリー連関の問題なのだ（訳注でも述べておいたが、原文ではMemberとmemberが使い分けられている）。ところで、「あかちゃん」は「人生段階」集合の一員でもある。しかし、「一貫性規則」によれば、カテゴリーは同一集合から選ばれる傾向にあることになるし、また「経済規則」によれば、そのさい単一のカテゴリーで事足りるとされる。かくして、「ママ」は「あかちゃん」のママということになるわけだ。

その他、昨年せりか書房より出た『エスノメソドロジー　社会的思考の解体』という書物に収められているサックスの論文「ホットロッダー――革命的カテゴリー」もカテゴリーを主題としているので、興味のある読者はこれも参照されたい。

ところが、その後、サックスの関心はカテゴリー連関の分析から離れていく。会話分析は、「順番取得システム」の分析を土台に据えて、会話組織そのものを分析するようになる。現在「会話分析」と呼ばれるものは、だいたいこの系統のものだ。その代表作の一つが本書に収められた「会話はどのように終了されるのか」である。詳しいことは、そちらの解説にゆずるとして、それにしても、サックスは本当にカテゴリー連関の分析をやめてしまったのかどうか。あるいは、いま述べた二つの方向を一つに結び合わせる計画、あるいはそれほどはっきりしていなくても、そういう気持ちだけでもあったのか。サックス亡きいま、それはわからない。しかし、わたしたち自身の問題として、このような方向を探ってみるのもおもしろいかもしれない。

「会話はどのように終了されるのか」(Opening up closings)

この論文は、シェグロフの「会話開始時での発話連鎖」(Sequencing in conversational openings, 1968)、およびサックス、シェグロフ、ジェファソンの手による「会話のための順番交替の組織」(A simplest systematics for the organization of turn-taking for conversation, 1974. 西阪仰訳『会話分析基本論集』世界思想社 二〇一〇年所収)とともに「会話分析」の三部作とも呼ばれるべきものである。つまり、これが会話の「終了」を扱っているのに対し、前二作は、それぞれ会話の「開始」と会話の途中でのその「展開」の組織や秩序立てが扱われており、三作あわせて、会話の開始から終了まで、成員が会話といった相互行為をどのようにして秩序あるものとして構成しているのかのその方法を読み取ることができる。

そもそも、エスノメソドロジーが会話に関心をもち、その分析を中心とする会話分析派が主流をなしているのには、それなりの理由がある。第一に考えられるのは、いわゆる社会的な相互行為というものは、ものいわぬ身体的な活動であるよりも、むしろ言葉を使用した会話活動が圧倒的に大多数を占めているということである。第二に、このような状況のなかで、会話において用いられている言葉や言語——もっとも、身体的な活動での表現も同様ではあるが——は、その場の状況に応じたそれ固有の意味を帯びることになる。ガーフィンケルは、言語学者にならい、言語がもっているこうした特性を「文脈依存的表現」(indexical expression) と呼び、この特性がある限り、会話の当事者は、その意味を状況に従いそのつど確定してゆかねばならない。つまり、先に示した「等々の考察」を加えなければならないことになろう。第三に、もしそうであるならば、社会的な相互行為の秩序といったものは、会話での当事者たちが、この文脈依存的表現にそのつど互いに意味を与えあい、理解しあうことで成り立つのだということになる。

したがって、社会的相互行為の秩序の形成とその維持の問題を取り扱うためには、個々の会話での文脈依存的表現をともなったそれぞれの「発話行為」(utterance act) が、どのように構成されているのかの、その成員の「判断」方法に目を向ける会話分析が必要とならざるをえない。しかも、この構成の一定のパターンを探るために、会話分析は録音テープに収録された会話を繰り返して検討することができ、単なる相互行為の分析よりも威力を発揮できるといった利点をもっているのである。ただ、ここで注意しなければならないのは、個々の発話行為の文脈依存的な意味を意味論的もしくは統辞論的に分析するのではないということである。会話分析は、あくまで当事者により意味が与えられる一つ一つの発話行為のあいだの秩序の構成され方、つまり、どのように実際に会話といった相互行為が、秩序あるものとして成し遂げられているのかの方法について分析するのである。一言でいえば、個々の発話行為間の「連鎖秩序」(sequential ordering)、あるいは「連鎖組織」(sequential organization)の形成の「され方」を究明するのである。

さて、会話分析では、一会話全体の全域的な(overall)構造よりも、むしろそれぞれの発話行為ごとの局域的な(local)順番順序や秩序が主だった問題となる。というのも、いま示したように各々の発話行為ごとの(utterance by utterance)そのつどの連鎖的な構成・前後関係が、秩序解明のための単位としてみなされるからに他ならない。しかも、こうした連鎖は単純に構成されるのではなく、当事者により「成し遂げられる」のだといったことが重要なポイントであり、会話の終了の問題も例外ではない。ただ、終了の場合には、会話の開始やその継続のように連鎖秩序の構成ではなく、連鎖の適切な打ち切りの達成が焦点となる。

そのためには、まず、これを適切に打ち切れる会話上の場所や位置が明確にされなければならない。この場所が、現在の話し手に代わり次の話し手が話を開始できる場所、つまり現在の発話（行為）が完了しうる場所としての「移行適切区域」（transition relevance place）である。次の話し手への移行が可能とされ、次の発話を開始しえるこの移行適切区域は、同時に、会話それ自体を終了できる場所でもありえるのである。

したがって、この移行適切区域で次なる発話への「移行適切性」をいかに解除するのかといったことが、会話終了の解明に直接関連し、最終的には、移行適切性は「隣接対偶」の形態をとる「最終交換」により解除され、会話は終了することになる。しかし、シェグロフとサックスにとっての関心は、むしろこの最終交換がなされる以前の発話形態に置かれている。というのも、最終交換は、なんの前触れもなく突然始まるものではなく、これ自体特定の位置づけがなされねばならないからである。つまり、最終交換はこれに先立つ「終了部門」を、特別の場合を除き必ず必要とし、この部門をどのように構成するのかの成員の方法が、会話終了の問題の核心をなし、重点的に検討されることになるのである。「先終了となる可能性のある句」により開始される終了部門は、直線的に会話終了に向けられるだけでなく、談話の「再開」やさまざまな手はずを含んでいるために非常に複雑な部門をなしていること、またこの部門において、会話の終了を成し遂げるための多種多様な手順や方法が存在すること、これらのことが克明な分析を通じ詳細に論じられており、その分析の緻密さは他に例を見ず、理論と現実との一致という方法論上の問題からしても、十分納得のいくものである。

あとがき

「エスノメソドロジー」という奇妙な名前の社会学が世に生まれ出て、四半世紀たった。日本でもぼちぼち紹介されたり、論文が発表されたりして、その名前は随分知れわたっているようだ。それでもエスノメソドロジーの基本文献と呼ばれるものは、ほとんど日本語になっていない。昨年やっと一冊エスノメソドロジー関係の論文を揃えた書物（山田富秋・好井裕明・山崎敬一編訳『エスノメソドロジー　社会学的思考の解体』せりか書房）が出版されただけだ。

エスノメソドロジーの最も重要ないくつかの論文は、いずれも難解を極め、おいそれと日本語になるものではない。それでもこの仕事、いつか誰かがしなければならないことは、たしかだ。その大仕事の一端をとりあえず終えてみたいま、われわれの胸中にあるのは、もしかして取り返しのつかないことをしてしまったのではないか、という思いである。おそらく直訳と呼べる箇所はまったくない。読み易さを考えてなどと言う前に、原文が、そもそもそうせざるをえないような代物なのだ。だから、おそらく誤訳・誤解が山のようにあるのではないか、とおそれる次第である。

もちろん、訳業においては万全を期したつもりである。サーサス氏による序論は、時間の都合上もあって、基本的に西阪が訳出した。ガーフィンケルによる第一論文とサックスとシェグロフによる第三論文は、北澤が第一稿を作り、それをもとに西阪が第二稿を作り、その後両者膝を付き合わせての検討を重ね、最後に北澤がまとめた。サックスによる第二論文は西阪の第一稿にたいし北澤が問題点を指摘し、それを踏まえて西阪が最終稿をまとめた。二人で互いの家に合宿しながらの検討の他に、郵送による相互検討も数往復行なった。こういうわけで、最後に出てきたものはいずれも、一人の訳者に帰属するものではありえない（ただし、訳注・解説は、最終稿をまとめる段階で、各担当者の責任で記載した）。

どうにかこうにかできあがった翻訳書だが、それがこのような形あるものとなるためには、やはり多くの人びとのお手をわずらわさずをえなかった。まず、訳者たちが適当な解説をと考えていた時、国際大学の招きで来日されていた、ボストン大学のジョージ・サーサス先生から、じつに的確な序論をお寄せいただいた。序論に記されている内容は、エスノメソドロジーを今後展開してゆく上で、その一助になると考えられる。先生に感謝したい。氏は早い時期からエスノメソドロジーの紹介に努められ、いくつか重要な論文集も編集しておられる。最近は、「道順の教え方」についての研究などに従事されている。さらに国際大学の奥田和彦先生には、サーサス氏とわれわれの間をとりもっていただいた。先生のお口添えがなければ、本書は序論のない論文集になっていたにちがいない。両先生には翻訳権・版権のことでもお世話になった。訳者たちをマルジュ社に引き合わせてくださったのは、早稲田大学の那須壽氏である。氏はそのいみで、本書の生みの親と言ってよい。さらに、かつて訳者たちとエスノメソドロジーの文献を読みあさった研究仲間たちにも感謝したい。とくに山田富秋・山崎敬一・好井裕明の各氏からは多くのことを学ばせていただいた。早稲田大学の壽里茂先生・佐藤慶幸先生・河崎佳代さんをはじめ、さまざまな形でお力添えをいただいた方々に厚くお礼を申し上げたい。また、本訳書は早稲田大学から学術出版補助に関する助成金を、および明治学院大学の学術振興基金から補助金を支給された。

最後に、マルジュ社の桜井俊紀氏にはまず、訳者たちの申し出をこころよくお引き受けいただいたにもかかわらず、訳稿をなかなかお引き渡しできなかったことについて陳謝を申し上げねばなるまい。遅々として進まぬ訳者たちの仕事を、忍耐づよく、そして時には厳しく見守り続けていただいた桜井氏には、心よりお礼を述べさせていただきたい。

一九八八年七月

訳　者

ちくま学芸文庫版訳者あとがき

この翻訳書がマルジュ社より最初に出版されたのが一九八九年だから、いまから三五年前ということになる。エスノメソドロジー・会話分析と呼ばれる分野は、その後、多様な広がりを見せながら、多くの研究を蓄積している。ハロルド・ガーフィンケルが、「エスノメソドロジーとは何か」という論文を第一章に据えて『エスノメソドロジー研究』を一九六七年に出版してから、六〇年近くになる。社会学の一つの研究方法もしくは研究態度、あるいは方法的態度が、これだけの期間、その一体性を保ちつつ、かつ他分野にも影響を与えつつ、持続している例は、多くはない。アメリカ社会学会の現在五〇ほどの公式の部会のなかで、トピックではなく、理論的・方法的態度のもとに組織されているのは、おそらく「マルクス主義社会学」と「エスノメソドロジー・会話分析」の二つだけである。

そのなかで、この翻訳書の出版以降、これに収められた論文も、いくらかその意味を変えつつある。ガーフィンケルの「日常活動の基盤」論文（第一章）は、当時は、エスノメソドロジーを代表する最も重要な論文だった。もちろん、それが重要であることは、いまでも変わりない。とくに、この論文において紹介されているさまざまな「実験」の奇抜さが、エスノメソドロジーの一つの印象を形作っていた。しかし、「エスノメソドロジー」という名称が初めて、出版された論考に登場したのは、右に述べた「エスノメソドロジーとは何か」と題された章だった。「日常活動の基盤」論文は、『エスノメソドロジー研究』に第二章として収録されたものの、そこでは、「エスノメソドロジー」という言葉はまだ出現していない。その後、ガーフィンケルは一九九〇年代にエスノメソドロジーのプログラムに焦点を合わせた論文をいくつか出版し、さらに『エスノメソドロジー・プログラム』という本を二〇〇二年に出版する。この本は、かの「エスノメソドロジーとは何か」において宣言されていたプログラムをそのまま展開したものであり、その分、「日常活動の基盤」論文で行なわれていることと、エスノメソドロジーのプログラムそのものとの若干のずれが際立つことになる。

「日常活動の基盤」論文の一つの重要な主張は次のようにまとめることができる。私たちが日常活動において、相手の発言や身体的振舞いを理解する時、その理解は、あくまでもその時々のさまざまな偶発的な付帯条件のなかで「なし遂げられ」なければならない、というのがそれだ。一方、「日常活動の基盤」論文では、アルフレッド・シュッツの議論を手がかりに、そのような理解を支える「背後期待」の構造分析への強い関心が、同時に示される。それに対して、その後のエスノメソドロジー・プログラムでは、その理解可能性がなし遂げられるために、その時々に用いられるやり方・方法に焦点が合わされる。私たちが用いる発言等の振舞いは、見方によってはきわめて不完全にしか理解できないように見えても、その時々のコンテクストにおいてその理解可能性は十全なものとしてなし遂げられる。そのコンテクストに内属した、理解達成のやり方・方法が具体的に検討される。このような焦点の若干のずれはあるとしても、すでに述べたように、「日常活動の基盤」論文が、エスノメソドロジーの基本的な方法的態度を理解するうえで、重要な論考であることには変わりない。

また、ハーヴィ・サックスによる第二章の「会話データの利用法」論文は、現在もなお「成員カテゴリー化装置」を考えるうえでの最重要論文の一つである。この論文と並ぶサックスのもう一つの重要論文「子どもの物語の分析可能性」も最近、小宮友根氏により翻訳された。その後、成員カテゴリー化装置を用いた分析は、P・エグリン、S・ヘスター、R・ワトソンらにより、「成員カテゴリー化分析」として一つの小分野を形成することになる。「成員カテゴリー化分析」を主導する研究者たちは、とくに、順番交替組織の研究以降の（第三章の「会話の終了」論文も含む）会話分析を「連鎖分析」と呼び、そこから自分たちの分析方法を差異化することもある。成員カテゴリーは、さまざまな含意を持つ。たとえば、同じ人物をカテゴリー化するのに職業カテゴリーを用いるか、ジェンダーカテゴリーを用いるか、あるいは人種カテゴリーを用いるかによって、その人物について異なる「含意」が生じる。特定のカテゴリーが選ばれることで何がなし遂げられるかが、分析の俎上にあげられる。一方で、「会話の終了」論文の著者の一人であるエマニュエル・シェグロフは、右の研究者たちの努力に敬意を表しながらも、「成員カテゴリー化分析」が小分野として独立可能であることに懐疑的である。また、成員カテゴリー化装置を用いた分析と「連鎖分析」を積極的に統合しようと試みる研究者もいる。この翻訳書に序章を寄稿いただいたジョージ・サーサスもその一人だった。

いずれにしても、「成員カテゴリー化装置」は、多くの人を魅了し続けていることは、確かである。同時に、サックスが「会話データの利用法」論文等で試みた、さまざまな概念的な切り分けが、(独特の文体のせいもあって)いまだ正確に理解されていないようにも感じる。この議論を具体的な相互行為の分析にどう取り込んでいくかは、残された課題と言える。

第三章の「会話の終了」論文は、いま読み返しても、その緻密な議論に圧倒される。その一方で、この論文についても、この翻訳が最初に出た時と比べて、現在の研究環境は若干異なってきているように思う。一つは、現在の会話分析の主要な方法が、特定の現象について多くの事例を集めることにもとづくものになっている点である(この事例収集にもとづく方法については、シェグロフの「仄めかしだったと認めること」『会話分析の方法』世界思想社、二〇一八年参照)。たしかに、この論文においても、事例収集を行なった旨が注記されている。しかし、たとえば、「先終了となる可能性のある句」の分析など、実際の例ではなく、作られた例が提示される。事例収集にもとづく方法にのっとるならば、「わかった」等の実際の例を、代表的な事例だけでなく、やや標準からずれたものも含めて引用し、それにより分析を正当化することになるだろう。

第二に、一九九〇年代以降、ビデオカメラの小型化が進む。「8ミリビデオ」が登場して以来、今日では、ビデオテープそのものが不要になっている。これにより、会話分析の主要データが、電話から対面的な状況へと急激に切り替わる。電話は、初め（ベル音を鳴らす）と終わり（電話を切る）により明確に境界付けられているのに対して、対面的な日常会話場面は、必ずしもそのような明確な境界を持たない。たとえば食事の場面は、たしかに食事そのものは、合図（「いただきます」）により開始されるにしても、その対面的な状況そのもの、すなわち「相互行為機会」は、すべての参加者がそこに同時に登場するなどということは考えにくく、多くの場合、明確な境界を持たない。すなわち、そのような会話は、この論文が扱うような明確な「終了部門」を必ずしも持たない。そのため、この論文の対象そのものが、当初と比べ少し周辺に追いやられてしまっているかもしれない。とはいえ、もちろん、診察などの特定のコンテクストにおける相互行為は、明確に「終了部門」を持ちえ、その点において、この論文がその研究のための重要な指針となり続けていることは、間違いない。ともあれ、この論文においては、会話分析の「精神」にはっきりと触れることができる。これからも、会話分析の重要な「手本」となり続けるだろう。

今回、ちくま学芸文庫として再発行されるにあたり、訳者らは、全編を精読した。その結果、論理的にうまく読み下せないと思われた箇所、十カ所ほどに最低限の修正を加えた。そのほか、本当であれば訳し直したほうがよい箇所もなくはないが、それを始めれば、膨大な時間を要することになる。マルジュ社版でも、本翻訳書は、十分役割を果たしてきたし、今後も、この最低限の修正のみで、エスノメソドロジー・会話分析に本格的に触れたいと考える大学生・大学院生・研究者の方たちに、大いに役立つだろうと考えている。最初の出版から三五年の時を経て、右に述べたような状況の変化があったとしても、ここに収められた三つの論文が、エスノメソドロジー・会話分析の重要な基本文献であることに変わりない。翻訳も、原文が晦渋なだけに、かなり読みやすいものとなっていると自負している。

また、今回の最低限の訳の修正とともに、言葉遣いに関する若干の修正も施した。とくに、人物を一般的に指すのに「彼」が残っている箇所が八カ所ほどあり、これを別の言葉に置き換えた。その他、あまり適切と思えない語を置き換えたところもある。ただ、こちらも、最低限で、本来であれば直したほうがよいような表現、とくに語源的に人によっては不愉快と思われる含意のある表現でも、現在も新聞等で一般的に使われているものは、そのままになっている。その他、誤植を含む表記上の誤りは、気づくことができたものは、すべて修正した。
最後に、筑摩書房からの新版の出版にあたり、筑摩書房編集部の守屋佳奈子氏に大変お世話になった。感謝したい。マルジュ社の元社長である桜井俊紀氏には、当時若輩の私たちの願いをかなえていただいたことに、あらためて感謝申し上げたい。サックスの論文について新たに翻訳出版権を取得するにあたっては、カリフォルニア大学ロサンジェルス校の名誉教授、ジョン・ヘリテッジ氏にご尽力をいただいた。記して感謝したい。

三五年前には、一九七五年に急死したサックスを除くすべての著者たちは、エスノメソドロジー・会話分析研究の中心にいた。二〇一一年にガーフィンケルが、二〇一八年にはサーサスが、そして、今年シェグロフが亡くなった。訳者のうち北澤は、一九九〇年代後半よりエスノメソドロジー研究そのものから少し離れたところで視覚社会学《ヴィジュアルソシオロジー》に取り組むこととなる。西阪のほうは、現在も会話分析の手法を用いた研究を続けているものの、二人ともすでに勤務先を定年退職した。この翻訳書が、来たるべき世代の研究者たちに読み継がれていくことを願うしだいである。

二〇二四年一一月二〇日

訳者を代表して　西阪 仰

事 項 索 引

あ行

曖昧（な） ambiguous 59–61, 117, 173–174, 183
当り前の事実 natural fact 49, 84–85, 91, 105–109
ありきたりの routine 307, 325
R 157–232, 251
Ri 168, 196, 230
Rp 167–171, 193, 195–201, 208–211, 218–224, 228–232
移行適切性 transition relevance 266, 269–271, 274, 277, 279, 322
移行規則 transition rule 313, 325, 334–335
一義的 definite 171–174, 183–185, 193, 212
一貫性規則 consistency rule 147–153, 248–249
一致（作用） fitting 284, 287, 291, 326
一致問題 convergence problem 153, 171, 251
応用エスノメソドロジー applied ethnomethodology 15

か行

会話内での出来事 event in the conversation 58, 270
会話分析 conversation analysis 13–14, 16
学習 learning 115, 126–127
格率 maxim 222–223
カテゴリー対偶 category pair 158, 164, 166, 168
カテゴリー適切使用規則 1 category relevance rule 1 147
カテゴリー適切使用規則 2 category relevance rule 2 162
慣行的 →ありきたりの
看破問題 detection problem 192, 212
機会 occasion 337, 339–341
記述 description 19–20, 26, 29–30, 36–39, 266, 338
規則 rule 32–34, 39, 49, 60, 112–115, 122–124
規範 norm 31, 34
基本的パターン underlying pattern 57–58
共通理解 common understanding 54, 58, 60, 66, 76–77, 83, 110, 121–123, 125
局域的 local 281–282, 284, 291, 309–311
繰り返し使用可能性規則 repeatable use rule 153
K 157, 164–165, 194, 229–232, 251
Ki 231
経済規則 economy rule 149–153
Kp 231

現象学　phenomenology　12–13
合意　agreement　54, 58, 121–125, 297
誤置標示（標識）　misplacement marking (marker)　327–329, 333

さ行

再開　reopening　293, 301, 310, 313–315, 325–327, 332–335, 337–338
最終交換　terminal exchange　270, 274, 277–281, 289, 294, 303, 322, 325, 334–336, 339
最初の話題　(the) first topic　282–284, 287, 300–301, 319
最初の話題に先立つ終了提案　pre-fiirst-topic closing offering　319–321
自然的態度　natural attitude　→日常生活の態度
実践的推論　practical reasoning　25, 41
社会化　socialization　127, 150–151
順番取得（装置, 組織）　turn taking (machinary, organization)　265–270, 274, 290–291, 334
終了部門　closing section　281, 289–290, 293–294, 300, 302–304, 310–311, 313, 319, 322–327, 330, 333–341
常識（的）　common sense　19, 34, 36–38, 50–51, 68, 83, 89–90, 111–112, 117–118, 124, 127–128
冗談　joke　127, 171–172, 176–180, 183–188, 191–192, 212
信念　belief　30–31
成員カテゴリー集合　collection of membership categories　142–144, 151–152, 157, 174, 194, 199, 246–247, 250
成員カテゴリー化装置　membership categorization device　26–28, 39, 144–155, 162, 172, 178–180, 185
成員の配置をあらかじめ指定する効果　programmatic relevance　161–163, 166, 197
正常な知覚　normal perception　49, 85–86, 91, 110
制度化　institutionalization (-ize)　113, 274, 277–278
全域的　overall　263–264, 274, 282, 298, 304
先終了（となる可能性のある）句　(possible) pre-closing　290–304, 306–310, 313–314, 321, 323, 326, 347, 350
捜査　→探索

た行

第一対偶成分　(the) first pair part　272–273, 276–281, 289, 309
対照集合　contrast set　178–183
対照対偶　contrast pair　332–333
対照標示　contrast marking　330
第二対偶成分　(the) second pair part　272–279
代表性　representativeness　232

単一の話題からなる会話　mono-topical conversation　299–300, 347
探索　search　205–210, 224–225
直接的（な）配列　close order　273–275, 336
沈黙　silence　267–270, 319, 339
対関係　pair relation　→R
適切な選択肢　proper alternative　173
等々の　et cetera　122–124, 134
道徳的　moral　49, 52, 83–84, 91, 105, 109, 130, 297

な行

日常（的）活動　ordinary activity　49–53, 128
日常言語学派　ordinary language school　13
日常生活　ordinary life　19, 21–22, 38–41, 50, 52, 83–85, 90–91
日常生活の態度　attitude of daily life　21–22, 52, 91, 105, 125–126, 130
認知社会学　cognitive sociology　15

は行

背後期待　background expectancy　51–53, 71, 76–77, 83–84, 86–87, 105, 126
判断作業　judgemental work　118
判断力喪失者　judgemental dope　111–116, 119, 121
Pa に適合的な装置　Pa adequate device　248
Pn に適合的な装置　Pn adequate device　145, 147, 152–153, 162–164, 247–250
Pn に適合的な装置 1 型　Pn adequate device type 1　145, 153, 162, 164
Pn に適合的な装置 2 型　Pn adequate device type 2　163–164
標準化　standardization（-ize）　68, 88, 110–115, 158–159, 196–198, 201, 218, 225
本気　serious　127, 178–186, 192

ま行

見られているがしかし気づかれない　seen but unnoticed　51–52, 61, 66, 90
民俗誌　ethnography　25–26, 29–30, 37

ら行

理由説明　account　195–196, 211–222
隣接対偶　adjacency pair　271–281, 289, 309, 328, 334
倫理（学）的　ethical　123
ルール　→規則
例証による解釈方法　documentary method of interpretation　129
歴史　history　24–25
歴然たる当り前の事実　→当り前の事実

わ行

話題終了交換　topic closing exchange　296, 298
話題打ち切り　closing down a topic　296, 300, 347–348
話題限定（手法）　topic bounding (technique)　297–301
話題退化　topic shading　295–296, 298, 300
話題に先立つ終了提案　pre-topic closing offering　314, 319, 321, 349

本書は一九八九年に初版が、一九九五年に新版が、マルジュ社より刊行された。

解説 徒然草　橋本武

『銀の匙』の授業で知られる伝説の国語教師が、「徒然草」より珠玉の断章を精選して解説。その授業実践が凝縮された大定番の古文入門書。（齋藤孝）

解説 百人一首　橋本武

灘校を東大合格者数一に導いた橋本武メソッドの源流と実践がすべてわかる！　名文を味わいつつ、語彙や歴史も学べる名参考書文庫化の第二弾！

江戸料理読本　松下幸子

江戸時代に刊行された二百余冊の料理書の内容と特徴、レシピを紹介。素材を生かし小技をきかせた江戸料理の世界をこの一冊で味わい尽くす。（福田浩）

萬葉集に歴史を読む　森浩一

古の人びとの愛や憎しみ、執念や悲哀。萬葉集には、数々の人間ドラマと歴史の激動が刻まれている。考古学者が大胆に読む、躍動感あふれる萬葉の世界。

ヴェニスの商人の資本論　岩井克人

〈資本主義〉のシステムやその根底にある〈貨幣〉の逆説とは何か。その怪物めいた謎をめぐって、明晰な論理と軽妙な洒脱さで展開する諸考察。

現代思想の教科書　石田英敬

今日我々を取りまく〈知〉は、4つの「ポスト状況」から発生した。言語、メディア、国家等、最重要論点のすべてを一から読む！　決定版入門書。

記号論講義　石田英敬

モノやメディアが現代人に押しつけてくる記号の嵐。それに飲み込まれず日常を生き抜くには？　東京大学の講義をもとにした記号論の教科書決定版！

プラグマティズムの思想　魚津郁夫

アメリカ思想の多元主義的な伝統は、九・一一事件以降変貌してしまったのか。「独立宣言」から現代のローティまで、その思想の展開をたどる。

増補 女性解放という思想　江原由美子

「女性解放」はなぜ難しいのか。リブ運動への揶揄を論じた「からかいの政治学」など、運動・理論における対立や批判から、その困難さを示す論考集。

良い死／唯の生　立岩真也

安楽死・尊厳死を「良い死」とする思考を批判的に検討し、誰でも「生きたいなら生きられる社会」へと変革するには何が必要かを論じる。（大谷いづみ）

20世紀思想を読み解く　塚原史

「自由な個人」から「全体主義的な群衆」へ。人間という存在が劇的に変質した世紀の思想を、無意味・未開・狂気等キーワードごとに解読する。

緑の資本論　中沢新一

『資本論』の核心である価値形態論を一神教的に再構築することで、自壊する資本主義からの脱出の道を考察した、画期的論考。（矢田部和彦）

反＝日本語論　蓮實重彦

仏文学者の著者、フランス語を母国語とする夫人、日仏両語で育つ令息。三人が遭う言語的葛藤から見えてくるものとは？（シャンタル蓮實）

橋爪大三郎の政治・経済学講義　橋爪大三郎

政治は、経済は、どう動くのか。この時代を生きるために、日本と世界の現実を見定める目を養い、考える材料を蓄え、構想する力を培う基礎講座！

学習の生態学　福島真人

現場での試行錯誤を許す「実験的領域」はいかに成立するか。救命病棟、原子力発電所、学校等、組織での学習を解く理論的枠組みを示す。（熊谷晋一郎）

フラジャイル　松岡正剛

なぜ、弱さは強さよりも深いのか？　薄弱・断片・あやうさ・境界・異端……といった感覚に光をあて、「弱さ」のもつ新しい意味を探る。（高橋睦郎）

言葉とは何か　丸山圭三郎

言語学・記号学についての優れた入門書。ソシュール研究の泰斗が、平易な語り口で言葉の謎に迫る。術語・人物解説、図書案内付き。（中尾浩）

戦争体験　安田武

わかりやすい伝承は何を忘却するか。戦後における戦争体験の一般化を忌避し、矛盾に満ちた自らの体験の「語りがたさ」を直視する。（福間良明）

〈ひと〉の現象学　鷲田清一

知覚、理性、道徳等。ひとをめぐる出来事は、哲学の主題と常に伴走する。ヘーゲル的綜合を目指すのでなく、問いに向きあいゆるやかにトレースする。

階級とは何か　スティーヴン・エジェル　橋本健二訳

マルクスとウェーバーから、現代における展開まで。階級理論の基礎を、社会移動・経済的不平等・政治にも目配りしつつ総覧する、類書のない入門書。

モダニティと自己アイデンティティ　アンソニー・ギデンズ　秋吉美都／安藤太郎／筒井淳也訳

常に新たな情報に開かれ、継続的変化が前提となる後期近代で、自己はどのような可能性と苦難を抱えるか。独自の理論的枠組を作り上げた近代的自己論。

ありえないことが現実になるとき　ジャン＝ピエール・デュピュイ　桑田光平／本田貴久訳

なぜ最悪の事態を想定せず、大惨事は繰り返すのか。経済か予防かの不毛な対立はいかに退けられるか。認識の根源を問い、抜本的転換を迫る警世の書。

〈ほんもの〉という倫理　チャールズ・テイラー　田中智彦訳

個人主義や道具的理性がもたらす不安に抗するには「〈ほんもの〉という倫理」の回復こそが必要だ。現代を代表する政治哲学者の名講義。（宇野重規）

政治宣伝　ジャン＝マリー・ドムナック　小出峻訳

レーニン、ヒトラーの時代を経て、宣伝は今どのような役割を果たすか。五つの定則を示し、デモクラシーに対するその功罪を見据える。（川口茂雄）

空間の詩学　ガストン・バシュラール　岩村行雄訳

家、宇宙、貝殻など、さまざまな空間が喚起する詩的イメージ。新たなる想像力の現象学を提唱し、人間の夢想に迫るバシュラール詩学の頂点。

リキッド・モダニティを読みとく　ジグムント・バウマン　酒井邦秀訳

変わらぬ確かなものなどもはや何一つない現代世界。社会学の泰斗が身近な出来事や世相から〈液状化〉の具体相に迫る真摯で痛切な論考。文庫オリジナル。

社会学の考え方〔第2版〕　ジグムント・バウマン／ティム・メイ　奥井智之訳

日常世界はどのように構成されているのか。日々変化する現代社会をどう読み解くべきか。読者を〈社会学的思考〉の実践へと導く最高の入門書。新訳。

コミュニティ
ジグムント・バウマン　奥井智之訳
グローバル化し個別化する世界のなかで、コミュニティはいかなる様相を呈しているか。安全をとるか、自由をとるか。代表的社会学者が根源から問う。

近代とホロコースト〔完全版〕
ジグムント・バウマン　森田典正訳
近代文明はホロコーストの必要条件であった――。社会学の視点から、ホロコーストを現代社会の本質に深く根ざしたものとして捉えたバウマンの主著。

フーコー文学講義
ミシェル・フーコー　柵瀬宏平訳
シェイクスピア、サド、アルトー、レリス……。フーコーが文学と取り結んでいた複雑で、批判的で、戦略的な関係とは何か。未発表の記録、本邦初訳。

ウンコな議論
ハリー・G・フランクファート　山形浩生訳／解説
ごまかし、でまかせ、いいのがれ。なぜ世の中、こんなものがみちるのか。道徳哲学の泰斗がその正体とカラクリを解く。爆笑必至の訳者解説を付す。

21世紀を生きるための社会学の教科書
ケン・プラマー　赤川学監訳
パンデミック、経済格差、気候変動など現代世界が直面する諸課題を視野に収めつつ社会学の新しい知見を解説。社会学の可能性を論じた最良の入門書。

世界リスク社会論
ウルリッヒ・ベック　島村賢一訳
迫りくるリスクは我々から何を奪い、何をもたらすのか。『危険社会』の著者が、近代社会の根本原理をくつがえすリスクの本質と可能性に迫る。

読み書き能力の効用
リチャード・ホガート　香内三郎訳
労働者階級が新聞雑誌・通俗小説を読むことで文化に何が起こったか。規格化された娯楽商品に浸食される社会を描く大衆文化論の古典。　（佐藤卓己）

民主主義の革命
エルネスト・ラクラウ／シャンタル・ムフ　西永亮／千葉眞訳
グラムシ、デリダらの思想を摂取し、根源的で複数的なデモクラシーへ向けて、新たなヘゲモニー概念を提示した、ポスト・マルクス主義の代表作。

鏡の背面
コンラート・ローレンツ　谷口茂訳
人間の認識システムはどのように進化してきたのか、そしてその特徴とは。ノーベル賞受賞の動物行動学者が試みた抱括的知識による壮大な総合人間哲学。

日常生活における自己呈示
アーヴィング・ゴフマン
中河伸俊／小島奈名子訳
私たちの何気ない行為にはどんな意味が含まれているか。その内幕を独自の分析手法によって赤裸々なまでに明るみに出したゴフマンの代表作。新訳。

解放されたゴーレム
ハリー・コリンズ／トレヴァー・ピンチ
村上陽一郎／平川秀幸訳
科学技術は強力だが不確実性に満ちた「ゴーレム」である。チェルノブイリ原発事故、エイズなど7つの事例をもとに、その本質を科学社会的に繙く。

存在と無（全3巻）
ジャン＝ポール・サルトル
松浪信三郎訳
人間の意識の在り方（実存）をきわめて詳細に分析し、存在と無の弁証法を問い究め、実存主義を確立した不朽の名著。現代思想の原点。

存在と無 Ⅰ
ジャン＝ポール・サルトル
松浪信三郎訳
Ⅰ巻は、「即自」と「対自」が峻別される緒論「存在の探求」から、「対自」としての意識の基本的在り方が論じられる第二部「対自存在」まで収録。

存在と無 Ⅱ
ジャン＝ポール・サルトル
松浪信三郎訳
Ⅱ巻は、第三部「対他存在」を収録。私と他者との相剋関係を論じた「まなざし」論をはじめ、愛、憎悪、マゾヒズム、サディズムなど具体的な他者論を展開。

存在と無 Ⅲ
ジャン＝ポール・サルトル
松浪信三郎訳
Ⅲ巻は、第四部「持つ」「為す」「ある」を収録。この三つの基本的カテゴリーとの関連で人間の行動を分析し、絶対的自由を提唱。（北村晋）

公共哲学
マイケル・サンデル
鬼澤忍訳
経済格差、安楽死の幇助、市場の役割など、私達が現代の問題を考えるのに必要な思想とは？ ハーバード大講義で話題のサンデル教授の主著、初邦訳。

パルチザンの理論
カール・シュミット
新田邦夫訳
二〇世紀の戦争を特徴づける「絶対的な敵」殲滅の思想の端緒を、レーニン・毛沢東らの《パルチザン》戦争という形態のなかに見出した画期的論考。

政治思想論集
カール・シュミット
服部平治／宮本盛太郎訳
現代新たな角度で脚光をあびる政治哲学の巨人が、その思想の核を明かしたテクストを精選して収録。権力の源泉や限界といった基礎もわかる名論文集。

論語
土田健次郎訳注

至上の徳である仁を追求した孔子の言行録『論語』。原文に、新たな書き下し文と明快な現代語訳、解釈史を踏まえた注と補説を付した決定版訳注書。

声と現象
ジャック・デリダ
林好雄訳

フッサール『論理学研究』の綿密な読解を通して、「脱構築」「痕跡」「差延」「代補」「エクリチュール」など、デリダ思想の中心的〝操作子〟を生み出す。

歓待について
ジャック・デリダ
アンヌ・デュフールマンテル序論
廣瀬浩司訳

異邦人＝他者を迎え入れることはどこまで可能か？ギリシャ悲劇、クロソウスキーなどを経由し、この喫緊の問いにひそむ歓待の（不）可能性に挑む。

動物を追う、ゆえに私は（動物で）ある
ジャック・デリダ
マリ＝ルイーズ・マレ編
鵜飼哲訳

動物の諸問題を扱った伝説的な講演を編集したデリダ晩年の到達点。聖書や西洋哲学における動物観を分析し、人間の「固有性」を脱構築する。（福山知佐子）

省察
ルネ・デカルト
山田弘明訳

徹底した懐疑の積み重ねから、確実な知識を探り世界を証明づける。哲学入門者が最初に読むべき、近代哲学の源泉たる一冊。詳細な解説付新訳。

哲学原理
ルネ・デカルト
山田弘明／吉田健太郎／久保田進一／岩佐宣明訳・注解

『省察』刊行後、その知のすべてが記された本書は、デカルト形而上学の最終形態といえる。第一部の新訳と解題・詳細な解説を付す決定版。

方法序説
ルネ・デカルト
山田弘明訳

「私は考える、ゆえに私はある」。近代以降すべての哲学は、この言葉で始まった。世界中で最も読まれている哲学書の完訳。平明な徹底解説付。

社会分業論
エミール・デュルケーム
田原音和訳

人類はなぜ社会を必要としたか。社会はいかにして発展するか。近代社会学の嚆矢をなすデュルケーム畢生の大著を定評ある名訳で送る。（菊谷和宏）

公衆とその諸問題
ジョン・デューイ
阿部齊訳

大衆社会の到来とともに公共性の成立基盤は衰退した。民主主義は再建可能か？　プラグマティズムの代表的思想家がこの難問を考究する。（宇野重規）

宗教の理論
ジョルジュ・バタイユ
湯浅博雄訳
聖なるものの誕生から衰滅までをつきつめ、宗教の根源的核心に迫る。文学、芸術、哲学、そして人間にとって宗教の〈理論〉とは何なのか。

純然たる幸福
ジョルジュ・バタイユ
酒井健編訳
著者の思想の核心をなす重要論考20篇を収録。文庫化にあたり「クレー」「ヘーゲル弁証法の基底への批判」「シャプサルによるインタビュー」を増補。

エロティシズムの歴史
ジョルジュ・バタイユ
湯浅博雄／中地義和訳
三部作として構想された『呪われた部分』の第二部。荒々しい力〈性〉の禁忌に迫り、エロティシズムの本質を暴く、バタイユの真骨頂たる一冊。（吉本隆明）

エロスの涙
ジョルジュ・バタイユ
森本和夫訳
エロティシズムは禁忌と侵犯の中にこそあり、それは死と切り離すことができない。二百数十点の図版で構成されたバタイユの遺著。（林好雄）

呪われた部分 有用性の限界
ジョルジュ・バタイユ
中山元訳
『呪われた部分』草稿、アフォリズム、ノートなど15年にわたり書き残した断片。バタイユの思想体系の全体像と精髄を浮き彫りにする待望の新訳。

入門経済思想史 世俗の思想家たち
R・L・ハイルブローナー
八木甫ほか訳
何が経済を動かしているのか。スミスからマルクス、ケインズ、シュンペーターまで、経済思想の巨人たちのヴィジョンを追う名著の最新版訳。

分析哲学を知るための 哲学の小さな学校
ジョン・パスモア
大島保彦／高橋久一郎訳
数々の名テキストで哲学ファンを魅了してきた分析哲学界の重鎮が、現代哲学を総ざらい！ 思考や議論の技を磨きつつ、哲学史を学べる便利な一冊。

表現と介入
イアン・ハッキング
渡辺博訳
科学にとって「在る」とは何か？ 科学は真理を捉えられるのか？ 現代哲学の鬼才が20世紀を揺るがした問いの数々に鋭く切り込む！ （戸田山和久）

社会学への招待
ピーター・L・バーガー
水野節夫／村山研一訳
社会学とは、「当たり前」とされてきた物事をあえて疑い、その背後に隠された謎を探求しようとする営みである。長年親しまれてきた大定番の入門書。

聖なる天蓋
ピーター・L・バーガー
薗田稔訳

全ての社会は自らを究極的に審級する象徴の体系、「聖なる天蓋」をもつ。宗教について理論・歴史の両面から新たな理解をもたらした古典的名著。

人知原理論
ジョージ・バークリー
宮武昭訳

「物質」なるものなど存在しない――。バークリーの思想的核心が、平明このうえない訳文と懇切丁寧な注釈により明らかとなる。主著、待望の新訳。

ポストモダニティの条件
デヴィッド・ハーヴェイ
吉原直樹監訳
和泉浩／大塚彩美訳

モダンとポストモダンを分かつものは何か。近代世界の諸事象を探査し、その核心を「時間と空間の圧縮」に見いだしたハーヴェイの主著。改訳決定版。

ビギナーズ 倫理学
デイヴ・ロビンソン文
クリス・ギャラット画
鬼澤忍訳

正義とは何か？　なぜ善良な人間であるべきか？倫理学の重要論点を見事に整理した、道徳的カオスの中を生き抜くためのビジュアル・ブック。

宗教の哲学
ジョン・ヒック
間瀬啓允／稲垣久和訳

古今東西の宗教の多様性と普遍性は、究極的実在に対する様々に異なるアプローチであり応答である。「宗教的多元主義」の立場から行う哲学的考察。

自我論集
ジークムント・フロイト
竹田青嗣編
中山元訳

フロイト心理学の中心、「自我」理論の展開をたどる新編・新訳のアンソロジー。「快感原則の彼岸」「自我とエス」など八本の主要論文を収録。

明かしえぬ共同体
モーリス・ブランショ
西谷修訳

G・バタイユが孤独な内的体験のうちに失うという形で見出した〈共同体〉。そして、M・デュラスが描いた奇妙な男女の不可能な愛の〈共同体〉。

フーコー・コレクション
（全6巻＋ガイドブック）
ミシェル・フーコー
小林康夫／石田英敬／松浦寿輝編

20世紀最大の思想家フーコーの活動を網羅した『ミシェル・フーコー思考集成』。その多岐にわたる思考のエッセンスをテーマ別に集約する。

フーコー・コレクション1
狂気・理性
ミシェル・フーコー
小林康夫／石田英敬／松浦寿輝編

第1巻は、西欧の理性がいかに狂気を切りわけてきたかという最初期の問題系をテーマとする諸論考。〝心理学者〟としての顔に迫る。（小林康夫）

フーコー・コレクション2 文学・侵犯
ミシェル・フーコー
小林康夫／石田英敬／松浦寿輝編
狂気と表裏をなす「不在」の経験として、文学がフーコーによって読み解かれる。人間の境界＝極限を、その言語活動に探る文学論。（小林康夫）

フーコー・コレクション3 言説・表象
ミシェル・フーコー
小林康夫／石田英敬／松浦寿輝編
ディスクール分析を通しフーコー思想の重要概念も精緻化されていく。『言葉と物』から『知の考古学』へ研ぎ澄まされる方法論。（松浦寿輝）

フーコー・コレクション4 権力・監禁
ミシェル・フーコー
小林康夫／石田英敬／松浦寿輝編
政治への参加とともに、フーコーの主題として「権力」の問題が急浮上する。規律社会に張り巡らされた巧妙なるメカニズムを解明する。（松浦寿輝）

フーコー・コレクション5 性・真理
ミシェル・フーコー
小林康夫／石田英敬／松浦寿輝編
どのようにして、人間の真理が〈性〉にあるとされてきたのか。欲望的主体の系譜を遡り、「自己の技法」の主題へと繋がる論考群。（石田英敬）

フーコー・コレクション6 生政治・統治
ミシェル・フーコー
小林康夫／石田英敬／松浦寿輝編
西洋近代の政治機構を、領土・人口・治安など、権力論から再定義する。近年明らかにされてきたフーコー最晩年の問題群を読む。（石田英敬）

フーコー・コレクション フーコー・ガイドブック
ミシェル・フーコー
小林康夫／石田英敬／松浦寿輝編
20世紀の知の巨人フーコーは何を考えたのか。主要著作の内容紹介・本人による講義要旨・詳細な年譜で、その思考の全貌を一冊に完全集約！

マネの絵画
ミシェル・フーコー
阿部崇訳
19世紀美術史にマネがもたらした絵画表象のテクニックとモードの変革を、13枚の絵で読解。フーコーの伝説的講演録に没後のシンポジウムを併録。

間主観性の現象学 その方法
エトムント・フッサール
浜渦辰二／山口一郎監訳
主観や客観、観念論や唯物論を超えて「現象」そのものを解明したフッサール現象学の中心課題。現代哲学の大きな潮流「他者」論の成立を促す。本邦初訳。

間主観性の現象学II その展開
エトムント・フッサール
浜渦辰二／山口一郎監訳
フッサール現象学のメインテーマ第II巻。自他の身体の構成から人格的生の精神共同体までを分析し、真の関係性を喪失した孤立する実存の限界を克服。

ちくま学芸文庫

日常性《にちじょうせい》の解剖学《かいぼうがく》　知《ち》と会話《かいわ》

二〇二五年一月十日　第一刷発行

著者　H・ガーフィンケル／G・サーサス／H・サックス／E・シェグロフ

訳者　北澤裕（きたざわ・ゆたか）
西阪仰（にしざか・あおぐ）

発行者　増田健史

発行所　株式会社　筑摩書房
東京都台東区蔵前二―五―三　〒一一一―八七五五
電話番号　〇三―五六八七―二六〇一（代表）

装幀者　安野光雅

印刷所　株式会社精興社

製本所　加藤製本株式会社

ISBN978-4-480-51286-4 C0130